André
Kostolany

# Kostolany's Wunderland von Geld und Börse

Mit 12 Abbildungen
aus dem Privatbesitz
des Autors



Ullstein Sachbuch

# Inhalt

## Vom Saulus zum Paulus



## Börse und Leidenschaft

## Im Wunderland von Geld und Börse

## »Mein« Reich, in dem – wie ich hoffe – die Sonne nie untergeht

Ich lehre nicht,
ich erzähle.

Michel de Montaigne

# Vorwort

Von *Aristoteles* über *Marx* bis zu *Johannes Paul II.* haben die Denker dieser Welt eine Frage immer wieder leidenschaftlich erörtert: Ist der Besitz von und der Drang nach Geld moralisch gerechtfertigt oder nicht? Ein objektives Urteil ist unmöglich; es hängt von der philosophischen Einstellung eines jeden einzelnen ab.

Eines ist sicher: Das Vergnügen, Geld zu verdienen und der Drang nach mehr Geld mögen zwar nicht immer moralisch einwandfrei sein, für den wirtschaftlichen Fortschritt aber sind beide unentbehrlich. Die Erfahrung der vergangenen 60 Jahre hat es ausreichend bewiesen.

Allerdings ist das Vergnügen, »Geld zu verdienen«, mit dem Vergnügen, »Geld zu besitzen«, nicht identisch. Die Motivationen sind ganz verschieden.

Daß der Mensch Geld besitzen will, ist natürlich. Es verhilft zur Unabhängigkeit und Bequemlichkeit, zu kleinen Freuden und oft zu Gesundheit.

Für die Mehrheit der Menschen freilich ist das Geldverdienen, da sie keines besitzen, ein Muß des Alltags. Für andere ist es ein Vergnügen, nicht des Geldes wegen, sondern weil es im authentischen Sinne des Wortes »verdient« ist. (Nur die deutsche Sprache bezeichnet das Geldeinkommen als »Verdienst«. Die Franzosen »gewinnen«, die Engländer »ernten«, die Amerikaner »machen« und die armen Ungarn »suchen« es.) Das Verdienen wird sogar zu einem Genuß, wenn man das Geld für eine Tätigkeit erhält, die einem auch Spaß macht.

Der Börsenspekulant erlebt gar einen wahrhaftigen Rausch, wenn er Gewinne mit Ideen einstreicht, die sich gegen die Meinung aller anderen als richtig erwiesen haben. Die Genugtuung, recht bekommen zu haben, ist für ihn eine noch größere Freude als das Geld selber. Viele sehen ein Vergnügen darin, flott Geld auszugeben, und stehen so ständig unter dem Zwang, immer mehr zu verdienen.

Der Roulettespieler hingegen genießt das Gewinnen. Aber schon sein zweitgrößter Genuß ist das Verlieren, denn sein Vergnügen ist der Nervenkitzel, nicht das Geld. Darum finden sich unter den Millionären auch die leidenschaftlichsten Glücksspieler, egal, mit welchen Summen sie ihr Glück testen.

Ihr Vergnügen ist die Herausforderung des Schicksals. Ich kenne einen, der Geld wie Heu hat, jedoch nie seine Fahrkarte in der Straßenbahn entwertet. Nicht die gesparte Mark, sondern das Risiko, ob er das Schwarzfahren ohne Buße überstehen wird, reizt ihn.

Komischerweise sind die Spieler, wenn ihnen das Glück zulächelt, die größten Protze und Lügner. Mit dem Gewinn geben sie an, die Verluste verschweigen sie. Und nach jedem geglückten Coup schauen sie triumphierend um sich, als wären sie die größten Genies.

Intellektuelle und Künstler finden neben den praktischen Vorteilen Vergnügen am Geldverdienen, weil es die offizielle Bestätigung ihres Erfolges ist. Es gibt Maler, Schriftsteller, Musiker, die reich zur Welt kamen. Ihr größter Genuß ist es dennoch, für ihre Bilder, Bücher oder Kompositionen hohe Beträge zu kassieren. Einer meiner alten Freunde kaufte über Strohmänner Bilder seiner Frau, damit sie Freude daran hatte, mit ihrer Kunst Geld verdienen zu können. Und selbst die reichste, schöne Frau wird mit Vergnügen für Modellfotos Honorare nehmen, sind sie doch der beste Beweis, daß sie tatsächlich schön und begehrenswert ist.

Zweifellos ist die Tatsache, honoriert zu werden, die größere Freude als das Geldverdienen. Ich selber machte diese Erfahrung. Als ich vor Jahren ein Buch veröffentlichte, das sich sehr gut verkaufte, waren mein Vergnügen nicht die zehn Prozent Autorenhonorar, sondern der zehnfache Betrag, den die Leser bereit waren, für meine Gedanken zu opfern. Schließlich hatte ich meine Ratschläge seit Jahren in den verschiedensten Kaffeehäusern der Welt gratis an Interessenten verschwendet. Hoffentlich wird mir dieses Buch eine ähnliche Freude bereiten.

Natürlich gibt es auch Menschen, die auf moralischen Erfolg und auf Anerkennung verzichten, die nur darin Vergnügen finden, ihr Geld, egal aus welchem Grunde und mit welchen Mitteln, zu vermehren. Für diese Art von Verdienern ist »das Geld wie das Meerwasser für den Durstigen. Je mehr er von der salzigen Flüssigkeit trinkt, desto durstiger wird er«, wie schon Schopenhauer sagte, und zum Schluß wird er sogar Millionär.

Die Definition des Wortes Millionär ist jedoch sehr delikat, denn alles ist relativ. Er ist ein »schwerer Millionär«, sagten einst die Wiener, »er hat mindestens 100 000 Gulden«. Das war zu dieser Zeit nicht einmal paradox, denn das Wort Millionär bedeutete nicht unbedingt, daß der Genannte tatsächlich eine Million besaß. »Millionär« stand – und steht wohl immer noch – für den reichen Mann, dem der geziemende Respekt gebührt, so wie er auch »ein Rothschild« oder »ein Krösus« heißt.

Ein Millionär in New York bedeutet nicht dasselbe wie der Begriff Millionär im heutigen Budapest. Dort gibt es auch Millionäre, aber nicht in Dollar, sondern in Forint.

Schließlich stellt sich die Frage: Besitzt der Betreffende ein *Kapital* von einer Million oder eine *Rente*, die der Rendite eines bedeutenden Kapitals entspricht? Wer im 19. Jahrhundert in Frankreich oder in England einen Mann als Millionär bezeichnen wollte, sagte nicht, welches Kapital, sondern wieviel Rente er besaß. Und wenn ein Mann schon über eine Rente oder über Kapital verfügt, stellt sich wiederum die Frage, wie groß seine Verpflichtungen, Lasten und Ansprüche sind.

Deshalb meine Definition: Ein Millionär ist derjenige, der dank seines Kapitals oder seiner Rente von niemand abhängt, um seine Ansprüche zu befriedigen. Der nicht arbeiten und sich weder vor Chef noch Kunden beugen muß und jedem, der ihm nicht paßt, Goethes Götz zitieren kann. Das bedeutet den größten Luxus im Leben. Der Mann, der so souverän leben kann, ist der wirkliche Millionär.

Ich bin nun sicher, daß die meisten meiner Leser mit dieser eigenartigen Definition des Millionärs nicht einverstanden sind. Klar, ich war ja auch nicht immer dieser Ansicht; erst in hohem Alter und nach vielen Jahrzehnten Lebenserfahrung bin ich zu diesem Schluß gekommen.

Die Millionärskandidaten sind ungeduldig. Sie wollen auf das große Geld nicht jahrelang warten. Nur solange wir jung sind, sagen sie sich, können wir von den Millionen profitieren, nicht erst, wenn wir an den Rollstuhl gefesselt sind. Nicht Unabhängigkeit ist das große Ziel; sie fühlen, wie es Goethe sagt: „Armut ist die größte Plage, Reichtum ist das höchste Gut." Nicht nur den materiellen Luxus wollen sie genießen, sondern auch die Radioaktivität des Geldes spüren, nämlich die Servilität der anderen.

Für manchen bedeuten die Millionen auch Macht und Statussymbol. Es bringt ihnen Freunde, Heuchler, Komplimente, zieht Schmarotzer an und den Neid der Feinde. Ihr Wunsch ist: lieber tausend Neider als einen einzigen Bedaurer. Den Neid zu provozieren – gehört auch zu den großen Genüssen des Millionärs.

Die Erfahrungen der vergangenen 30 Jahre bestätigen, daß einer Millionär in kurzer Zeit nur durch drei Möglichkeiten werden kann:

1. durch Spekulation (mit Immobilien, Wertpapieren, Waren oder allen

anderen Vehikeln, mit denen sich spekulieren läßt),
2. durch eine reiche Heirat,
3. durch eine glückliche Idee in Handel oder Industrie.

Bei der Immobilienspekulation war natürlich die permanente Inflation der große Coup und auch der Wiederaufbau eines zerstörten Landes. Die leichten Kredite haben den Erfolg gebracht. Aber solche Gelegenheiten wiederholen sich nicht alle Tage.

Durch riskante Spekulationen mit Schiffen ist *Onassis* zu einem der am meisten bewunderten Millionäre geworden. Seine Spekulationen waren jedoch auf astronomisch hohen Krediten so waghalsig aufgebaut, daß er oft am Rande des Ruins stand, wenn die Frachtraten auf Talfahrt gingen. Im letzten Moment rettete ihn dann oft irgendwo ein kleiner Krieg, der die Frachtraten in die Höhe trieb. (Ich bin sogar der Überzeugung, daß Onassis und mehrere seiner schlitzohrigen Kollegen mit Hilfe von Schmiergeldern von Banken auch höhere Kredite erhalten haben, als der Substanzwert ihrer Schiffe war.)

Die Liste der neuen und spektakulären Erfolge ist lang; nicht nur waren die Ideen richtig und glücklich, sondern die große Sehnsucht nach Geld war der Motor. Das Geld geht zu dem, der es mit unbegrenzter Leidenschaft begehrt. Er muß vom Geld hypnotisiert sein wie die Schlange von ihrem Beschwörer. Glück braucht er natürlich auch dazu. Nur das viele Studieren und Lernen von Betriebswirtschaft und ähnlichen Pseudo-Wissenschaften ist überflüssig.

Wer wäre ein besseres Beispiel als »der reiche Grün« wie man auch ohne Studien Millionär werden kann:

Als armer Mann bewarb er sich auf eine Anzeige hin um eine Stellung als Tempeldiener in Wien. Doch mußte auch ein Tempeldiener zu jener Zeit schreiben und lesen können. Da Grün jedoch Analphabet war, bekam er den Posten nicht. In seinem Kummer benützte er das kleine Trostgeld, das er für seine Reise bekommen hatte, um nach Amerika auszuwandern. In Chicago machte er Geschäfte. Mit den ersten kleinen Ersparnissen schuf er dann ein Unternehmen, das mit der Zeit immer größer und größer wurde. Ein Mischkonzern kaufte ihm sein großes Unternehmen ab, und bei der Vertragsunterschrift kam die große Überraschung: Grün konnte nicht unterschreiben. »Mein Gott«, sagte der Anwalt des Käufers, »was wäre aus Ihnen geworden, wenn Sie lesen und schreiben könnten!« – »Sehr einfach, Tempeldiener.«

Für diejenigen aber, die schreiben und lesen können, soll dieses Buch ein Reiseführer in das Land der Spekulation, in das Wunderland von Geld und Börse sein.

Wer dieses Wunderland betritt und sich darin bewegt nur um des Geldes wegen, wer nur das Materielle darin vergötzt, dem versuche ich in meinem Buch – und sei es zum Teil auch nur mit kurz dahingeworfenen Apercus – den Blick in eine andere Welt zu öffnen.

Die Börse ist nach meinen Erfahrungen ein Geschenk, das ich mir selbst gemacht habe, ein Stück meiner eigenen Freiheit. Und zu meinem eigenen Erleben dieser Freiheit gehört die Musik, die Literatur und vor allem die Freude am Menschen, an dem Bescheidenen genauso wie an dem Großen.

Und deshalb ist das folgende Bekenntnis durchaus selbstbewußt und stolz gemeint:
Finanzminister sein: kann ich nicht.
Bankier sein: will ich nicht.
Spekulant und Börsianer: das bin ich!

# Mein Börsenbrevier

# Die Börse mein Leben

Spekulieren? Die Frage wird mir oft gestellt. – Eventuell, das hängt von der Person ab.

Wer viel Geld hat, *kann* spekulieren; wer wenig hat, *darf* nicht spekulieren; wer gar keines hat, *muß* spekulieren.

Schnell und leicht kann man heutzutage ja fast nur noch durch Spekulationen reich werden. Und wenn man schon spekuliert, wie also soll man spekulieren? Wo, wann und womit?

Meine »hundertjährige« Erfahrung begrenzt sich auf die Börse. Ich wiederhole: hundertjährige. Ich sage es zwar aus Spaß, meine es aber durchaus ernst. Ich habe 55 Jahre persönliche Erfahrungen zu Gunsten und zu Lasten meiner eigenen Brieftasche gesammelt, und dazu kommen noch die 50jährige Lebens- und Börsenerfahrung jener Kollegen, die, als ich noch zwanzig war, schon 70 Lenze zählten...

Wie wäre es, wenn ich von der Börse, dieser verwünschten Welt, erzählen würde? La bourse, la borsa, la bolsa, die Börse, Serka... Von Paris bis Mailand und Buenos Aires, von Frankfurt bis Petersburg ist dieses Wort weiblich, das ist zweifellos mehr als ein bloßer Zufall! Und was ist eigentlich die Börse? Diese »böse« Börse, die für die einen das Vermögen, für die anderen den Ruin bedeutet?

Für viele ist sie Monte Carlo ohne Musik, ein Casino, wo man sich während eines Abends eine runde Summe erspielen kann, in einer anregenden, nervenkitzelnden Atmosphäre. Für mich ist sie das Nervenzentrum, ja sogar der Motor des kapitalistischen Wirtschaftssystems. Die Wahrheit liegt wahrscheinlich zwischen beiden, und sie ist etwas komplizierter, als man glauben möchte.

Ich spekulierte schon in allen Werten, Währungen und Produkten, Kassa und Termin, in Wall Street, in Paris, Frankfurt, Zürich, Tokio, London, Buenos Aires, Johannisburg oder Shanghai. Ich spekulierte in Aktien, Staatsanleihen, inklusive denen der kommunistischen Länder, in Wanderanleihen, Währungen – ob sie nun stabil oder floating waren –, in dem Leder meiner Schuhsohlen, in Sojabohnen und allen Getreidesorten, in Wolle und Baumwolle, in dem Gummi meiner Autoreifen, in Eiern und Frühstücksspeck, in Kaffee und Kakao, den ich so liebe, in Whisky, in der Seide meiner Fliege, in allen Metallen, ob sie nun edel oder unedel waren.

Ich möchte nur hinzufügen, daß ich kein Preistreiber war, da ich nicht nur darauf spekuliert habe, daß die Preise steigen, sondern ebenso darauf, daß sie fallen würden. Kurz gesagt: ich spekulierte in allem, je nachdem, wie sich der Wind drehte oder die Wirtschaft und die politische Lage es verlangten, in Hochkonjunktur und Depression, Inflation und Deflation, Auf- und Abwertungen, und – ich habe sie alle überlebt. Man muß das Gras wachsen hören, um jede Situation haarscharf beurteilen zu können.

Ein Schüler in einem meiner Börsenseminare stellte mir mal die Frage, ob ich meinem Sohn raten würde, Spekulant zu werden. »Gewiß nicht«, war meine Antwort. »Wenn ich einen Sohn hätte, sollte er Musiker werden. Ein zweiter Maler, ein dritter Journalist oder Schriftsteller. Aber der vierte«, setzte ich hinzu, »müßte unbedingt Spekulant werden, um die drei anderen zu ernähren.«

»Homo speculator« – was ist der Spekulant doch für ein merkwürdiger Mensch. Nicht jeder ist ein Spekulant, der beruflich mit der Börse zu tun hat.

Es gibt in der Welt einhundert- bis zweihunderttausend Börsenmakler, Anlageberater, Portefoliomanager, es gibt auf den Börsenparketts Kommis mit lauten Stimmen, und Millionen rund um die Welt, die das Börsenwetten zum Beruf erhoben haben und die zwischen Zahlen hin- und herflitzen, kaufen, verkaufen, kaufen, verkaufen . . .

Dann gibt es auch Financiers, die Transaktionen über Abermillionen durchführen. Aber die Begriffe Financier und Spekulant sind nicht zu verwechseln.

Der Financier steckt ständig bis über beide Ohren in den von ihm initiierten Geschäften, er sichert sich Mehrheiten, plant Fusionen, baut Trusts auf, lanciert neue Industrien und führt vor lauter Aktivität ein sehr unruhiges Leben. Wenn er Unternehmen gründet, wendet er sich an die Börse, um sich das notwendige Kapital zu verschaffen. Auch die Kontrolle über jene Gesellschaften, über die er herrschen will, erhält er durch die Börse. In einem vertikalen Trust vereinigt er einander ergänzende Betriebe oder kombiniert raffinierte Mischgesellschaften. Sein Ziel bleibt immer eine bestimmte Transaktion, aber seine Käufe oder Verkäufe verursachen große Bewegungen, die sich auf die ganze Börse auswirken.

Der Spekulant bleibt passiver Zuschauer dieser Bewegungen, die er nicht verursacht, von denen er jedoch zu profitieren versucht. Welch fürstlicher Beruf! Und er denkt wie *Horaz:* »Glücklich jener, der weit von den

Geschäften lebt.« Ohne Kontakt mit dem Publikum, ohne sich bei »niedriger« Arbeit die Finger schmutzig zu machen, weitab von Handelswaren und staubigen Lagerhallen, von tagtäglichen Auseinandersetzungen mit Kaufleuten und Geschäftemachern überlegt der Spekulant in völliger Versunkenheit; eingehüllt in den Rauch seiner Zigarre, sitzt er bequem in seinem Schaukelstuhl und denkt nach, fern von der Welt und ihrem Lärm. Sein Handwerkszeug hat er in greifbarer Nähe, es ist denkbar wenig: ein Telefon, ein Radio und ein paar Zeitungen. Aber auch dabei hat er sein Geheimnis: er versteht zwischen den Zeilen zu lesen.

Er hat keine Angestellten und keinen Chef, er braucht nicht hierin und dorthin freundlich zu grüßen, braucht keine nervösen Kunden zu ertragen wie der Bankier oder der Makler. Er muß niemand etwas aufreden, er ist ein Edelmann, der über sich und seine Zeit frei verfügen kann. Und es ist nicht verwunderlich, daß viele Leute neidisch sind. Dennoch lebt er gefährlich und muß sich daran gewöhnen, wie ein Krokodil mit offenen Augen zu schlafen.

Sein Geist kommt niemals richtig zur Ruhe. Wie ein Orgelspieler zieht er mehrere Register zugleich, bedient verschiedene Klaviaturen und Pedale: Aktien, Anleihen, Währungen, Edelmetalle, Rohstoffe usw., aber seine Operationen ergänzen sich zuweilen. Die einen schützen vor den Risiken bei den anderen. Es gibt unzählige Varianten dieser Art. Und man findet fast nie zwei völlig identische Fälle.

Da seine Transaktionen ein zusammenhängendes Ganzes bilden, wird es für einen Laien gefährlich sein, dem Vollblutspekulanten bei einem dieser Engagements zu folgen. Es läßt sich nämlich nicht so einfach feststellen, zu welchem Zweck sie unternommen wurden und in welchem Maße sie eine andere ergänzt. Was unverständlich oder regellos erscheint, ist in Wirklichkeit vollendet aufgebaut, nach einem System organisiert.

Bevor man die Börsenspekulation wirklich begreift und vielleicht ein klein wenig meistern kann, muß man viel Lehrgeld bezahlt haben. Ich möchte sagen, daß bei Spekulationen gewonnenes Geld Schmerzensgeld ist. Zuerst kommen die Schmerzen, dann das Geld.

Verblüffend sind oft die Ursachen, die erschütternde Ereignisse in der Welt der Finanzen auslösen. Oft haben sie damit direkt überhaupt keine Verbindung, wie zum Beispiel Liebesromanzen, politischer Ehrgeiz, persönliche Eitelkeit.

Böse Zungen behaupten, daß der Teufel die Börse erschaffen habe, um den Menschen zu zeigen, daß auch sie, Gott ähnlich, aus dem Nichts etwas schaffen können. Falsch! Nicht der Teufel hat die Börse erfunden. Sie ist spontan entstanden, unter einem Baum, an der Straßenecke oder in einem Caféhaus, um anschließend in ein Palais einzuziehen. Der Teufel hat dennoch mitgemischt: Er hat aus dem »homo sapiens« den »homo ludens« gemacht, der die Börse oft in einen Spielsaal verwandelt.

Aber dieser Spielsaal spielt eine große Rolle in unserem kapitalistischen System. Denn seine Grundlage ist die Aktiengesellschaft und die Börsenspekulation sein Motor. Ohne Spekulationen wären die großen revolutionären Industrien (Eisenbahn, Automobil, Öl, Elektronik, Computer und Dutzende andere) nie zustande gekommen. Nur die Hoffnung auf einen spekulativen Kursgewinn und nicht auf einen Zinsertrag kann die zur Expansion nötigen Gelder den großen und kleinen Sparern aus der Tasche kitzeln. Diese Spargelder werden dann mittels der Börse durch die verschiedensten Investitionsmöglichkeiten in der Wirtschaft verteilt. Mit einem Wort, die Börse ist ein Instrument, Investitionen einzufrieren und jederzeit wieder aufzutauen, wenn der Anleger sein Kapital wieder benötigt. Und so erfüllt die Börsenspekulation (wenigstens im kapitalistischen Wirtschaftssystem) eine wesentliche Funktion. Auch wenn er es wegen des Spekulationsgewinnes tut, so stellt der Börsenspieler dennoch sein Kapital der Wirtschaft zur Verfügung.

Die Millionen Spieler und Parasiten an den Wertpapierbörsen haben also ihre Berechtigung. Und wenn sie nicht existieren würden, so müßte man sie erfinden. Je mehr Parasiten, desto größer und liquider der Markt, und desto besser werden Erschütterungen, sowohl bei Hausse- als auch bei Baissebewegungen, abgefangen und gedämpft. Bei jedem Kursrückgang von einer Fraktion melden sich neue Käufer, und dadurch schützen sie den Markt vor einem brutalen Rückgang. Bei jeder Kurssteigerung von einer Fraktion melden sich neue Verkäufer und wirken dadurch auch bei Haussebewegungen bremsend.

Ein Markt mit großem Umsatz verzeichnet sanftere Bewegungen als einer mit kleinem Umsatz, wie ein Automobilmotor mit sechzehn Zylinder viel sanfter läuft als mit vier. Die Schocks werden aufgefangen.

Die Spekulation hat es immer gegeben. Ihre Geschichte ist so alt wie die der Menschheit und bewegt sich parallel zu ihr. Spekulanten gab es schon, bevor die Börse das Licht der Welt erblickt hatte. Wenn ich in einem Satz die Geschichte der Spekulation zusammenfassen wollte, müßte ich sagen: der »homo ludens« wurde geboren, er hat gespielt, gewonnen oder verloren, und er wird nie sterben.

Darum bin ich auch der Überzeugung, daß nach jeder Börsendepression, in der die Menschen ein wahrer Ekel vor Aktien und der Börse befällt, wieder Zeiten folgen, wo alle Wunden der Vergangenheit vergessen sind und die Menschen sich wieder von der Börse anlocken lassen wie die Motten vom Licht. Und wenn sie es nicht aus eigenem Antrieb tun sollten, dann sorgt schon die hochentwickelte Börsenindustrie dafür, und an erster Stelle der Köder Geld.

Ich könnte den »homo ludens« und den Spezialfall der Börsianer mit einem Alkoholiker vergleichen, der nach einem schweren Rausch am nächsten Tag in seinem Katzenjammer beschließt, nie wieder ein Glas in die Hand zu nehmen. Aber am späten Nachmittag trinkt er doch wieder einen Cocktail und dann noch einen und noch einen, und um Mitternacht ist er wieder genauso betrunken wie am Abend zuvor.

## Seefahrt zwischen Vermögen und Pleite

Die Spekulation ist eine gefährliche Seefahrt zwischen Vermögen und Pleite. Man braucht ein seetüchtiges Boot und einen geschickten Steuermann. Was verstehe ich unter einem seetüchtigen Boot? – Geld und Geduld sowie Nerven. Und wer ist der geschickte Steuermann? – Derjenige, der die Erfahrung hat und souverän denkt. *Balzac* schrieb in seinem Traktat über das »Elegante Leben«, es gebe drei Arten von Menschen: Menschen, die arbeiten, Menschen, die denken, und Menschen, die nichts tun. Der richtige Spekulant ist derjenige, der denkt. Viele glauben allerdings, es sei jener, der nicht arbeitet.

Und was braucht er außerdem, um Erfolg zu haben? Die vier G des preußischen Generalfeldmarschalls *von Moltke*, die auch zur erfolgreichen Kriegsführung unerläßlich sind: Gedanken, Geld, Geduld – und natürlich auch Glück.

Der Beruf eines Börsenspekulanten ähnelt in vielem dem eines Journalisten. Beide leben von Nachrichten, indem sie die Ereignisse verfolgen, analysieren und ihre Schlüsse daraus ziehen. Der Journalist beschreibt und kommentiert sie, und der Börsianer liest sie – er liest aber auch zwischen den Zeilen und handelt danach. Nur: der Journalist darf sich immer wieder irren und wird dennoch ein Journalist bleiben. Wenn der Börsianer sich aber zu oft irrt, bleibt er nicht länger Börsianer... Ich habe die größte Hochachtung vor Journalisten, ich finde ihren Beruf so faszinierend, daß ich ihn in meinen alten Jahren selbst ergriffen habe. Es besteht jedoch kein Zweifel, daß das Risiko eines Journalisten dem Risiko eines Börsianers nicht gleichkommt, da das Schicksal des letzteren eher mit dem eines Seiltänzers zu vergleichen ist. Eines aber haben beide Berufe gemeinsam: Sie wissen zwar nur »parvum omnibus ex toto nihil«, verlangen Scharfblick, eine gute Allgemeinbildung, Lebenserfahrung und die unumgängliche Leidenschaft für den Beruf.

Zum Spekulanten oder Journalisten wird man geboren, ebenso wie man als Philosoph – und sei es auch als Philosoph in der Westentasche – geboren wird. In jedem Augenblick geschieht etwas Neues auf der Welt: Kriegsnachrichten aus dem Nahen Osten, Feindschaften und Freundschaften zwischen arabischen Staaten, Rauschgift- oder Rassenprobleme in Amerika, Weiterentwicklung der Massenmedien, Wahlen in Japan, Streiks in Polen, Revolution in der Frauenmode, die Entwicklung der Fischerei in Island, Forschungen über Lungenkrebs und so weiter. Die Summe all dieser Ereignisse ist das Weltgeschehen, die Weltgeschichte.

Mein kleines Leben hat sich in unmittelbarer Nähe dieser Weltgeschichte abgespielt, eben weil ich von der Börse gelebt habe. Alle großen und kleinen Ereignisse haben sich auf die Börse ausgewirkt, und die Börse auf meine Brieftasche. Paradoxerweise blieben mir allerdings meine ersten Verbindungen mit der Börse eigentlich in schlechter und schmerzhafter Erinnerung.

# Über Regen und Sonnenschein

Marienbad, Sommer 1914. Damals weilte unsere Familie zur Kur in diesem idyllischen Badeort inmitten des Böhmerwaldes. Wir wußten es noch nicht, aber es war die Abendröte der k. u. k. Monarchie, und jeder lebte in der sorglosen Beschwingtheit, die großen Katastrophen voranzugehen pflegt.

In diese Friedensatmosphäre fielen wie ein Blitz aus heiterem Himmel die Revolverschüsse von Sarajewo. Plötzlich begann es nach Pulver zu riechen.

Von Panik ergriffen, stoben die Kurgäste in alle Länder der Monarchie unter dem Doppeladler auseinander. Meine Eltern beschlossen zu bleiben, um die Kur zu beenden. Auf der Kurpromenade diskutierte man unter den Klängen der Militärkapelle mit Freunden über die neuesten Nachrichten aus Paris, Berlin und Sankt Petersburg.

Trotz der ernsten Lage hatte die Börse nichts von ihrer Anziehungskraft eingebüßt. Man stürzte sich auf die Gazetten aus Wien und Budapest, um die neuesten Börsenkurse zu verfolgen. Ein wahres Spekulationsfieber setzte ein. Auf dieser Welle sind einige reich geworden (diejenigen, die in Waren spekulierten), andere hingegen, die sich groß in Wertpapieren engagiert hatten, sind zugrunde gegangen.

An den Warenbörsen stürzte man sich auf Produkte, die im Kriegsfalle nicht mehr eingeführt werden konnten. Man spekulierte in Kakao, Vanille, Pfeffer, aber auch in Raffia, einer Hanffaser, die dazu dient, die Weinreben festzubinden.

Mein Bruder Emmerich, damals ein junger Angestellter in einer Großbank, wurde ebenfalls von diesem Fieber erfaßt und spekulierte mit einigen Freunden in Raffia. Zunächst schien auch alles gutzugehen. Doch als Feldmarschall *Hindenburg* die Russen bei Tannenberg in Ostpreußen schlug, kam es in allen Warenkursen zu einem starken Rückschlag, da man glaubte, der Krieg würde in kürzester Zeit zu Ende sein. Emmerich verlor sein ganzes Geld und war außerdem schon seit langem bei der Bank verschuldet. Als er in dieser dramatischen Situation von Selbstmord zu sprechen begann, mußte mein Vater seine Schuld begleichen, um die drohende Tragödie abzuwenden. Seither wurde das Wort Raffia in unserer Familie nicht mehr erwähnt.

Kaum war diese unglückliche Spekulation liquidiert, da nahmen die Ereignisse an der Front und an der Börse abermals eine Wende. Die Franzosen hatten die Marneschlacht gewonnen, und man rechnete nunmehr mit einem langen Krieg. Die Raffiafaser begann wieder zu klettern, aber leider für uns zu spät. So habe ich schon früh gelernt, daß an der Börse die Dinge zuerst immer anders kommen, als man denkt, und erst später so eintreffen, wie man es gehofft hat. Wenn man an der Börse trotzdem Gewinne macht, so ist dies ein »Schmerzensgeld«; zuerst kommen, wie gesagt, die Schmerzen, dann das Geld.

Die Welt von Marienbad mit ihrer Promenadenmusik und den internationalen Kurgästen ist längst versunken, wie auch die Börse von Budapest. Mein Bruder und meine Eltern sind längst tot. Gemessen an den ungeheuren Spekulationen von heutzutage erscheint die damalige Raffiaspekulation mikroskopisch klein. Die Summe, die mein Bruder verlor und die beinahe eine Tragödie ausgelöst hätte, war nicht höher als heute die Zeche eines lustigen Abends eines Wall-Street-Bonzen. Aber die Geschichte blieb mir als wehmütige Erinnerung.

Eine andere Begebenheit war weniger dramatisch, aber genauso lehrreich.

Es geschah im Budapest meiner Kindheit, und ich war gerade in dem Alter, in dem man mit Murmeln spielt. Im täglichen Leben des damaligen Ungarn erstrahlte die Getreidebörse in einem ganz besonderen Glanz: Das Land war Großproduzent von Brotgetreide, Mais und Hafer. Es war der lebhafteste Markt von ganz Europa. Man machte hier gewaltige Umsätze, Telegramme aus Übersee, Verkaufs- und Kauforders ergossen sich über die Stadt und gaben ihr einen ungewöhnlichen Auftrieb. Die Riesengeschäfte boten auch Gelegenheit zu Spekulationen kleineren Umfangs, an denen sich jedermann beteiligen konnte, und das war etwas, was der fröhlichen Mentalität des Ungarn sehr lag.

Das Getreide war also »in aller Munde« und genauso alles, was seinen Kurs beeinflussen konnte. Das Hauptelement bei diesem Spiel war das Wetter, die Farbe des Himmels, die zu starke Sonne, die die Ernte gefährdete, oder der Regen, der sie verbessern würde.

Der Kurs stieg oder fiel wie der Wetterfrosch auf den Sprossen seiner Leiter, je nach den Wetterberichten. Auf den in der Stadt so zahlreichen Caféhaus-Terrassen, an den Straßenecken hielt man, besonders in jenem überaus trockenen Sommer, eifrig nach Wolken Ausschau. Denn wenn kein Regen fiel, war die Halerernte in Gefahr. Sogar die hohen Militärs machten sich Sorgen, weil damals dem Hafer die Rolle zukam, die das Benzin in einer modernen Armee spielt. Zu den meteorologischen Kümmernissen des Augenblicks gesellte sich eine neue Sorge: das Fußballspiel, das die ungarische Elf gegen die österreichische Nationalmannschaft austragen sollte.

Es ging um die sportliche Ehre, die jedermann als ein schwerwiegendes persönliches Anliegen betrachtete. Dem so lang erwarteten sportlichen Ereignis gelang es sogar, die lähmende Schwüle dieses heißen Sommers zu überwinden.

Ich war doppelt erregt. Es war mein erstes wirkliches Fußballspiel, und darüber hinaus sollte ich zu diesem neuen Vergnügen von meinem Lieblingsonkel mitgenommen werden.

Am Morgen des Wettspiels sprang ich Hals über Kopf aus dem Bett, um den Himmel zu begutachten. Aber ach, der Horizont war ganz bezogen, eine Menge grauer Wolken kam herauf, getrieben von einem regenbringenden Wind, die Luft war schwer, man hörte schon fast den Donner grollen. Ich wurde von Unruhe ergriffen, ebenso wie mein Vetter, der auch zum Sportfest mitkommen sollte.

Den ganzen Vormittag über verschlimmerte sich die Lage immer mehr, und im selben Maß wuchs unsere Enttäuschung. Dennoch trafen wir zur festgesetzten Stunde bei unserem Onkel ein und waren überzeugt, daß er ebenso betrübt sein würde wie wir. Welche Überraschung! Seine Augen strahlten, er lächelte glücklich und zufrieden und rieb sich die Hände, als sei ihm gerade ein guter Coup gelungen. Gewöhnlich war er nie häßlich zu Kindern, nicht einmal im Scherz. »Meine lieben Jungen, welch ein Tag, seht nur, es regnet in Strömen, das Fußballspiel ist abgesagt.«

Meinem Vetter und mir verschlug es die Sprache. Kein Fußballspiel! Und er wagte es, von einem schönen Tag zu sprechen. So viel Gemeinheit war uns unverständlich. Und mit noch größerer Grausamkeit fuhr er fort: »Das ist wirklich fabelhaft, dieser Regen ist prächtig!« Es war nicht zu glauben. Dann rief er: »Ihr versteht aber auch gar nichts. Der Regen ist ein Glück! Morgen wird der Hafer an der Börse fallen. Ich habe seit Wochen darauf gewartet.«

Der Onkel hatte recht, am nächsten Tag gab es einen Kurssturz in Hafer, die Ernte war gerettet. Diejenigen, die auf Baisse spekuliert hatten, konnten den erwarteten Gewinn einstreichen, und die Militärs waren beruhigt – alles auf Kosten unseres Fußballspiels. Dieses ins Wasser gefallene Vergnügen hatte die Börse auf dem Gewissen, aber am gleichen Tag schwor ich mir, zu gegebener Zeit Rache dafür zu nehmen.

Ich habe das Spiel aufgenommen. Bei den Zick-Zack-Kursen der Baumwolle habe ich gezittert, während ich den Himmel über New Orleans beobachtete. Vor der Getreideernte habe ich den Wind im Mittelwesten erforscht, ehe ich in Chikago kaufte oder verkaufte.

Einige Jahrzehnte nach meiner Erfahrung mit dem Hafer habe ich dann auf einmal begriffen, warum die Warenbörse in Paris von Zeit zu Zeit blauzumachen scheint. Ich beobachtete eines Tages, wie diese sehr würdigen Herren, Bevollmächtigte großer Zuckerfabriken, in einem fort hin und her liefen. Sie gingen in aller Eile hinaus, betrachteten mit sorgenvoller Miene den Himmel, dann begaben sie sich schleunigst wieder in das graue Gebäude; tatsächlich läßt der Regen die Rüben wachsen, aus denen man Zucker macht. Klärte sich der Himmel auf, dann stieg der Zucker; ein paar Regentropfen, und die Kurse fielen.

Paris war schon lange vor dem ersten Weltkrieg – und niemand weiß, warum – das Schlachtfeld des Zuckers, die bedeutendste Zielscheibe der internationalen Spekulation an der Warenbörse. Ein leidenschaftliches Spiel vollzog sich hier unter dem Taktstock großer Inspiratoren, denen die schönen Tage der »belle époque« zu danken waren. Das ging so weit, daß die Regierung in dem Augenblick eingreifen mußte, als einer der Könige des Marktes, der Direktor der ägyptischen Zuckerfabriken, *Crosnier*, Bankrott machte. In der auf den Börsenkrach folgenden Nacht fiel der Zucker von 33 auf 16 Franks, was alle Transaktionen bei diesem überaus wichtigen Nahrungsmittel über den Haufen warf und eine Neuordnung der Verhältnisse erforderlich machte.

Es ist immer die gleiche Melodie – Regen oder Sonnenschein! Das bedeutet eine Hausse von 5 Prozent beim Zucker, beim Getreide, bei allen Rohstoffen, die Wettereinflüssen unterliegen.

### ... und den Taifun »Isabella«

Die Natur schreitet manchmal in noch brutalerer Weise ein und macht aus einem simplen Vorgang ein Drama. Ich denke dabei nicht an außergewöhnliche Ereignisse wie Erdbeben oder Überschwemmungen, sondern an atmosphärische Einflüsse, die sich in gewissen Gebieten der Erde fast tagtäglich bemerkbar machen und manchmal die Quelle wahrer finanzieller Katastrophen sind.

Einige Schweizer Banken erinnern sich noch heute an einen donnernden Finanzkrach in den fünfziger Jahren, als eine Finanzierungsgesellschaft ihre Zahlungen einstellen mußte, nur weil das Barometer gefallen war. Folgendes hatte sich ereignet: Eine Gruppe, die zu den ganz großen Rohstoffhändlern gehörte, hatte bei einem vielfach verwendbaren landwirtschaftlichen Erzeugnis, Kopra, auf Baisse spekuliert. Kopra, das getrocknete Kernfleisch der Kokosnuß, gibt jenen flockigen Schaum, der die gute Qualität gewisser Seifenmarken garantiert; außerdem ist Kopra der Hauptbestandteil der Margarine. Diese Gesellschaft hatte an den holländischen Trust »Unilever«, ihren größten Kunden, eine enorme Menge Kopra verkauft. Sie erwartete, als der Koreakrieg beendet war, eine allgemeine Baisse für sämtliche Rohstoffe, und insbesondere für diejenigen aus dem pazifischen Raum. Sie wollte also die Kopraernte der Erzeugerländer vor dem für die Lieferung festgesetzten Datum billig aufkaufen, das heißt zu einem Einkaufspreis, der ihr eine bedeutende Gewinnspanne sicherte. Das ist das klassische Schema der Baisse-Spekulation.

Nun geschah es aber eines Tages, daß der Taifun »Isabella«, die Philippinen heimsuchte, das Haupterzeugerland, und daß alle schönen Kalkulationen innerhalb weniger Stunden von den Fluten fortgespült wurden, die fast die gesamte Kopraernte vernichtet hatten. Unsere Schweizer Gesellschaft hatte die größten Schwierigkeiten, die versprochene Ware zu beschaffen, die sie nicht kaufen konnte, weil es praktisch keine mehr gab. Der Mangel an Kopra ließ natürlich den Preis emporschnellen. Wer einen Lagervorrat besaß, diktierte nach Gutdünken den Preis, und die Gesellschaft mußte sich fügen. Die Transaktion schloß mit Verlusten ab, die zehn Millionen Schweizer Franken überschritten und für einen Augenblick die Banken, welche die Bürgschaft gegenüber dem Käufer übernommen hatten, in Schwierigkeiten hätten bringen können.

Kleine Ursachen, große Wirkungen – all das, im Grunde genommen, weil man das Fell des Bären verkaufen wollte, ehe man ihn erlegt hatte. –

## »Heute bin ich ›bull‹, mein Lieber«

Dieses Sprichwort bringt mich darauf, daß ich eine Redensart erklären sollte, die sich über die Bereiche der angelsächsischen Börsen hinaus, wo sie ursprünglich entstanden ist, eingebürgert hat. Man nennt denjenigen »bearish« oder einfach »bear«, Bär, der mit der Baisse rechnet und sich auf die Baisse verläßt. Er verkauft heute zu einem bestimmten Preis eine Ware – (oder ein Wertpapier) –, die er noch gar nicht besitzt und die er sich erst später besorgen wird. Seinen eigenen Kauf stellt er zurück, weil er glaubt, daß der Preis, den er morgen zahlen muß, niedriger sein wird als der heutige. Wenn das Sprichwort von dem Mann, der das Fell des Bären verkaufte, bevor er ihn erlegt hatte, dabei dem Buchstaben nach gewissermaßen verzerrt ist, bleibt der Sinn doch derselbe: der »bearish«-Börsianer verkauft wie der Jäger das, was er noch nicht geschossen hat.

Dem Bären gegenüber erhebt sich »bull«, der Stier: das ist derjenige, der voranstürmt wie das seine Kraft kennende Tier, das alles, was sich ihm in den Weg stellt, mit seinen Hörnern himmelwärts schleudert. In den Wandelgängen der Wall Street genügt es, wenn zu der Stunde, die der Erforschung der Stimmungen dient, ehe der Vorhang sich hebt, jemand sagt: »Heute bin ich ›bull‹, mein Lieber«, um zu verstehen, daß der Gesprächspartner in einem Haussestrom zu schwimmen gedenkt.

Diese Ausdrücke sind nicht nur in London und New York gang und gäbe, sondern an allen Börsen der Welt, wo kein Mensch es verstehen würde, wenn man von einer »stierischen« Lage spräche, wo aber jedermann weiß, daß eine »bullish« Tendenz ein beruhigendes Vorzeichen ist.

An allen Börsen der Welt bieten sich die bulls und die bears herausfordernd die Stirn und bekämpfen sich mit häufig recht wilden Methoden. Der Kampf verzehnfacht ihre Kräfte, der Stier sucht den Bären zu Boden zu schlagen, der seinerseits auf den Augenblick wartet, um jenen mit seinen starken Tatzen noch sicherer zu erwürgen. Der Ausgang des Kampfes hängt nicht allein von der Ausdauer der beiden Gegner ab, auch nicht nur von ihrer Stärke. Ganz andere Kräfte, auf die wir später noch zu sprechen kommen, nämlich strategischer, taktischer und sogar weltpolitischer Art, schalten sich vor der Stunde des Sieges noch ein.

Im Zeichen der Spekulation und unter dem Wappenschild der Börse stehen sich also die feindlichen Brüder gegenüber, der Stier und der Bär und jedes von beiden versucht, den Sieg zu erringen.

# Die Börse: Lebenselixier der Großen der Welt

Was ist eigentlich Börsenwissen?

Der französische Staatsmann und Schriftsteller *Edouard Herriot* sagte von der Kultur, sie sei das, was übrigbleibe, wenn man schon alles vergessen habe. Ähnlich geht es mit der Börse. Der Börsianer ist keine Enzyklopädie, die Jahresbilanzen, Dividenden, Kurse, Geschäftsberichte, Statistiken speichert. Das alles wird viel sicherer in einer Bibliothek oder in einem Computer aufbewahrt. Das echte Börsenwissen ist das, was übrigbleibt, wenn man alle Details vergessen hat. Man soll nicht alles wissen, sondern alles verstehen und im passenden Augenblick die Zusammenhänge richtig deuten und entsprechend handeln. Man muß alle Ereignisse wie ein Radargerät auffangen, die Zusammenhänge richtig interpretieren und: *selbständig denken!*

## Von der Bibel bis heute

Wenn ich den Ausdruck »Spekulant« verwende, so meine ich ihn im noblen Sinne des Wortes. Der berühmte amerikanische Financier, Staatsmann und persönliche Finanzberater von vier amerikanischen Präsidenten, *Bernard Baruch,* bezeichnete einmal vor einem Untersuchungsausschuß des amerikanischen Kongresses seinen Beruf als den eines »Spekulanten«.

Zur Familie der Spekulanten gehörten viele berühmte Persönlichkeiten der Geschichte. Den ersten Spekulanten findet man schon in der Bibel. Es war *Joseph von Ägypten,* der sich halsbrecherischen Spekulationen hingab. Der ebenso begabte wie einsichtige Finanzberater des Pharao zog aus dessen Traum von den sieben fetten und sieben mageren Jahren die richtigen Konsequenzen. Während der fetten Jahre speicherte er große Getreidevorräte auf, um sie dann während der folgenden mageren Jahre bei hohen Preisen wieder auf den Markt zu bringen. Allerdings weiß man bis heute nicht, ob er schon vor viertausend Jahren der geniale Vater der Planwirtschaft wurde, der Überschüsse einlagerte, um das spätere Erntedefizit zu decken, oder ob er nur schlicht und einfach – honny soit qui mal y pense – der erste Spekulant der Geschichte war, der die Ware aufkaufte, um sie später teuer zu verkaufen.

Blick über das Nicolaifleet
auf die Hamburger Börse
um 1825

Im alten Athen spekulierte man mit Münzen. (Diese Art von Spekulation ist heute wieder in Mode, nur nennt man sie jetzt »Numismaten«. Sogar im Ostblock treffen sie sich einmal wöchentlich offiziell, um ihre Münzen zu veräußern oder zu kaufen.) Die Geldleute wurden Trapezoi genannt, das heißt Trapezkünstler, weil sie hinter einem kleinen trapezförmigen Tischchen saßen und darauf ihre Geldstücke zur Schau stellten. Genau wie heute. Man könnte in diesem Namen auch ein Symbol sehen. Sind nicht die Akrobaten des Geldwesens wahrhafte Trapezkünstler? Die gewagten Geschäfte eines dieser antiken Finanzakrobaten hatten eine Reihe von finanziellen Katastrophen und Preisstürzen ausgelöst. Sein Name *Phormion* ist zwar nicht unsterblich geworden, aber er gab dem größten Redner des Altertums, dem Rechtsanwalt *Demosthenes,* den Anlaß, die erste leidenschaftliche Verteidigungsrede für die Spekulation zu halten – sicherlich ohne die berühmten Kieselsteine im Mund.

Auch im alten Rom, dem Finanzzentrum des Mittelmeerraums, blühte die Spekulation. Man spekulierte groß in Getreide und Waren. Die leidenschaftliche Politik *Catos,* der die Zerstörung Karthagos betrieb, hat den Spekulanten seiner Zeit viel Kummer bereitet. Karthago war die Kornkammer der damaligen Welt, und als die Soldaten des Generals Scipio in die zerstörte Stadt einzogen, plünderten sie die Lagerhäuser und Silos. Rom fielen Tausende von Tonnen Getreide zu, zusätzlich zu seiner eigenen Ernte. Die Preise kamen zunächst ins Gleiten und stürzten schließlich senkrecht in die Tiefe. Viele Spekulanten verloren dabei ihr Vermögen. Man sprach schon von Zahlungsschwierigkeiten einiger Stammgäste des Forum Romanum. (Ein Vergleich mit den Jahren 1981/82 liegt auf der Hand. Die amerikanische Hochzinspolitik verursachte einen Riesenkrach in allen Rohstoffen, und Hunderte von Firmen wären zahlungsunfähig geworden, hätten die Regierung und andere Mammutunternehmen sie nicht unterstützt.) Auf dem Forum versammelten sich die reichen Bürger in der Nähe des Janustempels, um ihre Geschäftstransaktionen zu besprechen. Und hier holte sich Dr. *Cicero,* der prominenteste Anwalt seiner Zeit, die Tips für seine verschiedenen Spekulationen in Grundstücken, Münzen und Waren.

Nach einigen Finanzabenteuern ist es ihm gelungen, ein ansehnliches Vermögen zusammenzubringen. Durch seinen Ruhm und seine Persönlichkeit hat er der Spekulation in Rom Auftrieb verliehen. Er sagte schon damals, das Geld sei der Nerv der Republik und war überzeugt davon, daß die Spekulation der Motor der Vermögensbildung sei. Und er handelte auch danach. Täglich traf er auf dem Forum Roms Hochfinanz und durchreisende Kaufleute. Er spekulierte mit Grundstücken sowie Bauprojekten und mit Beteiligungen an Steuerpächtern, eine damals sehr beliebte Investition. Als Senator kam er leicht an Insider-Informationen über die römische Stadtplanung, was ihm bei seinen Spekulationen so hilfreich war.

Auch *Sir Isaac Newton*, der unsterbliche Entdecker der Gravitationsgesetze, hat sich in der Börsenspekulation versucht. Allerdings mit Mißerfolg, so daß er schließlich sogar verboten hat, das Wort Börse vor ihm auszusprechen.

*Voltaire* plauderte mit seiner Freundin stundenlang über Wertpapiere und Geld. Er spekulierte auch in Getreide und Grundstücken. Berühmt wurde er dann als spekulativer Devisenschieber: Während des Erbfolgekrieges wurde in Sachsen eine Bank gegründet, die den Krieg mit Notenemissionen finanzieren sollte. Nach dem Krieg verloren diese Noten 40 Prozent ihres Wertes. Friedrich der Große forderte aber eine hundertprozentige Einlösung in Silbertalern aller in preußischem Besitz befindlichen Noten. Voltaire ließ diese Noten in Dresden aufkaufen, sie in Koffern (schon damals!) nach Preußen schmuggeln und von dort aus durch Strohmänner von Dresden Silbertaler fordern.

*Beaumarchais, Casanova, Balzac* waren leidenschaftliche Börsenspieler. Balzac brauchte sehr viel Geld für seinen Lebensstil. Darum schrieb er Romane, Kurzgeschichten, Essais, kurzum, alles, was Geld brachte. Und so wurde er auch Spekulant und war häufiger Gast bei Baron Rothschild, um Tips zu erlauschen. Der Philosoph *Spinoza* und der Wirtschaftswissenschaftler *David Ricardo* waren neben ihren wissenschaftlichen Tätigkeiten begeisterte Spekulanten.

Und wie könnte ich *Lord Keynes*, den größten Nationalökonomen unseres Jahrhunderts, in dieser Reihe übergehen, unter dessen Porträt die britische Regierung folgenden Text setzen ließ: »John Maynard Lord Keynes, dem es gelungen ist, sich ohne Arbeit ein Vermögen zu schaffen«.

## Mein Nimbus hat Folgen

Vielleicht verdanken wir die schönsten Bilder *Paul Gauguins* seiner Pleite an der Börse. Nach seiner unglücklichen Karriere als Makler und Spekulant an der Pariser Börse mußte er, mit Schulden beladen, nach Tahiti fliehen.

Ich habe mit börsenbesessenen Berühmtheiten auch persönliche Erfahrungen gemacht. Obwohl ich Börsianer war, schlug ich Ende der zwanziger Jahre mein Quartier in dem Pariser Künstlerviertel Montparnasse auf. Im dichten Tabakqualm des Café Dôme traf ich oft den großen japanischen Maler *Foujita*. Trotz der zwei Blondinen, die ihn begleiteten, versäumte er es nie, als erstes zu fragen: »Nun, mein lieber Kosto, was gibt's Neues an der Börse?« Und in einer anderen Ecke unterbrach *Ernest Hemingway* seine literarischen Debatten, um die letzten Nachrichten aus Wall Street zu hören.

Und erst *Fritz Kreisler*, der große Komponist und Geiger! Ich habe ihn, sein Werk und sein Spiel so tief bewundert. Oft habe ich mich persönlich mit ihm unterhalten, und gerne hätte ich ihn über Musik und Musiker reden gehört. Er aber bedrängte mich um meine Weisheit, denn sein größtes Problem war immer wieder, ob man im Markt bleiben oder alles abstoßen sollte. Er dachte sicherlich, daß ich ein besseres Ohr für die Dissonanzen an der Börse hätte als er. Allerdings hatte er mir gegenüber einen enormen Vorteil. Er konnte seine Börsenverluste vom Vormittag abends mit der Geige wieder »erspielen«.

Bis heute ist mir ein langes Ferngespräch mit meinem guten Freund *Emmerich Kálmán* in Erinnerung. Er war nicht nur einer der Größten der Wiener Operette, sondern hat sich auch leidenschaftlich für Börsentransaktionen interessiert. Bei diesem Ferngespräch zwischen Paris und Wien Anfang der 50er Jahre stellte er mir, seinem Finanzberater, die Frage, ob es vom Anlagestandpunkt aus richtig wäre, Aktien für hunderttausend Dollar zu verkaufen (nach der Kaufkraft von heute wäre es eine halbe Million Dollar), um bei Cartier im Gelegenheitskauf einen Diamanten für seine Frau Vera zu erstehen. Nolens volens mußte ich *ja* sagen, denn eine Stunde zuvor hatte mich Vera ebenfalls aus Paris angerufen und mich gebeten (mit der Begründung, daß alle ihre Freundinnen schon einen besonders schönen Diamanten besäßen, nur sie nicht), ihrem Mann zu dieser Anlage zu raten. (Ihr Argument war ja nicht ganz falsch.) Einige Tage später schmückte der Ring die zarten Finger der schönen Vera Kálmán.

Vernunftsgemäß wäre es vielleicht besser gewesen, IBM oder XEROX zu behalten. Aber man kann sich natürlich die Frage stellen, ob das Vergnügen, einen so seltenen Ring zu besitzen, ihn zu tragen und den vor Neid zerspringenden Freundinnen zu zeigen, nicht mehr bedeutet als ein Börsengewinn. Ich habe übrigens die Erfahrung gemacht, daß es für einen Mann viel ungefährlicher ist, wenn sich seine Frau oder Freundin in Juwelen, Pelze etc. verliebt als in ein Bankkonto. Denn Juwelen und Pelze haben Grenzen, ein Bankkonto jedoch nie.

Nach dem Krieg hatte ich das große Glück, in der Schweiz meinem Idol im Reich der Musik, *Richard Strauss*, zu begegnen und sein Freund zu werden. Oft saßen wir im Verenahof in Baden bei Zürich beim Essen beisammen, und ich lauschte begierig, ein Wort des Meisters über Musik zu vernehmen. Aber vergebens. Man sprach nur über Geld, und seine Frau Pauline wollte alles über die Börse wissen.

Das Phänomen Börse reizt nun einmal die Menschen. Folgende Geschichte scheint mir typisch. Mein guter Freund *Janos H.* aus Budapest war oft mein Gast an der französischen Riviera. Er war ein Mann von großer Kultur und besonders in der französischen Literatur bewandert. Ich wollte ihm eine besondere Freude machen und lud meinen Freund und Nachbarn, den französischen Schriftsteller und Goncourtpreisträger M. C., ein. Letzterer war zudem Kunstkritiker und Professor der französischen Literatur in Amerika. Ich wollte eigentlich vor dem Franzosen mit meinem ungarischen Freund protzen, wollte ihm zeigen, daß man selbst im kommunistischen Ungarn über die jüngste französische Literaturentwicklung wohl informiert ist. Mein Freund Janos bereitete sich tagelang auf den literarischen Gedankenaustausch vor. Leider kam es nicht zu dem geplanten belletristischen Gespräch, da mein Ehrengast mich mit Fragen über Elektronik und Ölwert, Goldpreise und Geldmarkt bombardierte. Mein armer Freund Janos konnte kein Wort anbringen. Traurig saß er bei Tisch. Das geplante literarische Mittagessen war ein Fiasko geworden.

Ich habe mich mit meinem Nimbus abgefunden. Deshalb warne ich auch alle gastfreundlichen Damen davor, mich einzuladen, wenn sie Künstler, Schriftsteller oder andere Schöngeister empfangen. Schon meine Anwesenheit verpestet die Atmosphäre... Also Achtung! Das wird auch jedem anderen passieren, der den Ruf eines guten Börsenprofis hat.

# Die kapriziöse Logik der Börse

Die Börse ist logisch, hat jedoch eine spezielle Logik, die mit jener des Normalverbrauchers nur wenig zu tun hat.

Sie ist kapriziös wie eine schöne Frau oder das Wetter. Sie versteht es, mit tausend Zauberkünsten zu schillern, um ihre Beute anzulocken, und in dem Augenblick, wo man es am wenigsten erwartet, zeigt sie einem die kalte Schulter. Mein Vorschlag: Man sollte die Launen kühl übergehen und vor allem keine logische Erklärung dafür suchen.

Um sie zu erfassen, muß man den Mechanismus der Aufwärts- und Abwärtsbewegungen verstehen, wie sie entstehen, wie sie sich entwickeln und wie sie zu einem Ende kommen. Der Börsenlogik gemäß ist es also kein Postulat, daß Aktien, die gut sind, steigen, und jene, die schlecht sind, fallen müssen, ebenso daß die Börsenkurse bei schlechter Wirtschaftslage fallen und bei einer guten steigen »müssen«. Über lange Jahre gesehen werden natürlich Aktien von kleinen Unternehmen, die groß geworden sind, parallel dazu steigen (wie es zahlreiche amerikanische Wachstumswerte getan haben), und Wertpapiere solcher Unternehmen, die allmählich verfallen, werden in die Tiefe sinken. Manchmal verfallen sogar ganze Branchen durch neue technische Entwicklungen.

Doch sind dies langfristige Bewegungen. Um diese vorauszusehen, muß man kein guter Börsianer sein, sondern Futurologe, Techniker oder sogar ein kleiner Prophet. Denn selbst bei perfekter Branchenkenntnis kann man nicht voraussehen, woher ein ganzer Sektor oder ein Unternehmen Konkurrenz bekommt. So könnte zum Beispiel durch eine neue technologische Erfindung in Amerika in einer Branche eine Hochkonjunktur entstehen, diese jedoch durch eine japanische, wesentlich billigere Produktion schnell abgebrochen werden. Um also auf lange Jahre hin erfolgreich zu sein, muß man Visionen haben. Ich hatte in den vergangenen Jahrzehnten manche Freunde, die im technologischen Bereich solche »Vorhersehungen« hatten (zum Beispiel in bezug auf IBM, Xerox) und damit dann auch reich geworden sind. Ich hatte selber hie und da derartige erfolgreiche Visionen (mit deutschen Auslandsanleihen nach dem Krieg oder einigen Elektronik-Werten). Aber diese langfristigen Entwicklungen haben mit den zyklischen Bewegungen der Börse eigentlich nichts zu tun.

Dagegen gibt es kurzfristige Spieler, die von einem Tag auf den anderen, von einer Woche zur anderen einen Kursschnitt machen wollen. Für sie wird meine Analyse nur wenig Wert haben, da die Zickzack-Bewegungen auf kurze Sicht völlig unberechenbar und unerfaßbar sind. Wie schon gesagt, benimmt sich die Börse wie ein Alkoholiker. Im Rausch reagiert er völlig überraschend, oft weint er auf gute Nachrichten und lacht bei schlechten. Ganz abgesehen davon, daß die meisten Börsianer nicht einmal beurteilen können, welche Nachrichten gut und welche schlecht sind.

So bleibt als interessantes Kampffeld lediglich die Spekulation in mittelfristigen zyklischen Bewegungen übrig, bei denen man zumindest die Einflußfaktoren sachlich analysieren und greifbare Argumente (richtige oder falsche) sowie Vorstellungen haben kann.

## Das Postulat von Angebot und Nachfrage

In der Börsenlogik gibt es nur ein Postulat: Angebot und Nachfrage. Lebhaft erinnere ich mich noch heute an meinen allerersten Tag an einer Börse (dies geschah in Paris à la BOURSE). Ein alter Herr (wahrscheinlich in meinem heutigen Alter) kam auf mich zu: »Junger Mann, ich habe sie hier noch nicht gesehen. Wer sind sie?« – »Jawohl«, antwortete ich, »Ich bin heute zum erstenmal an der Börse und bin Volontär bei der Firma X«. – »Da ihr Chef mein Freund ist, werde ich Sie jetzt etwas überaus Wichtiges lehren. Sehen sie sich um, hier hängt alles von einer einzigen Sache ab, ob es mehr Dumme als Papiere gibt oder mehr Papiere als Dumme.« (Mein Bekannter hatte wahrscheinlich schlechte Erfahrungen hinter sich, da er alle Aktienkäufer als »Dumme« bezeichnete.) Diese Lehre habe ich nie vergessen: alles hängt von Angebot und Nachfrage ab. Und meine ganze Börsentheorie ist darauf aufgebaut, natürlich untermauert durch meine langjährigen persönlichen Erfahrungen.

Die Worte meines Bekannten würde ich folgendermaßen interpretieren. Die Tendenz hängt davon ab, ob es für die Verkäufer wichtiger und dringender ist, ihre Papiere loszuwerden, als für die Käufer, mit ihrem Geld Werte zu erwerben. Wenn die Wertpapierbesitzer unter einem psychologischen oder materiellem Druck gezwungen sind, ihre Papiere zu veräußern, die Geldbesitzer dagegen zwar kaufen wollen, jedoch nicht unter Kaufzwang stehen, fallen die Kurse. Die Analyse der Tendenz besteht also darin, die verschiedenen Einflußfaktoren zu beurteilen, die Angebot und Nachfrage in der Zukunft bestimmen werden.

## Wie ein Börsenkurs entsteht

Wie kommt überhaupt ein Börsenkurs zustande? Nehmen wir ein Molekül der Börsentransaktion unter die Lupe. Eine Aktie X steht auf 100. Ein potentieller Käufer sagt sich, sie steht auf hundert – oder er denkt, sie ist 100 wert –, ich möchte sie also zu 90 kaufen, deshalb biete ich 80. Auf der anderen Seite überlegt der Veräußerungswillige, sie steht auf 100, ich möchte sie also für 110 verkaufen, deshalb verlange ich 120. Die Aktie steht somit 80 Geld und 120 Brief. Wenn nun lediglich ein einziges Molekül an der Börse wäre, könnte keine Transaktion zustande kommen. Doch besteht die Börse aus unzähligen Molekülen. Ein anderer wird z. B. 85 bieten, dagegen werden 115 verlangt. Ein weiterer ist bereit, für die Aktie 90 zu zahlen, und auf der anderen Seite ist ein Verkäufer willig, sie für 110 abzustoßen. Vorläufig halten Käufer und Verkäufer auf ihren Nachfrage- und Angebotspreisen fest, denn keiner ist zum Kaufen bzw. Verkaufen gezwungen. Jetzt kommt aber einer, der unter Druck steht (entweder unter psychologischem – weil er Angst hat oder weil er pessimistisch ist – oder unter materiellem Druck, weil er z. B. Geld braucht) und verkaufen *muß*, ich betone *muß*. »Er muß dies eben leiden«, er muß sich mit jenem Preis begnügen, den der höchstbietende Käufer bereit ist zu zahlen, was in unserem Fall 90 ist. Die Transaktion ist abgeschlossen, der Kurs steht demnach bei 90 gegen 100.

Die Kursentwicklung hängt also davon ab, in welchem Verhältnis die Verkaufs- und Kaufaufträge bei limitierten Preisen zu jenen ohne Preislimit (das heißt bestens) stehen. Wenn zum Beispiel an einem Tag alle Angebote ohne Limit zur Börse kommen und gleichzeitig die Käufer ihre Aufträge tief setzen, kommt es zu einem *Börsenkrach*. Im umgekehrten Fall, wenn die Verkäufer zögernd eingestellt sind und nur bei steigenden Preisen Verkaufsaufträge erteilen, während die Käufer gleichzeitig aggressiv handeln und unbedingt kaufen wollen –, das heißt, sie setzen kein Preislimit für ihre Kaufanträge: dann tritt ein *Börsenboom* ein.

Käufer und Verkäufer, jeder will von der Zwangssituation des anderen profitieren. Genau wie ein halsabschneiderischer Juwelier, der einem Kunden in Not für seinen Diamantring einen möglichst niedrigen Preis bietet. Für denselben Stein, den er einem Interessenten in den glühendsten Farben angepriesen hätte (Feuer, moderner Schliff, fehlerlos, große Nachfrage), hat er jetzt nur die abwertenden Attribute: feuerlos, altmodischer Schliff, unnatürliche Färbung und wenig gefragt. Und: Wie ein Juwelier den Kunden, der seinen Laden betritt, »austastet«, genauso versuchen die zwei Parteien der Börsianer (Käufer und Verkäufer) einander hinsichtlich ihrer eventuellen Absichten »abzutasten«.

So kommt es, daß man vor Eröffnung der Börse an Börsentagen unmittelbar nach ganz großen Ereignissen überhaupt noch nicht sagen kann, wie die Tendenz sein wird; denn es ist unmöglich – wie schon erläutert – festzustellen, wie die Massen auf Ereignisse reagieren werden, und wie die Aufträge bei den Maklern eingetroffen sind.

Betrachten wir nun die Transaktionen eines Papieres während eines Börsentages und deren Gründe genauer: *A* verkauft seine Papiere, da die Bank ihm den Kredit, den er auf diese Aktien aufgenommen hatte, gekündigt hat. Er kann demnach nicht warten, sondern *muß* die Papiere bestens verkaufen. *B* ist Kaufmann und hat einen Wechsel fällig. Die von ihm erhoffte Verlängerung wurde nicht gewährt. Er *muß* deshalb Papiere verkaufen. *C* hat eine Hypothek auf seinem Haus, die zur Fälligkeit kommt. Die Bank ist zwar bereit, sie zu verlängern, jedoch zu viel höheren Zinsen. Dies lohnt sich nicht. So verkauft *C* Aktien. *D* ist von der hohen Rendite der Festgelder und festverzinslichen Anleihen angelockt und verkauft lieber Papiere, um sein Geld bei höheren Zinsen zu investieren. *E* hat einen kleinen Gewinn mit seinen Aktien gemacht, den er sich nun sichern will. *F* hat eine ganz persönliche Geldverpflichtung (seine Tochter heiratet, und er *muß* die versprochene Mitgift bezahlen). *G* mußte schon einen kleinen Verlust hinnehmen und will diesen begrenzen. *H* will verkaufen, da er davon überzeugt ist, die Papiere später billiger zurückkaufen zu können. *I* verkauft lediglich, weil er von dem »allgemeinen« Pessimismus angesteckt ist.

Auf der Käuferseite kauft *K*, weil er der Ansicht ist, daß die Aktie zu tief steht und sicher auf lange Sicht steigen wird. Ein weiterer kauft, weil er aus seinem Hausverkauf über Bargeld verfügt und es jetzt in Wertpapieren investieren will. Der nächste hat eine Erbschaft in Bargeld gemacht und möchte das Geld anlegen. Ein anderer hat die Papiere höher verkauft und erwirbt sie erneut, weil er mit einer kurzfristigen Erholung rechnet. Und dann ist einer, der kaufen muß, da er in der Pensionskasse, die er verwaltet, zuviel Bargeld hat und es investieren muß.

Auf der Verkäuferseite steht also die Mehrzahl an erster Stelle unter materiellem, an zweiter unter psychologischem Druck, muß also veräußern. Auf der Käuferseite ist die Mehrzahl zwar willens, steht jedoch keineswegs unter einem Zwang, kann also durch Abwarten eventuelle günstigere Preise abwarten. In dieser Situation gehen die Kurse natürlich zurück. Der Hauptgrund dafür sind die hohen Zinsen, beziehungsweise die schlechte Liquidität des Kapitalmarktes. *Das Geld ist der Sauerstoff der Börse.* Ohne Liquidität kann die Börse nicht steigen. Es ist, wie der ungarische Zigeunermusikant sagt: »Ka Geld, ka Musik.« Geld, Liquidität ist der Haupteinflußfaktor der Börse.

T(endenz) = G(eld) + P(sychologie)

Aber mit Geld allein kann der Markt sich nicht bewegen, wenn die Psychologie des Anlagepublikums negativ ist. Ein weiterer Einflußfaktor ist also die *Psychologie.* Wenn beide Faktoren, Geld und Psychologie, positiv sind, dann steigen die Kurse. Sind beide negativ, fallen sie. Ist ein Faktor positiv, der andere negativ, neutralisieren sich die Tendenzen, das heißt, es entwickelt sich eine farblose, uninteressante Börse ohne große Schwankungen. Man nennt dies »trading market«, eine günstige Situation für Börsenspieler, die kleine Kursschwankungen geschickt auszunützen verstehen.

Überwiegt ein Faktor geringfügig, wird sich dies durch leicht steigende oder leicht gleitende Kurse manifestieren, je nachdem, welcher Faktor der stärkere ist. Wenn dann einer der Faktoren umschlägt und beide entweder positiv oder negativ werden, dann kommt die große Hausse oder die große Baisse.

Die Kurse steigen, wenn große und kleine Sparer *kaufen wollen und können.* Sie *wollen* kaufen, weil sie die Finanz- und Wirtschaftslage optimistisch beurteilen, und sie *können* kaufen, weil sie genügend flüssiges Geld in der Tasche oder Kasse haben. Das ist das ganze Geheimnis der Hausse-Bewegung, selbst wenn alle fundamentalen Tatsachen dagegen sprechen sollten, ebenso wie die Nachrichten über die Lage der Wirtschaft.

Derselbe Mechanismus wirkt sich natürlich auch umgekehrt aus. Das Publikum ist pessimistisch, beurteilt die Zukunft schwarz und ist knapp bei Kasse, weil es sein Geld in anderen Sektoren, z. B. Immobilien, Sparkassen, Anleihen zu höheren Zinsen, anlegen konnte und weil andererseits auch Kredite schwerer zu beschaffen sind. Sind Phantasie und Geld negativ, stürzen die Kurse unter dem Druck des Angebots in die Tiefe.

Meiner Ansicht nach sind für die allgemeine Börsentendenz, also nicht für einzelne Aktien, die Faktoren Phantasie und Geld viel ausschlaggebender als die fundamentalen Tatsachen. Sehr oft ist die Kursentwicklung sogar entgegengesetzt zu der fundamentalen Richtung. Denn eine Wirtschaftseuphorie bringt höhere Zinsen, schlechtere Liquidität, weil die Unternehmen selber alle zur Verfügung stehenden Gelder für direkte Investitionen benötigen. Daher kommt es häufig vor, daß während einer Wirtschaftsrezession und eines Rückgangs der Zinsen die Börse steigt, obwohl die fundamentalen Faktoren, das heißt Gewinne und Dividenden, dies nicht erwarten lassen. In einer Periode des wirtschaftlichen Booms, wenn Handel und Industrie florieren und die verfügbaren Kapitalien für die Expansion verwendet werden, greifen die Behörden (Notenbank, Regierung) zu restriktiven Maßnahmen, um eine Wirtschaftsüberhitzung zu vermeiden. Der Diskountsatz wird erhöht und Kreditrestriktionen eingeführt. Die Geldmenge wird gedrosselt. Die Banken erhöhen die Debetzinsen, beschneiden oder streichen im äußersten Fall sogar die zugestandenen Kredite usw. ...

## Kapital in knapper Zeit

Um sich nun neues Kapital zu beschaffen, haben die Firmen mehrere Möglichkeiten. Sie können ihr Kapital durch Emission von Anleihen erhöhen. Doch ist der Anleihemarkt in dieser Situation häufig nicht mehr aufnahmefähig und die Gesellschaften sind gezwungen, ihren Kapitalbedarf durch Emissionen von Wandelanleihen zu befriedigen. Große Mengen von Wandelanleihen sind aber eine tödliche Konkurrenz für den Aktienmarkt.

Außer Wandelanleihen werden andere Gesellschaften ganz einfach Kapitalerhöhungen vornehmen und so die Zahl ihrer Aktien vermehren. Manche Firmen werden auch aus ihrem Portefolio Aktien anderer Gesellschaften verkaufen. Die Verkäufer üben Druck auf die Kurse aus, und die darauffolgenden Kursrückgänge zwingen diejenigen, die Darlehen auf Aktien aufgenommen haben, ihrerseits ihre Papiere zu verkaufen.

Die Folge davon ist, daß Riesenmengen von Aktien auf den Markt kommen, und dies gerade zu einer Zeit, wo durch die Regierungspolitik die Geldmasse verringert wird. Genau wie es mein alter Börsianer sagte: mehr Aktien als Dumme.

Nach einer gewissen Zeit wird das Tempo der Wirtschaft langsamer und der Kapitalbedarf dadurch geringer, und da die Rentabilität der Neuinvestitionen nicht gewährleistet ist, werden diese unterlassen oder für später aufgeschoben. Auch die Nachfrage nach Bankkrediten nimmt ab. Der Anleihemarkt entspannt sich, und die Gesellschaften, die frisches Kapital brauchen, können sich dieses zu besseren Bedingungen zum Beispiel durch Anleihemissionen verschaffen. Es lohnt sich nicht, neue Aktien oder Wandelanleihen auszugeben, denn es ist nicht im Interesse der alten Aktionäre, das Kapital zu verwässern.

Zur selben Zeit ruft die Wirtschaftskrise bei vielen die Angst hervor, sie könnten ihre Stellung oder ihre Einkünfte verlieren. Sie sparen daher eifriger. Der Verbrauch schrumpft, und die Sparguthaben wachsen. Da die Inflationsgefahr in einem gewissen Maße und für eine gewisse Zeit lang ausgeschaltet ist (ich meine den Inflationsfaktor Nachfrage und nicht die Kosteninflation), können die zuständigen Stellen den Zinssatz senken und die Kreditaufnahme erleichtern. Wenn die Kapitalakkumulation den industriellen Investitionsbedarf übersteigt, wandert das überschüssige Geld zur Börse, um in schon notierten Wertpapieren angelegt zu werden.

Es ist bei der Börse ähnlich wie bei dem Markt für gebrauchte Autos. Wenn die großen Autofirmen immer neue und attraktivere Modelle herausbringen, die Autoagenten besonders aktiv sind und ihren Kunden sogar Preiskonzessionen machen oder gewisses Zubehör gratis mitliefern, dann sinkt der Preis für Gebrauchtwagen. Wenn dagegen die Lieferzeit für neue Autos mehrere Wochen oder Monate beträgt, wenn außerdem die neuen Modelle wenig attraktiv erscheinen und auch von Preiskonzessionen keine Rede sein kann, dann wird der Markt der gebrauchten Autos aktiv, und die Preise gehen in die Höhe.

An der Börse notierte Aktien sind die gebrauchten Autos des Kapitalmarktes. Wenn der Markt mit neuen interessanten Wertpapieren (zum Beispiel Wandelanleihen) überschwemmt wird, ist ein Kurssturz der schon an der Börse notierten Aktien unvermeidlich. Wenn aber die neuen Anlageemissionen bei fallendem Zinssatz immer seltener werden, fließen die überflüssigen Gelder zur Börse, das heißt zum Markt der »gebrauchten Autos« zurück.

Oft leidet die Börse nicht so sehr durch die Wirtschaftskrise als solche, sondern vielmehr durch die Maßnahmen, mit denen die Regierung die überhitzte Konjunktur bekämpft. Infolgedessen geht die Börse während einer Hochkonjunktur häufig zurück, die Wirtschaftskrise als Folge der Regierungsmaßnahmen kommt erst später. Ebenso häufig ergreifen Regierungen Maßnahmen, um die Konjunktur anzukurbeln. Von diesen Maßnahmen profitiert zuerst die Börse; die Kurse steigen, ehe noch die Wirtschaft auf diese Regierungsmaßnahmen günstig reagiert. Das schafft an der Börse Kursentwicklungen, die für den Außenseiter, der diesen Mechanismus nicht kennt, zunächst unverständlich und unlogisch scheinen.

## Staatliche Einflüsse

Der Staat verfügt über bedeutende Mittel für die Konjunkturpolitik. Auf dem Schaltbrett der Wirtschaftslenker gibt es verschiedene Hebel: Budget- und Steuerpolitik, Währungspolitik, Diskontsatz, Kreditrestriktionen oder Liberalisierungsmaßnahmen. Dazu werde ich noch ausführlich Stellung nehmen. Nur in der Preis- und Lohnfrage sind die westlichen Regierungen bisher leider ohnmächtig, und das hat in jüngster Zeit das Problem der Inflation außerordentlich kompliziert gemacht. Jedenfalls sollte sich jeder kluge Spekulant eine Regel merken: sich niemals den Direktiven derjenigen zu widersetzen, die das System in Gang halten. Denn früher oder später werden diese sich durchsetzen, weil sie die stärkeren Waffen besitzen.

Früher, ehe das erwähnte Inflationsproblem so akut geworden ist, konnte der Staat die Konjunktur mit einer gewissen Sicherheit lenken. Die heutige Inflation, die kein reines Währungsproblem mehr, sondern ein Sozial- und vor allem ein psychologisches Problem ist, bedürfte einer viel tieferen Analyse, welche die Grenzen dieser Ausführungen überschreiten würde.

Hier möchte ich nur zwei von vielen Beispielen anführen, um zu illustrieren, wie sich die zwei Räder unabhängig voneinander drehen. Zwischen 1946 und 1949 führte die Umstellung der Produktion vom Krieg auf den Frieden in den Vereinigten Staaten zu einem ungeheuren Industrieaufschwung. Die Gewinne erhöhten sich ununterbrochen. Doch gleichzeitig fielen die Börsenkurse in Wall Street. Die Umstellung von der Kriegs- auf die Friedensindustrie hatte alle verfügbaren Kapitalien aufgesaugt und keine Mittel für den Kauf von Wertpapieren übriggelassen. Außerdem betrachtete das Publikum die wirtschaftlichen Möglichkeiten der Nachkriegsjahre ängstlich, skeptisch und mißtrauisch. Es verlangte infolgedessen für seine Geldanlage einen höheren Ertrag. Beide Faktoren, Geld und Psychologie waren also negativ.

Die industrielle Umstellung in den USA vollzog sich in mehreren Etappen. Nach dem ersten Aufschwung der Friedenswirtschaft folgte eine Periode der Stabilisierung. Die Expansion der Wirtschaft verlangsamte sich, die Wirtschaft brauchte weniger Geld, und die Sparguthaben wurden wieder aufgestockt. Die nicht investierten Kapitalien konnten den Weg zur Börse einschlagen, und die Kurse begannen anzuziehen. Die Faktoren Geld und Psychologie wurden wieder positiv.

In Deutschland vollzog sich dieser Prozeß anders. Die große Wiederaufbauperiode setzte mit der Währungsreform von 1948 ein. Damals stand der Börse noch wenig Kapital zur Verfügung, und die Werte gelangten trotz einer langsamen Kurssteigerung über das Stadium einer Wiederherstellung des echten Wertes auf relativ niedrigem Niveau nicht hinaus, obwohl der psychologische Faktor durchaus positiv war.

Die industrielle Expansion nahm nach 1953 riesige Ausmaße an. Der Boom absorbierte alle verfügbaren Kapitalien, und für die Börse blieb nichts übrig. Jeden Morgen konnte ich in den Zeitungen das seltsame Paradoxon feststellen: Die Gesellschaften verzeichneten ausgezeichnete Erfolge, die Dividenden erhöhten sich, und die Kurse der Aktien gingen ununterbrochen zurück.

Die deutsche Bundesregierung hatte nämlich die nötigen Maßnahmen getroffen, um in der herrschenden Boomperiode der drohenden Inflation vorzubeugen. Die Kreditbeschränkungen zwangen die Unternehmen, neue Aktien und Obligationen zu emittieren. Die größten deutschen Unternehmen brachten Anleihen mit über achtprozentiger Verzinsung auf den Markt. Das war für die damalige Zeit ein außerordentlich hoher Zinssatz. Die Börse war überschwemmt mit Wertpapieren, aber es gab nicht genug Kapital, um sie zu kaufen – trotz des allgemeinen Optimismus.

Der Aktienmarkt schien aussichtslos. Als sich die Expansion verlangsamte und fast eine Stagnation eintrat, lockerte die Bundesbank die Kreditbestimmungen und öffnete den Geldhahn, der den Kapitelmarkt auf geeignete Weise fütterte.

Mit diesem ersten »Sauerstoffstoß« wurde der Markt wieder kräftig, und die Werte stiegen so schnell in die Höhe, wie es eine andere Börse kaum je erlebt hat. Das jahrelang künstlich unterdrückte Hausse-Potential – auf fundamentalen Gründen beruhend – verursachte eine wahre Explosion der Kurse, weil die Faktoren Geld und Psychologie zur gleichen Zeit positiv wurden. Dafür war nur *Geld* notwendig gewesen, wie ich schon festgestellt habe, *der Sauerstoff der Börse*. So war es schon immer, und so wird es immer bleiben, solange es Börsen gibt. »Geld, nochmals Geld und wiederum Geld!« Das berühmte Wort Marschall *Trivulzios* »denari, denari e poi denari« sollte als Motto über jedem Börsenportal eingraviert sein.

Dagegen ist der Faktor »Psychologie«, genau betrachtet, das Produkt einer großen Zahl verschiedener Faktoren, die auf die Börse Einfluß nehmen. Nehmen wir an, die Gewinne und Dividenden einer Gesellschaft werden reduziert, die Steuern heraufgesetzt etc., also lauter negative Maßnahmen. Wenn aber das Publikum die Zukunft mit Optimismus beurteilt, nimmt es viele schlechte Nachrichten in Kauf, weil es überzeugt ist, daß die erwähnten negativen Einflüsse nur vorübergehend wirksam sind. Der Faktor $P$ = Psychologie bleibt in diesem Falle positiv, trotz der schlechten fundamentalen Nachrichten.

Dies hat sich auch bei dramatischen politischen Ereignissen bestätigt. Oft kommt es vor, daß Aktien einer Gesellschaft trotz eines Streiks nicht zurückgehen, einfach weil das Publikum den Streik als ungefährlich beurteilt. Als 1939 der Krieg ausbrach, war monatelang an der Börse in Paris eine Hausse, weil man aus Inflationsangst in die Wertpapiere flüchtete. Das französische Publikum dachte, Aktien, das heißt Sachwerte, seien eine bessere Anlage als französisches Bargeld. Man beurteilte Aktien optimistischer als die französische Währung.

Außerdem gab es viele, die der Ansicht waren, der Krieg sei von kurzer Dauer. Und nachher würde alles beim Alten bleiben...

Es widerspricht zum Beispiel jeglicher Logik, daß gewöhnliche schweizer, englische oder französische Goldmünzen, die gar keinen Seltenheitswert besitzen, fünfzig bis hundert Prozent über ihrem Goldwert stehen. Trotzdem bezahlt das Publikum den Preis, weil es glaubt, es müsse einige Stücke davon in seiner Schublade liegen haben. Hier handelt es sich ebenfalls um einen psychologischen Faktor – besonders seit dem letzten Krieg –, und er hat mit sachlichen Überlegungen nichts zu tun. Nicht die Tatsache Krieg oder Frieden ist für die Börsentendenz absolut entscheidend, sondern die psychologische Reaktion des Publikums darauf.

Auch die Beurteilung der Preis-Gewinn-Relation einer Aktie (in den USA »price to earning ratio« genannt) ist rein psychologischer Natur. Es kann vorkommen, daß der Markt, das heißt die Analytiker, bei ein und derselben Aktie eine Preis-Gewinn-Relation von 15 : 1 als tief beurteilen und damit das Urteil fällen, das Papier sei unterbewertet. Zu einem anderen Zeitpunkt bezeichnen sie aber dieselbe Relation bei demselben Papier als überbewertet. Man kann aus dieser Beurteilung keine Rückschlüsse auf die weitere Entwicklung ziehen, da die Behauptung »unter- oder überbewertet« kein arithmetisches Axiom, sondern eine relative Beurteilung ist, die in großem Umfang psychologisch bedingt ist. Deshalb muß ich immer wieder lächeln, wenn ich beobachte, wie Hunderte von Analytikern von dieser Preisrelation hypnotisiert sind. Diejenigen, die die »price to earning ratio« als das Einmaleins der Börsenanalyse betrachten, hätten nie IBM, Xerox und viele andere Aktien kaufen dürfen, denn nach dieser Berechnung hätten diese Aktien im gegebenen Moment immer zu hoch gestanden.

Nach den Wall-Street-Fachleuten dürfte man diese Werte überhaupt nicht anrühren, denn theoretisch müßten sie ja aufgrund der »price to earning ratio« unter Null stehen. Viele interessanteste Börsencoups habe ich aber gerade mit den Aktien solcher Gesellschaften gemacht, die im Moment, als ich sie gekauft habe, mit Verlust arbeiteten. Wenn aber diese Gesellschaften dann wieder Gewinne erzielten (im Englischen nennt man dies eine »turn around situation« = Umkehrsituation), schnellten die Kurse steil empor. Meiner Überzeugung nach kommt man mit Mathematik an der Börse überhaupt nicht weiter. Die Kurse lassen sich nicht mit dem Zollstab messen und Börsenentwicklungen nicht aufgrund mathematischer Berechnungen voraussagen.

Hier sei ein Spottvers zitiert, den eine Pariser Zeitung vor 260 Jahren auf *John Law* verfaßte, nachdem er mit seinem System ganz Frankreich in die Misere gestürzt hatte.

»Hier ruht Schottlands berühmter Sohn,  
der rechnete ohnegleichen schon,  
und durch seine geniale Mathematik  
brach er Frankreich das Genick.«

Nicht die Mathematik entscheidet über die Kursentwicklung sondern die Antizipation. Wenn man es sogar ganz genau definieren wollte, handelt es sich um die Antizipation der Antizipation; denn wenn ich heute eine Aktie zu 100 kaufe, in der Absicht, sie nächstes Jahr zu einem viel höheren Kurs verkaufen zu können, muß ich ja gleichzeitig die Antizipation des Käufers für das darauffolgende Jahr berechnen. Mit einem Wort die Antizipation im Quadrat, und das heißt: *die Phantasie*.

Wie die Phantasie des Spekulanten in die Zukunft schweift, soll folgende Geschichte illustrieren. Gleich nach Kriegsende befand sich Italien in einer einzigartigen Situation. Das Land selbst hatte kaum unmittelbar Kriegsschäden erlitten. Der größte Teil der Fabriken war intakt, konnte aber wegen Rohstoffmangel nicht arbeiten. Und Rohstoffe konnten nicht gekauft werden, weil es keine Devisen gab. Ein mit den Vereinigten Staaten genial ausgeklügeltes System half Italien aus dieser Sackgasse. Aufgrund von Lohnarbeitsverträgen lieferte Amerika an Italien Rohstoffe: Wolle, Baumwolle, Kunstseide. Nach der Verarbeitung in italienischen Fabriken kehrte ein Teil der Fertigwaren als Bezahlung in die Vereinigten Staaten zurück, während der Rest für den Inlandsmarkt bestimmt war oder sogar nach anderen europäischen Ländern exportiert wurde.

Ab 1946 erfreute sich die italienische Textilindustrie daraufhin einer neuen Blüte, und auch die Mailänder Börse erlebte eine Wiedergeburt; allmählich stellte sich die von Leidenschaft erfüllte Atmosphäre wieder ein, die Mailand vor dem Kriege zu einem der aktivsten Aktienmärkte in Europa gemacht hatte, wo am meisten spekuliert wurde. Diese Neubelebung beschränkte sich jedoch mehr oder weniger auf die Herstellung und den Handel mit Textilien und die damit verwandten Industriezweige, die direkt oder indirekt mit der Textilindustrie zu tun hatten: Warenhäuser, Textilmaschinen und so weiter.

Als ich aus den Vereinigten Staaten kam, wo man Europa mit einem gewissen Pessimismus beurteilte, war ich sehr überrascht, eine wahre Flut von Artikeln aus Baumwolle, Seide und Wolle in den eleganten Mailänder Geschäften in der Nähe des Doms vorzufinden. Mein Spekulationsinteresse reagierte sofort. Ich fragte einen meiner Freunde, einen Makler an der Mailänder Börse, um Rat.

»Es ist viel zu spät, um hier noch mitzumachen«, sagte er. »Die guten Sachen sind schon zu hoch gestiegen. Sie sind viel zu teuer, als daß man sie jetzt noch kaufen könnte. Und die, die nicht teuer sind, haben keinen Grund zu steigen.«

Ich kam aus den Vereinigten Staaten zurück und war also mit den europäischen Verhältnissen noch nicht ausreichend vertraut. Er mußte es besser wissen als ich. Ich gab mich daher mit seiner Behauptung zufrieden und fand mich notgedrungen damit ab, von diesem »Kuchen« nichts mitkosten zu können.

Ein paar Wochen später erregte eine Notiz in der »Neuen Zürcher Zeitung« meine Aufmerksamkeit. Die große kalifornische Automobilfirma Kaiser-Frazer hatte soeben einen Vertrag mit Fiat in Turin abgeschlossen, wonach die italienische Firma hunderttausend Motoren jährlich im Lohnarbeitsvertrag herstellen sollte.

So, sagte ich mir, das Verfahren hat seit den Textilien also Schule gemacht. Wer ist jetzt an der Reihe? Wahrscheinlich die Autos. Einige Minuten Überlegung genügten, um meinen Plan zu fassen.

Bei Eröffnung der Börse fragte ich meinen Makler: »Sagen Sie, was ist die schlechteste Automobilaktie?«

»Sie meinen doch wohl die beste? Das ist Fiat.«

»Nein, die schlechteste. Erkundigen Sie sich bitte. Ich interessiere mich wirklich für die schlechteste, so merkwürdig Ihnen das auch vorkommen mag.«

»Gut«, sagte er und verschwand in der Menge. Nach einigen Minuten kam er zurück.

»Es heißt, das wäre Isotta-Fraschini (I. F.); die Firma steht kurz vor dem Bankrott.«

Dieser Name rief die Erinnerung an jene langgestreckten Vorkriegslimousinen wach, die Filmstars und große Financiers gern fuhren. I. F., diese Initialen des Luxus, bedeuteten also jetzt »Industrie in Finanzschwierigkeiten«?

»Sind Sie sicher?«

Er verschwand ein zweites Mal im Menschengewühl.

»Ja, es ist mehr als sicher, I.F. ist nahezu bankrott.«

»Gut, dann will ich ein Paket kaufen.«

Mit einem Gesicht, das viel von seiner Skepsis verriet, führte er schließlich meine Order zu etwa 150 Lire aus.

Nachdem meine Spekulationslust befriedigt war, verließ ich die Börse und einige Tage später auch die Stadt. Monate vergingen, ehe ich wieder nach Mailand kam. Mein Makler rief mich gleich an: »Gratuliere, lieber Freund, zu diesem ausgezeichneten Tip. Woher hatten Sie ihn?«

! ! !

»Sagen Sie nur nicht, daß Sie nichts wußten. Es ist unglaublich, Isotta steht auf 450. Sie wollen sicher verkaufen?«

»Keineswegs!« Und ich gab ihm Anweisung, noch mehr Isotta-Aktien zu kaufen.

Diesmal fügte er sich gleich. Er versuchte, seine Überraschung zu verbergen und führte die Aufträge aus.

Da es mich selbst verwunderte, daß eine so aus der Luft gegriffene Idee so rasch Erfolg gehabt hatte, machte ich mich daran, die Kursbewegungen zu verfolgen.

Diese Aktie war ein Einzelfall. Sie strebte allein nach oben, denn die übrigen Börsenwerte, einschließlich Fiat, blieben ziemlich konstant. Die für 150 Lire gekauften Papiere stieß ich zu ungefähr 1500 Lire ab, nachdem sie inzwischen bis auf 1900 Lire geklettert waren.

Das Wunder ließ sich jedoch erklären. Meine Idee war richtig gewesen. Im Zuge des wirtschaftlichen Wiederaufbaues war ein Wirtschaftszweig nach dem anderen an die Reihe gekommen. Italien hatte einen guten Ruf in der Automobilindustrie und war daran interessiert, ihn auch weiterhin zu behalten. Hie und da waren Gruppen ausländischer Geldleute und Industrieller aufgetaucht, hatten die darniederliegenden italienischen Industrien überprüft und Pläne ausgearbeitet, um sie wieder flottzumachen. Eine dieser Gruppen hatte I. F. übernommen, um sie zu reorganisieren und wieder auf die Beine zu bringen. Die Firma als solche besteht heute nicht mehr, da sie mit einer anderen Firma fusioniert hat. Aber mir ist sie als eines meiner kühnsten und erfolgreichsten Spekulationsobjekte in Erinnerung geblieben.

## Der Einfluß von Zinssatz und Regierungsentscheidungen

Die Entwicklung des langfristigen Zinssatzes ist nicht nur für die Börse, sondern für das gesamte Wirtschaftsleben von Bedeutung. Wenn Spareinlagen in den Banken zunehmen und der Zinssatz fällt, werden die Banken ihren Kunden leichter Kredite gewähren. Diese können neue Investitionen planen, um so mehr, als die Investitionen bei den billigen Zinsen rentabler sind. Die Geschäftsführer sehen auf einmal die Zukunft in einem rosigeren Licht, und die Folge davon ist, daß sie neue Investitionspläne entwerfen.

Günstigere Nachrichten aus der Wirtschaft werden aber nur mit einiger Verzögerung bekannt, und es geschieht häufig, daß die Börse viel früher anzieht, als diese günstigen Nachrichten durchsickern. Steigende Zinsen haben dagegen früher oder später eine dramatische Wirkung, nicht nur auf die Psychologie, sondern auch auf die Wirtschaft im allgemeinen. Denn wegen der höheren Zinsen werden geplante Investitionen aufgegeben oder auf später verschoben. Und dies zu einem Zeitpunkt, wo die Nachrichten aus der Geschäftswelt und auch die Börsenkurse noch immer günstig sind. Deshalb messe ich bei meinen Börsenentscheidungen den Bilanzziffern der Gesellschaften keine große Bedeutung bei. Erstens werden Bilanzen manipuliert oder zumindest frisiert, so wie es den Direktionen paßt. Selbst wenn die Zahlen richtig sind, gehören sie bei ihrer Veröffentlichung bereits der Vergangenheit an.

Die Faktoren Geld und Psychologie sind für die Börsentendenz viel ausschlaggebender als die fundamentalen Tatsachen. Man kann aber nur den Geldfaktor exakt verfolgen, weil der psychologische Faktor unberechenbar ist. Um ihn auch nur für 30 Tage vorauszusehen müßte man ein Wahrsager sein. Es gibt zwar gewisse Symptome, daß man auch die psychologischen Reaktionen des Publikums abschätzen kann. Ich komme jedoch darauf erst später zurück.

Die Zinssätze der kurzfristigen Kredite hängen in hohem Maße von der Regierungspolitik ab, in welchem Umfang also und zu welchem Zinsfuß die Zentralbank dem Markt Gelder zur Verfügung stellt. Dies ist eine der Waffen der Konjunkturpolitik für die Regierungen.

Da die verschiedenen Regierungen im vergangenen Jahrzehnt verschiedenartige Konjunkturpolitik betreiben mußten, kamen allerdings die ärgsten Komplikationen zustande. Und zwar haben zum Beispiel die

Vereinigten Staaten im Sommer 1971 eine Politik des billigen Geldes eingeschlagen, um die Wirtschaft anzukurbeln und die Arbeitslosigkeit zu bekämpfen.

Deutschland dagegen war im Interesse der Stabilität gezwungen, eine Politik des teuren Geldes zu verfolgen, um die Überhitzung der Wirtschaft zu bremsen. Infolgedessen überquerten Milliarden von Dollar den Atlantischen Ozean, um in Deutschland höhere Zinsen als in den USA zu erzielen. Die Konsequenzen kennen wir heute ja alle. Dasselbe Problem wiederholte sich in entgegengesetzter Richtung zehn Jahre später. Nach der Wahl von Präsident Reagan wurden die kurzfristigen Zinsen in den USA auf historische Höhen geschraubt, weil das erste Ziel der neuen Wirtschaftspolitik die Inflationsbekämpfung war.

## Inflation und Anleihenmarkt

Nun möchte ich aber auf den Anleihenmarkt zurückkommen. Wenn nämlich die Banken viel Geld haben und deshalb ihren Unternehmerkunden leichter billige Kredite gewähren, kommen viele Gesellschaften in Versuchung, ihren Geldbedarf durch billige Bankkredite zu decken, anstatt zu einem hohen Zinsfuß Anleihen herauszugeben. So schrumpft das Angebot an Anleihen. Andererseits neigen viele Kapitalisten dazu, langfristige Anleihen zu kaufen, wenn sie für kurzfristige Festgelder bei den Banken nur einen niedrigen Zins erhalten. Diese Anleihen bringen eine höhere Verzinsung, die auch für eine längere Periode sichergestellt ist.

Dies gilt um so mehr, wenn eine bessere Geldstabilität für die Zukunft ein geringeres Risiko bedeutet. Seit Jahren wird bei Kapitalanlagen die Verzinsung von langfristigen Obligationen so berechnet, daß man von der nominellen Verzinsung einer Anleihe die jährliche Inflationsrate abzieht.

Im Laufe des Jahres 1971 haben zum Beispiel die Dollaranleihen eine Verzinsung von rund neun Prozent gehabt. Da aber die Inflationsrate etwa sechs Prozent betrug, konnte in diesem Fall der Geldanleger mit einer Realverzinsung von nur drei Prozent rechnen. Die Inflationsrate hat also eine besonders große Bedeutung für die Entwicklung des Obligationenmarktes.

Wenn die Inflationsrate zurückgeht, wächst die Nachfrage nach langfristigen Anleihen. Diese Nachfrage wird noch verstärkt durch sogenannte Zinsarbitrage-Geschäfte. Hunderte von professionellen Geldmanagern kaufen langfristige Anleihen mit hoher Verzinsung, die sie mit billigen kurzfristigen Krediten finanzieren. All dies trägt zur steigenden Tendenz auf dem Anleihemarkt bei, und die Zinsen für langfristige Kredite gehen zurück.

Die Erfahrung der vergangenen fünfzig Jahre beweist, daß der Aktienmarkt in einem Zeitabstand von drei bis zwölf Monaten der Tendenz der Obligationen folgt. Für mich gilt die These: Eine Aktienhausse ist nur dann möglich, wenn die festverzinslichen Werte zuvor gestiegen sind. Stürzt aber der Obligationenmarkt, stürzt unumgänglich auch der Aktienmarkt einige Monate später. Die Zeitspanne, in der sich der Aktienmarkt dem Anleihenmarkt anpaßt, hängt vom Faktor Psychologie ab, das heißt, wie lange noch die optimistische oder pessimistische Welle anhält, während der Geld-Zinsenfaktor schon durchgeschlagen hat. Das nenne ich die letzte Phase eines Zyklus. Da man den psychologischen Faktor nicht richtig verfolgen kann, halte ich also die *Entwicklung des langfristigen Zinsfußes* für das entscheidende Barometer der Börse.

# Inflation und Börse

Das Problem der heutigen Inflation ist äußerst komplex, und ich behandle es in diesem Buch an mehreren Stellen in verschiedenen Zusammenhängen.

Denn garade wenn man sich über die Entwicklung der Börse in den vergangenen Jahren und auch in unseren Tagen ein exaktes Urteil bilden will, ist es unerläßlich, sich das Problem der Inflation ständig vor Augen zu halten und es exakt zu untersuchen.

*Die Preisinflation,* das Problem Nr. 1 aller Nationen, hat mehrere Ursachen, die je nach den Gegebenheiten eines Landes in ihrer Bedeutung variieren.

1. *Die Kosteninflation* durch ständig steigende Löhne und der Preise der Dienstleistungen sowie der Energie. Obwohl wir die heutige Marktwirtschaft frei nennen, ist sie sicherlich nicht »frei«, denn die beiden wichtigsten Elemente der Wirtschaft, Löhne und Energie, werden von zwei mächtigen *Kartellen* diktiert: den *Gewerkschaften* und den *Ölländern.*

2. *Die Nachfrage,* die manchmal in bestimmten Sektoren die Preise in die Höhe treibt und die Kapazität der Industrie überfordert.

3. *Die vielen Milliarden,* die man den Ostblockländern und den Entwicklungsstaaten durch faule Kredite *praktisch schenkt,* die diese ja nie zurückzahlen werden können.

4. *Die Inflationspsychose,* das heißt die Inflationserwartung. Es ist ja eine alte Wahrheit, daß schon allein die Erwartung einer Inflation diese automatisch hervorruft.

Welcher dieser Gründe überwiegt, ist schwer zu beurteilen. Ich glaube jedoch, daß die Inflations*psychose* einer der stärksten ist. Außerdem verschieben sich die Proportionen oft. Es gibt die verschiedensten Meinungen darüber, was zuerst da war, das Ei oder die Henne. Sind es die Löhne, welche die Preise in die Höhe treiben, oder sind die steigenden Löhne nur eine Folge der bereits gestiegenen Preise? Hier gibt es kein unanfechtbares Urteil. Man nähert sich wirtschaftsphilosophischen und fast unlösbaren politischen Problemen.

Die Lohnforderungen werden durch die immer mächtigeren Gewerkschaften erhoben und entstehen durch den Wunsch von immer mehr Bevölkerungsschichten, an einem steigenden Lebensstandard teilzuhaben, beziehungsweise ihren gegebenen Lebensstandard zu halten.

Die Folge ist die Lohn-Preis-Spirale.

Die Regierungen und Parlamente stehen diesem Phänomen machtlos gegenüber. Zumindest in der freien Welt, da eine Demokratie ohne eine gute Portion Demagogie nicht möglich ist. Deshalb konzentrieren sich die Regierungen fast überall auf den Inflationsfaktor »Nachfrage«, den sie so weit wie möglich einzudämmen versuchen. In einem sozialistisch regierten Land sagte mir ein Minister bei einem Mittagesen zu zweit: »Da wir ganz unter uns sind, darf ich Sie auf folgendes hinweisen. Ihr könnt leicht gegen die Inflation ankämpfen, da ihr euch den Luxus einer Arbeitslosigkeit erlauben könnt. Aber wie dürften wir in einem sozialistischen Land Arbeitslose haben? Aufrichtig gesagt, das ist die einzige Pression, die es möglich macht, den ständigen Preisdruck der Arbeitnehmer zu zügeln. Diese Möglichkeit ist uns leider verschlossen«. Damit will ich nur sagen, daß es in der Debatte über das Problem Ei und Henne sehr schwer ist, ein zutreffendes Urteil abzugeben.

In diesem Kampf gegen die Nachfrageinflation und die Inflationspsychose verfügen die Regierungen über zwei Waffen: die Steuer- und die Geldpolitik. Die neue Politik von *Präsident Reagan* setzt hier bemerkenswerte Akzente, indem sie die Nachfrage durch ein starkes Angebot zu sättigen versucht. Und damit komme ich an den Punkt, der uns Börsianer besonders interessiert.

## Der Einfluß von Steuer- und Geldpolitik

Wenn die Regierung die Kaufkraft der Bevölkerung durch höhere Steuern abschöpfen kann, darf sie in der Kreditpolitik liberaler sein und kann Restriktionen vermeiden und geringere Zinsen verlangen. Dies ist die günstigere Situation für die Börse.

Wenn aber die Regierung aus politischen, sozialen oder irgendwelchen anderen Gründen die Steuern nicht erhöhen will, sondern lieber die Geldmenge reduziert, Kreditrestriktionen einführt und die Zinsen erhöht, außerdem die Inflationspsychose ausmerzt, sowie zusätzlich diejenigen, die auf Inflation spekulieren, bestraft, dann ist das die für die Börse denkbar gefährlichste Situation. Sie erinnert an ein Auto, das einen Abhang hinunterrollt. Man kann die Fahrt auf zweierlei Arten verlangsamen: entweder durch das Zurückschalten auf einen niedrigeren Gang, das entspricht der Fiskalpolitik, oder mit der Bremse, was einer restriktiven Geldpolitik entspräche. Wenn der Fahrer den Wagen im Leerlauf läßt und nur mit der Bremse den Wagen aufzuhalten versucht, werden die Bremsen bald quietschen. Und genauso quietscht es an der Börse, wenn eine Regierung die Inflation durch Kreditrestriktionen zu bremsen versucht.

### Ereignisse der 70er Jahre

Aus rein politischen Gründen ist es für jede Regierung leichter, eine Geldpolitik zu betreiben, weil die Entscheidungen allein von ihr abhängen Steuer- und Budgetmaßnahmen hingegen benötigen die Zustimmung des Parlaments oder im Falle Amerikas des Kongresses, und dort spielen demagogische Überlegungen eine große Rolle. Bis ein Steuergesetz schließlich mit Ach und Krach durchgeht, dauert das zum Beispiel in den USA jahrelang; während die Kongreßmänner hin und her debattieren, verwandelt sich jedoch die schleichende Inflation in eine galoppierende.

Als *Präsident Johnson* Anfang 1967 die US-Inflation durch Steuererhöhungen unter Kontrolle bringen wollte und ein diesbezügliches Gesetz dem Kongreß vorlegte, konnte er die Zinssätze eine Zeitlang reduzieren, sie niedrig halten und die Geldmenge erhöhen. Hohe Steuern sind auch nicht der Wunschtraum der Börse, aber sehr viel weniger gefährlich als hohe Zinsen.

Die Geld-, Zins- und Kreditpolitik einer Regierung kann man sehr genau verfolgen. Sie macht ja auch kein Geheimnis daraus. Man konnte auch nicht aufrichtiger sein als Präsident Johnson, der Anfang 1967 erklärte: »I will do everything in my power to reduce interest rates.« Bei einer solchen Bemerkung des Präsidenten der Vereinigten Staaten mußte ein Börsianer wie vom Trampolin abgeschnellt in die Wall Strett stürzen. Die Haussebewegung, die darauf folgte, war um so stürmischer, als auch die Steuererhöhung im Kongreß zwei Jahre steckengeblieben war.

Die große Reaktion auf diese Bewegung, das heißt die Baisse, folgte erst, als die neue Administration *Präsident Nixons* eine äußerst strenge Geldpolitik durchsetzen konnte.

Nach meiner Theorie war vorauszusehen, daß nach der Johnson-Euphorie für die Wall Street wieder schwierige Zeiten kommen würden. Aber der Zusammenbruch kam erst, als auch der psychologische Faktor negativ geworden war, und um so heftiger, als die vorangegangene Spekulationswelle viel zu hoch gewesen war.

Acht Jahre lang diente eine ständig anwachsende Geldmenge (teilweise auch als Folge des Vietnam-Krieges, den man nicht durch Steuern finanziert hatte) als Heizmaterial für die drei Riesenmotoren, die die Wall Street auf Hochtouren brachten; das heißt das Broker-Establishment mit seinen damals 100 000 Maklern als Zentralmotor, die Investment-Fonds und die Mischkonzerne als Hilfsmotoren.

Der Spekulationsmechanismus hat folgendermaßen funktioniert: Die Broker verkauften dem Publikum die Anteile der Investment-Fonds. Mit diesem Geld in den Kassen der Investment-Fonds kauften dieselben Broker die Aktien von Mischgesellschaften, um sie zu absorbieren.

Das Heer der 100 000 Makler tat das Nötige, um die heißen Tips von Fonds- und Mischkonzernoperationen zu verbreiten. Man flüstert die Tips von Ohr zu Ohr, Profis, Mitläufer und Tagsspekulanten stürzen sich auf die Aktien, deren Kurse in einer Todesspirale senkrecht immer höher und höher steigen – das alles mit dem Heizmaterial der uferlosen Geldmengen. Nicht nur das traditionelle Börsenpublikum wurde von dieser Atmosphäre angesteckt, sondern auch Pensionskassen, Kirchen, Universitäten und sogar Gewerkschaften, die alle von den ständig steigenden Kursen profitieren wollten. Die bisherigen Vermögensverwalter dieser Institutionen wurden gefeuert und durch neue, junge Manager ersetzt, die direkt von der Schulbank weg in die Wall Street übersiedelten, um dort mit

Milliarden zu jonglieren. Wall Street wurde ein gigantisches Kasino, in dem das Spielfieber von Tag zu Tag immer leidenschaftlicher und hemmungsloser stieg.

Nachdem Präsident Nixon sein Amt angetreten hatte, hielt er es für seine erste Pflicht, der Inflation das Rückgrat zu brechen (genau wie vor kurzem *Reagan* bei seinem Amtsantritt 1981). Da er es mit einem demokratischen Kongreß zu tun hatte, war die Geldpolitik seine einzige Waffe, das heißt, die Heraufsetzung der Zinssätze. Präsident Nixon hatte seine Intentionen nicht verheimlicht und bald nach seinem Amtsantritt die neue Geldpolitik angekündigt. Dies war eine Warnung für alle Börsianer, daß für Wall Street sehr schwere Zeiten anbrechen würden. Genauso hatte Präsident Johnson zwei Jahre zuvor mit der Bemerkung, daß er die Zinssätze herabsetzen werde, die Aufforderung zum Tanz ausgesprochen. Die Ermunterung Johnsons und die Warnung Nixons waren eindeutig gewesen. Der Federal Reserve Board dämmte den Geldstrom radikal ein, die Zinssätze gingen in die Höhe, die Kreditrestriktionen wurden immer strenger, und der Anleihemarkt begann abzubröckeln. Der erste Motor, der ausfiel, waren die Mischkonzerne. Neben dem wachsenden Geldmangel brachte sie ein zweiter Grund in Schwierigkeiten. Ein neues Gesetz des Kongresses schob den finanzakrobatischen Kunststücken (den Steuertricks) der Mischkonzerne einen Riegel vor.

Der Kurszusammenbruch der Mischkonzerne zog den Kurssturz der Investmentanteile nach. Die Investmentfonds verkauften aus ihren Portefeuilles Aktien, gleichgültig welche und zu welchem Preis, um Bargeld in der Kasse zu haben für eventuelle Rückzahlungen der Anteile, die das Publikum fordern könnte.

Im Zuge dieses allgemeinen Debakels gerieten auch die Broker in Schwierigkeiten. Der Zentralmotor des Systems begann zu stottern. Viele Broker konnten ihre Spesen nicht mehr decken, verloren ihr Betriebskapital, mußten ihr Personal entlassen und in vielen Fällen sogar ihre Firma liquidieren. Das alles verstärkte das allgemeine Unbehagen, und das Publikum verfiel einem tiefgreifenden Pessimismus. Auch der psychologische Faktor war ins Negative umgeschlagen. Diese Entwicklung dauerte ungefähr neun Monate. Dann änderte die amerikanische Regierung ihre Politik radikal, da sich die wirtschaftliche und finanzielle Situation so zugespitzt hatte, daß es beinahe zu einer Liquiditätskrise gekommen wäre. Der Konkurs der PENN-Central und die finanziellen Schwierigkeiten einiger großer Industrieunternehmen hatten eine einscheidende Revision der Geldpolitik durch die Regierung zur Folge. Unter dem Einfluß dieser Wende brach in Wall Street eine stürmische Hausse aus, und der größte Teil des Verlustes wurde auf dem Dow Jones Index wieder eingebracht. Diese Euphorie dauerte aber nur so lange, bis die Zinssätze wieder zu steigen begannen.

Als Grund gaben die verschiedenen Analytiker die internationale Währungskrise und die neue Wirtschaftspolitik Nixons an. Nichtsdestoweniger gab der starke Rückgang der Zinsen dem Markt wieder einen neuen Impuls, die Kurse stiegen bis Anfang 1973, und der Dow Jones Index erreichte einen historischen Höchststand (1065).

Dieser Aufschwung war jedoch nicht überzeugend. Das finanzielle Sodom und Gomorrha war noch nicht aufgeräumt, der Unfug der Mischkonzerne, die Sünden der unverantwortlichen Financiers und die Dummheit der Fondsmanager waren noch nicht bestraft. Dies geschah erst, als weitere Ereignisse zusammentrafen: die Ölkrise, der Watergate-Skandal und besonders die radikale Geldmengenabschöpfung, diktiert von dem Federal Reserve Board. Diese Ereignisse kulminierten in einem totalen Zusammenbruch der Börse, in Schwierigkeiten einiger Finanzkonzerne und in einer Liquiditätskrise, die uns fast in ein neues 1929 geführt hätte. Aber nur fast, denn glücklicherweise wurden sich die US-Regierung und Arthur Burns, der Vorsitzende des Federal Reserve Board, im letzten Moment bewußt, daß sie nicht weiter mit dem Feuer spielen konnten; sie unterwarfen daraufhin ihre Geldpolitik einer einschneidenden Revision und pumpten möglichst rasch frisches Geld in den Markt.

Die Börse spürte als erste diese neue Wendung, und die Kurse schnellten 1975 wie ein Gummiball in die Höhe. Wiederum eine Bestätigung, daß Geld und Liquidität für die Börse und auch für die Wirtschaft unentbehrlich sind.

Hoffentlich war 1974 eine gute Lektion für die Wirtschaftsführer und die Regierungen, solche Krisen nicht zu wiederholen. Die Ereignisse der siebziger Jahre zeigten auch, wie sich die Phasen einer Börsenbewegung abspielen, sogar auf Kosten der Wirtschaft und des Arbeitsmarktes. Während Nixon gegen die Inflation kämpfte, wollten die Regierungen in Europa die Arbeitslosigkeit bekämpfen und die ganze Wirtschaft ankurbeln. Sie wollten also die Zinserhöhung nicht mitmachen genau so wie auch heute.

Da die Wirtschaftspolitik Amerikas und Europas aus politischen, psychologischen und sozialen Gründen nicht parallel zueinander abläuft, wird es immer wieder zu solchen Divergenzen kommen. (Seit Präsident Reagan befinden wir uns in einer ähnlichen Lage: die Europäer wollen die Wirtschaft ankurbeln, während Amerika um fast jeden Preis der Inflationspsychose das Rückgrat brechen will.) Und selbst zwischen einzelnen europäischen Staaten sind solche unterschiedlichen Bestrebungen sichtbar.

## Phasen zyklischer Bewegung an der Börse

Meiner Erfahrung nach besteht jede zyklische Bewegung an der Börse (sei es bei Aktien, Anleihen, Rohstoffe, Edelmetalle, also all jenen Märkten, auf denen spekuliert wird) aus drei Phasen:

1. Der Phase der Korrektur,
2. der Phase der Anpassung oder Begleitung,
3. der Phase der Übertreibung.

Nehmen wir als Beispiel eine Aufwärtsbewegung nach einer dritten Phase der Abwärtsbewegung. Während der neuen ersten Phase wird der Kurs (der zu tief gefallen war) auf ein Niveau korrigiert, das gewissermaßen realistisch und berechtigt ist. In der zweiten Phase entwickelt sich der Kurs parallel zu den laufenden Ereignissen. Sind sie für den Artikel ungünstig, geht der Kurs berechtigterweise wieder zurück. Sind die Ereignisse positiv, begleitet die Notierung sie in einer Aufwärtsbewegung. An einem gewissen Punkt der zweiten Phase besteht nun die Gefahr, daß, begünstigt durch weitere positive Ereignisse, automatisch in die dritte Phase übergegangen wird. In dieser Phase des Bullmarkets springen die Kurse von Stunde zu Stunde in die Höhe. Die Kurse und Stimmungen eskalieren sich gegenseitig. Die gestiegenen Kurse erzeugen eine rosige Stimmung, und diese treibt die Kurse jetzt noch weiter in die Höhe. Sie haben keine Bedeutung mehr, sind ausschließlich von der Massenhysterie bestimmt.

In einer derartigen Stimmung sagte *Sir Isaac Newton* einmal, der, worauf ich schon hingewiesen habe, selbst ein leidenschaftlicher Spekulant war und sein ganzes Geld in dem Londoner Seifenblasenkrach verloren hat: »Die Bahn der Himmelskörper kann ich auf Zentimeter und Sekunden berechnen, nicht jedoch, wohin eine verrückte Menge einen Kurs treibt.«

In einer zyklischen Baissebewegung erzeugen die tiefen Kurse in der dritten Phase einen schwarzen Pessimismus, der wiederum auf die Preise drückt, und die Kurse fallen wie Blätter im Herbst. Diese Baisse- oder Haussewelle der letzten Phase dauert immer so lange, bis ein psychischer Elektroschock aus irgendeiner Richtung den Teufelskreis zu durchbrechen vermag. Wenn der Elektroschock nicht kommt, obwohl Argumente für die Gegenrichtung bereits vorhanden sind, dann tobt sich diese letzte rein psychologische Phase langsam aus. Und eines Tages wendet sich die Markttendenz ohne jede erkennbare Veranlassung zur größten Überraschung des Publikums und sogar der Experten, die darauf nicht vorbereitet waren. Nun beginnt die zyklische Gegenbewegung (in unserem Falle die Korrektur, die Anpassung und die Übertreibung in einer Abwärtsbewegung). Das ist die ewige Rotation an der Börse, wie in der Natur Ebbe und Flut einander folgen.

## Über das richtige Spekulieren in den Phasen

Wie soll sich nun der Spekulant in diesen drei Phasen verhalten?

In der dritten, das heißt in der Übertreibungsphase des Bearmarkets, sollte er kaufen und auch nicht erschrecken, wenn die Preise weiter zurückgehen. Denn wie die alten Börsianer schon auf der Budapester Getreidebörse sagten: »Wer den Weizen nicht hat, wenn er zurückgeht, hat ihn auch nicht, wenn er steigt.« In der ersten Phase der Aufwärtsbewegung sollte er weiterkaufen, denn der Tiefpunkt ist überwunden. In der zweiten Phase sollte er eigentlich nur Zuschauer sein, nur passiv mit der Bewegung gehen und sich seelisch darauf vorbereiten, in der dritten Phase bei der allgemeinen Euphorie aus dem Markte auszusteigen.

Es ist natürlich sehr schwierig für einen Spekulanten, gegen die dritte Übertreibungsphase der Baisse zu gehen, das heißt gegen den allgemeinen Konsensus zu handeln und zu kaufen, wo die Kollegen, die Massenmedien und Experten zum Verkaufen raten (und vice versa). Denn sogar jener, der diese Theorie kennt und ihr folgen möchte, ändert im letzten Moment unter dem Druck der Massenpsychose seine Meinung und sagt sich, theoretisch müßte ich zwar jetzt einsteigen, doch ist die Situation diesmal anders. Es stellt sich ja erst später heraus, daß auch diesmal antizyklisches Handeln das Beste gewesen wäre. Man muß sehr trainiert, kühl und sogar zynisch sein, um sich der Massenhysterie zu entziehen. Aber dies ist die conditio sine qua non zum Erfolg. Deshalb gelingt es an der Börse auch nur einer Minderheit, erfolgreich zu spekulieren. Die Mehrheit ist ja Verlierer. Der Spekulant muß also mutig, engagiert und weise sein.

Natürlich stellt sich jetzt die Frage, wie man feststellen kann, in welcher Phase man sich befindet. Dafür gibt es kein Lehrbuch, so wie es auch keine vollkommene Spekulation gibt. Es gibt auch keine Methode, die man blind anwenden kann. Wenn es so einfach wäre, gäbe es keine »Kumpel« mehr in den Bergwerken und keine Holzfäller in den Wäldern. Jeder würde seinen Lebensunterhalt an der Börse verdienen. Nur eine sehr lange Erfahrung gibt einem, was man das Fingerspitzengefühl nennt. Auch der erfahrenste, mit allen Wassern gewaschene Spekulant kann sich irren. Er muß sich sogar oft irren, um die notwendige Erfahrung zu sammeln. Ein Börsenspekulant, der in seinem Leben nicht wenigstens zweimal pleite war, ist dieser Bezeichnung nicht würdig. Wir sind alle in einem dunklen Raum, aber gewiß wird sich jener, der sich schon seit Jahrzehnten in diesem Zimmer aufhält, besser zurechtfinden als einer, der erst vor kurzem eingetreten ist.

## Erfahrungen mit Hartgesottenen und Zittrigen

Es gibt zwei Arten von Wertpapierbesitzern, Spekulanten und Börsenspieler. Ich bezeichne sie als Hartgesottene und Zittrige. *Die Hartgesottenen* haben Geld, Geduld und Gedanken. Das heißt, ihr Eigenkapital, egal wie hoch es ist, ist intakt, und sie haben keine Schulden. Wenn einer zum Beispiel 10 000 Mark Vermögen besitzt, dagegen aber für 5000 Mark Wertpapiere und keine Schulden hat, dann hat er Geld. Unter Geduld verstehe ich Nerven, die nicht auf jedes kleine Ereignis heftig reagieren. Und er hat Gedanken, ich meine, er handelt intellektuell richtig oder falsch, Hauptsache mit Überlegung und Vorstellungskraft.

*Der Zittrige* ist jener, der wenig Geld, keine Geduld oder keine Gedanken hat. Ich meine, wenn sein Eigenkapital gegenüber seinen Schulden zu klein ist. Selbst wenn er 40 Millionen besitzt, aber 30 Millionen Schulden hat, hat er kein Geld. Keine Geduld haben, das heißt, er hat schwache Nerven und versteht nicht, daß die Börse nicht automatisch auf jedes Ereignis so reagiert, wie sie es nach seiner Logik sollte. Er weiß nicht, daß die Reaktion auf ein Ereignis eine gewisse Zeit in Anspruch nimmt, das heißt, bis das Publikum dieses richtig versteht, richtig interpretiert und danach handelt. Oder er hat keine Vorstellungskraft und handelt nicht mit dem Kopf, sondern rein emotional. Kaufen die anderen, kauft er auch, verkaufen sie, verkauft auch er. Er ist ein Glied der Masse und handelt mit ihr. Und übrigens: Auch ein schwerreicher Millionär ohne Schulden kann ein Zittriger sein, wenn er keine Nerven oder keine Vorstellung hat, das heißt emotional handelt.

Die ganze Frage besteht also darin, in welchen Händen die Papiere sind.

Besitzen die Hartgesottenen den großen Anteil der Aktien, so ist die Börse sogar, wenn die Nachrichten ungünstig sind, zu einer explosive Aufwärtsbewegung bereit. Ist jedoch das Gros der Papiere in den Händen der Zittrigen, kann es schon bei der ersten schlechten Nachricht zu einem Debakel kommen.

Den ersten Fall nenne ich einen »überverkauften« Markt, den zweiten einen »übergekauften". Die ganze Kunst ist nun zu wissen, ob ein Markt über*ver*kauft oder über*ge*kauft ist. Ein routinierter Börsenhase hat dies im Fingerspitzengefühl, auch wenn er es nicht immer in Worten ausdrücken und definieren kann. Es gibt natürlich Symptome, Hinweise und gewisse Signale, die auf die eine oder andere Situation schließen lassen.

Werden bei fallenden Preisen eine gewisse Zeit lang große Umsätze getätigt, bedeutet dies, daß zahlreiche Aktien von Zittrigen in hartgesottene Hände übergehen. Es kann sogar zu einem Moment kommen, in dem die Zittrigen ausverkauft haben und die Aktien in den »sicheren« Tresorschränken der Hartgesottenen liegen. Die Papiere kommen aus diesem Versteck dann später erst bei steigenden Preisen heraus. Denn bei fallenden Preisen kaufen in überwiegender Mehrheit die Hartgesottenen, die selbst bei weiter fallenden Kursen nicht sofort in Panik geraten, denn sie haben ja Geld, Geduld und Gedanken. Das heißt also: wenn bei immer steigenden Umsätzen die Preise weiterhin fallen, ist dies ein Zeichen dafür, daß man sich dem Niveau nähert, wo die nächste Aufwärtsbewegung starten wird. Meistens handelt es sich jedoch dabei um ein unberechtigtes Tief, an dem lediglich die Hysterie des Publikums und der generelle Ausverkauf der Aktienbesitzer schuld sind, was ich vorher als die dritte Phase der Abwärtsbewegung bezeichnet habe. In einer solchen Situation verschleudern die Zittrigen auch die besten und widerstandsfähigsten Papiere, die sie vorher als Reserven gehalten haben.

Bröckeln die Kurse jedoch eine Zeitlang bei kleinen Umsätzen ab, so ist dies eine schlechte Perspektive für den Markt. Denn in dieser Situation sind die Aktien noch in den Händen der Zittrigen, die eine Erholung des Marktes abwarten, bei weiterem Kursabfall jedoch plötzlich, von Angst ergriffen, die Papiere abstoßen, ja sogar verschleudern. Die Meinung zahlreicher Analytiker und Broker, ein Rückgang der Preise bei kleinen Umsätzen habe keine Bedeutung, ist völlig falsch. Ihr Hauptargument ist, das große Publikum verkaufe nicht. Aber dies will ja nichts bedeuten, denn wichtig ist dabei, daß die Papiere noch in den Händen der Zittrigen sind.

Und wenn diese heute nicht verkaufen, heißt das ja noch lange nicht, daß sie nicht schon morgen, in einer Woche oder in einem Monat, veräußern werden.

Wenn dagegen die Papiere ununterbrochen mit immer größeren Umsätzen steigen, ist auch dies eine sehr schlechte Perspektive für die Zukunft. Je größer der Umsatz, um so verletzbarer der Markt. Die Börse kommt nämlich in die sogenannte dritte Phase der Aufwärtsbewegung. Die Analytiker und Broker behaupten, daß Kurssteigerungen bei großen Umsätzen günstig seien. Ganz falsch! Sie meinen, das große Publikum kaufe, und dies sei gut. Stimmt, für den Tag, an dem sie kaufen. Aber ist es wirklich so gut, wenn das große Publikum, das heißt die Zittrigen, kaufen? Denn werden sie auch nächste Woche kaufen? Besteht nicht die Gefahr, daß die Papiere schon im kommenden Monat wieder auf den Markt kommen, daß die Zittrigen nicht schon bald wieder abstoßen? Wahrscheinlich ja... Wenn der Markt hingegen mit kleinen Umsätzen steigt, ist dies außerordentlich günstig. Obwohl die Analytiker behaupten werden, diese Marktsituation sei nichtssagend. Klar, denn die Broker sind ja nur an großen Provisionen interessiert und halten deshalb den Markt mit kleinen Umsätzen für uninteressant. Tatsache ist aber, daß die Papiere noch immer in den Händen der Hartgesottenen und noch nicht zu den Zittrigen übergegangen sind. Die Preise müssen noch weiter steigen, damit die Hartgesottenen bereit sind, die Papiere an die Zittrigen abzustoßen.

Fazit: Steigender Markt mit großen Umsätzen, da in einem Punkt übergekauft: ungünstig; steigender Markt mit kleinen Umsätzen: günstig, fallender Markt mit kleinen Umsätzen: ungünstig, fallender Markt mit großen Umsätzen: günstig, da er sich dem Punkt nähert, wo er überverkauft ist. Übergekauft ist der Markt in der dritten Phase der Aufwärtsbewegung. Dann allerdings kann er durch einen Stecknadelstich platzen wie ein Ballon. Überverkauft ist der Markt auch am Ende der dritten Phase der Abwärtsbewegung, und jetzt kann er mit oder ohne gute Nachrichten explodieren. Dutzende Beispiele der Vergangenheit können diese Theorie untermauern. Es ist paradox, doch muß man es abschließend feststellen, daß kleine Umsätze bei steigenden Preisen der Hinweis auf eine Fortsetzung der Tendenz sind, bis dann an einem Punkt ein genereller Einstieg des hypnotisierten Publikums in die Aktie stattfindet. Das große Publikum reagiert unter psychologischem Druck. Im Tiefpunkt handelt es sich um eine Kumulation in wenigen »hartgesottenen« Händen, im Hochpunkt um eine Streuung in zahlreichen kleinen Händen. Graphisch könnte man dies durch eine umgedrehte Pyramide darstellen.

# Der Weg zum Erfolg: antizyklisches Handeln

Eines Tages besuchte mich einer meiner alten Freunde. Er hatte jenes Stadium der Spekulation hinter sich gelassen, wo man nur sein Vermögen bewahren oder ein wenig vermehren will. Er war nicht nur ein leidenschaftlicher, sondern auch ein vorzüglicher und erfahrener Börsianer. Dennoch schien er sehr beunruhigt.

»Wie erklären Sie sich folgenden merkwürdigen Vorgang?« fragte er mich. »Ich habe seit einiger Zeit bei meinen Aktien-, Obligationen- und Warenspekulationen ein ungewöhnliches Phänomen entdeckt. Ich habe im Augenblick zehn verschiedene Börsenpositionen, die in keinerlei Beziehung zueinander stehen. Ich spekuliere mit südafrikanischen Goldminen auf Hausse, mit französischen Banken auf Baisse, mit Zinn auf Hausse, mit Hafer auf Baisse, schließlich mit Erdölaktien auf Hausse und mit Kakao auf Baisse.

Sie werden zugeben, daß diese Spekulationsengagements jeweils nicht viel miteinander zu tun haben. Und trotzdem verläuft entweder *alles* günstig oder *alles* ungünstig für mich. Entweder steigt *alles*, was fallen sollte, und *alles* fällt, was steigen sollte, oder es widerfährt mir der günstige Fall, daß *alles* steigt, was steigen soll, und *alles* fällt, was fallen soll. Entweder geht alles gut oder alles schief.

Nun möchte ich aber wissen, welche Beziehung besteht zwischen den Aktien der südafrikanischen Minen und dem Kakao, zwischen den Banken in Paris und dem Hafer in Winnipeg. Man könnte an der Ratio verzweifeln. Einmal will mich das Schicksal bestrafen und einmal begünstigen. Im Augenblick stecke ich in einer Pechsträhne. Welche geheimnisvolle Kraft ist es bloß, die mir einmal wohl will, die sich aber heute auf der ganzen Linie gegen mich verschworen hat?«

## Mein Glaubenssatz

»Nun,« antworte ich, »nach der Börsenlogik ist dies alles richtig.« Denn sie hat ja mit der Alltagslogik wenig zu tun. Ich nehme an, bei Ihren Aktienspekulationen stützen Sie sich auf Bilanzen, Gewinn- und Verlustrechnungen, Dividenden und so weiter, und bei Ihren Rohstoffspekulationen auf Statistiken über Ernteerträge und Konsum, auf Handelsverträge,

Innen- und Außenpolitik; mit einem Wort, ihre Spekulation ist fundamental auf sachliche Argumente aufgebaut. Im Augenblick befinden wir uns vermutlich in einer Periode, wo zu viele auf die Alltagslogik spekulieren. Deshalb läuft im Moment alles gegen Sie. Gedulden Sie sich ein wenig. Das »Logik« genannte Wertpapier wird wieder steigen, und alles wird sich dann wieder logisch ordnen, und Sie werden mit allen Ihren Spekulationen recht behalten.

$$2 \times 2 = 5 - 1$$

Sie kennen meinen Glaubenssatz: zwei mal zwei ist fünf minus eins. Nichts ist einfach, weder in der Spekulation noch im Leben. Unsere ganze Existenz beruht auf dieser Wahrheit, Politik, Kunst und sogar die Religion.

Ich meine damit, daß zum Schluß alles so eintrifft, wie es sein sollte. Zwei mal zwei ist vier, doch nur im Endresultat. Aber zu diesem Endresultat gelangen wir nicht auf geradem Weg, sondern *auf einem Umweg*. Mein Leitspruch lautet: Zunächst kommt es immer anders und erst zum Schluß so, wie man es logisch errechnet hatte, oder zwei mal zwei ist fünf (das ist falsch) weniger eins (alles ist in bester Ordnung). Dieses Axiom unterscheidet eben die Kunst von der Wissenschaft, weil eine wissenschaftliche Arbeit mit solchen Gleichungen nicht rechnen darf. Da müssen zwei mal zwei sofort vier sein. Wenn ein Ingenieur eine Brücke baut, müssen seine Berechnungen mathematisch exakt sein. Denn wäre eine Brücke nach der Formel $2 \times 2 = 5 - 1$ aufgebaut, bräche sie bei fünf schon zusammen, bevor es zu vier käme.

Und so bricht auch der Spekulant zusammen (bei den ominösen 5), wenn er nicht genug Nerven, Geduld und vor allem Geld hat, um durchzuhalten, bis das unumgängliche »minus eins« eingetroffen ist. Leider haben die Spekulanten sehr oft, ja sogar meistens, nicht die das Nötige an Nerven, Geduld und Geld, um durchzuhalten. Infolgedessen behalten sie zwar zum Schluß recht mit ihrer Logik, können aber davon nicht mehr profitieren.

Wenn die Logik Ihrer Spekulation wirklich logisch ist, das heißt von den richtigen Voraussetzungen ausgeht, dann wird sie sich durchsetzen. Wann? Das ist eine Frage der Imponderabilien. Wenn die Elemente Ihres Spekulationsgebäudes ihre Gültigkeit behalten, dann ist alles nur eine Frage der Zeit. Mein Spruch lautet ja: In Spekulation gemachtes Geld ist Schmerzensgeld. Man muß in dem Augenblick, wo man die Entwicklung nicht versteht, die Situation erneut überprüfen. Nichts ist so verdrießlich und sogar gefährlich, wie wenn einem die Diagnose der Situation nicht gelingt und die Gründe verborgen und unerklärlich bleiben, die der Logik entgegenwirken. Der Spekulant tappt dann wie der Arzt ohne Diagnose im Dunkeln. Man muß die Symptome erkennen und richtig interpretieren.

## Beweglich bleiben

Weist die Diagnose auf eine vorübergehende Störung hin, heißt es fest bleiben, die Ohren steifhalten. Wenn aber grundlegende Änderungen eintreten, Krieg oder Frieden, wichtige politische, wirtschaftliche oder finanzielle Entscheidungen, Regierungswechsel und so weiter, mit denen man nicht gerechnet hat, muß man sofort die Konsequenzen ziehen und notfalls heute über Bord werfen, was einem gestern noch lieb und teuer war. Das heißt, ein Spekulant muß immer bereit sein, seine Gedanken und Pläne einer einschneidenden Überlegung zu unterwerfen.

In Ihrem Fall würde ich folgendes sagen: Es gibt seit einiger Zeit eine ganze Menge Kapital, sogenanntes ›heißes Geld‹, sogar sehr heißes Geld; es will nicht so angelegt werden, wie ein Familienvater es anlegen würde, es ist vielmehr ständig auf der Suche nach einem großen Spekulationsabenteuer. Einmal spekuliert es auf das Steigen von Silber, den nächsten Tag auf die Entwertung einer Währung, dann gleich wieder auf die Aufwertung einer anderen. Man spekuliert in Waren, Effekten, Währungen, Zinsen, in allem, womit man spekulieren kann. Dieses heiße Wanderkapital wird ebenso wie Ihr Geld für Spekulationen eingesetzt, die sich auf der reinen und einfachen Alltagslogik, das heißt auf fundamentalen Tatsachen aufbauen, die von den Massenmedien und offiziellen Experten verbreitet werden. Sie, lieber Freund, sind also nicht der einzige, sondern Zehntausende von Spekulanten mit einer Riesenmenge von Geld verfolgen denselben Weg wie Sie, in denselben Sektoren: sie haben dieselben Waren und Werte gekauft oder andere ebenso leer verkauft. Infolgedessen sind die Märkte, in denen Sie auf steigende Kurse spekulieren, übergekauft (overbought), und die Märkte, in denen Sie auf fallende Preise spekulieren, sind überverkauft (oversold).

Sie sagten mir, Sie hätten Ölaktien. In letzter Zeit hat auch die internationale Spekulation Ölaktien gekauft und wartet nun auf die

Hausse. In dem Moment, wo die Aktien aus fundamentalen Gründen zu steigen beginnen, wollen sich viele Spekulanten mit einem relativ kleinen Nutzen begnügen und verkaufen. Daher steigen die Aktien sehr wenig oder gar nicht. Andere Spekulanten werden ungeduldig, daß die erwartete Hausse nicht eintritt, und verkaufen ebenfalls, etc. etc. etc. ...

Und so kann es geschehen, daß die fundamentalen Gründe, auf denen man seine Spekulation aufgebaut hat, durch technische Gründe neutralisiert werden. Dann entstehen jene Situationen, in denen der Spekulant nicht begreift, warum alle gültigen Argumente sich in den Kursen nicht niederschlagen. Geschweige denn, daß das ›heiße Geld‹ überhaupt nicht weiß, was für den Markt gut oder schlecht ist. Es ist manchmal haarsträubend, wie falsch die Interpretationen des Anlagepublikums sein können. Kurse drücken sehr selten den realen Wert aus, sondern spielen das Verhältnis von Angebot und Nachfrage wider. Egal, woher das Angebot kommt, wenn es kommt, dann fallen die Kurse. Diese Behauptung ist genauso logisch, wie es logisch wäre, daß die Ölaktien bei eventuell steigenden Dividenden in die Höhe gingen. Aber die Logik der technischen Gründe war in diesem Fall stärker als die Logik der fundamentalen Gegebenheiten, und das heißt, Käufe und Verkäufe werden nicht nur aus fundamentalen Überlegungen getätigt.

Infolgedessen schwanken die Kurse unter dem Druck von Angebot und Nachfrage. Es wäre übrigens interessant, alle Verkaufs- und Kauforders eines einzigen Börsentages daraufhin zu untersuchen, welche Beweggründe die Verkäufer und Käufer zur Erteilung ihrer Aufträge veranlaßt haben.

Man kann meine These auch ad absurdum führen. Nehmen wir an, ein Wert steigt bis zu dem Niveau, mit dem die Käufer gerechnet haben. Damit gelangt er aber in eine Gefahrenzone. Vom Augenblick an übt der angemessene Kurs nicht mehr die gleiche Anziehungskraft auf die Spekulation aus. Es gibt nur wenig Kaufinteressenten, und diejenigen, die das Papier bereits im Besitz haben, versuchen es nun bei den erwarteten und eingetretenen hohen Preisen loszuwerden, um ihren Nutzen sicherzustellen. Dann wollen alle gleichzeitig durch dieselbe Tür. Die Baisse ist da, obwohl die erwarteten Ereignisse eingetroffen sind.

Der gleiche Prozeß vollzieht sich auch im umgekehrten Sinne. Nehmen wir irgendeinen Wert, der aus absolut einleuchtenden Gründen, zum Beispiel im extremen Fall, weil die Gesellschaft in finanziellen Schwierigkeiten ist, fallen sollte. Der Wert fällt und nähert sich dem Niveau, das er logisch erreichen müßte. Und dennoch bleibt er bei einem höheren Kurs stehen, ohne weiter zu fallen. Und das sogar eine ganze Zeitlang, trotz der schlechten Berichte.

Im Börsenjargon nennt man dies das Fait accompli. Es tritt deshalb ein, weil viele die Papiere bereits verkauft haben und diese nun in Händen der Hartgesottenen sind, die den Niedergang der Gesellschaft in Kauf nehmen. Die Baissiers dagegen, die schon früher umfangreiche Leerverkäufe getätigt hatten, sehen jetzt ihre Erwartungen erfüllt und wollen ihren Gewinn sichern. Ihre Käufe verhindern, daß der Kurs weiter fällt oder verursachen sogar das Steigen der Kurse. Ich habe in Dutzenden von Fällen das gleiche Phänomen erlebt. Notleidende Anleihen, Aktien von faulen Gesellschaften, die kurz vor dem Konkurs standen oder sogar schon in Konkurs waren, hielten sich so lange auf relativ hohen Kursen, bevor sie in die Tiefe stürzten.

Dem Fait accompli kommt in der Kursentwicklung eine ganz besondere Bedeutung zu. Nehmen wir an, es bestehe Kriegsgefahr. Viele Wertpapierbesitzer verkaufen ihre Werte. Aber am Tag der Kriegserklärung steigen die Kurse plötzlich gegen alle Erwartung. Bei Kriegsausbruch 1939 war dies typisch für alle Börsen, in Amerika genauso wie in Europa. Und all das aus den hier erörterten technischen Gründen.

Wenn man dagegen während eines Krieges glaubt, der Friede sei nahe, und man beginnt Werte zu kaufen, dann steigt die Börse bereits während des Krieges. Bei Unterzeichnung des Waffenstillstandes kann es aber leicht passieren, daß die erwartete Hausse nicht eintritt. Im Gegenteil: die Kurse fallen. Hier spricht man dann auch von einem Fait accompli.

Dagegen kann es aber passieren, daß während des Krieges das nervöse Publikum den Großteil der Wertpapiere schon abgestoßen hat, und wenn der Friede dann ganz überraschend kommt, schlägt die Börse sofort um und schießt wie eine Rakete empor. Kurz gesagt, nach meiner Erfahrung haben sensationelle und erschütternde Ereignisse zur Folge, daß sich die Börsentendenz um 180 Grad dreht, das heißt, daß der Markt nach der dritten Phase einer Aufwärtsbewegung zusammenbricht, oder nach der dritten Phase einer Abwärtsbewegung explodiert.

Eines der interessantesten Beispiele dafür war die Börse in Buenos Aires. Nach der Rückkehr von *Juan Perón* nach Argentinien fielen die Kurse auf der Börse ununterbrochen und landeten auf einer außerordentlich tiefen

Ebene. An der Spitze der Regierung war schon Peróns Witwe, die schöne *Isabella* (Ex-Nachtclubtänzerin). Die Börsensituation erschien völlig hoffnungslos, es fiel auch niemandem ein, irgendwelche argentinischen Papiere zu kaufen. Wo waren die Aktien also? Sie befanden sich in den hartgesottenen Händen, wahrscheinlich in Tresorschränken eingeschlossen, in Erwartung auf eine bessere Zukunft, wenn diese auch vorläufig nicht absehbar war. Und dann kam die große Überraschung: der Militärputsch und die Verhaftung der schönen Isabella Peron. Am nächsten Tag konnte man die Buenos Aires Börse nicht öffnen unter den riesigen Massen von Kaufaufträgen. Als man die Börse endlich 30 Tage später eröffnen konnte, stiegen die Papiere auf das Hundert-, später gar auf das Zweihundertfache. Dies ist ein Schulbeispiel dafür, was an der Börse alles passieren kann, wenn sie in diesem Maße ausverkauft ist und dann plötzlich eine außerordentlich positive Nachricht kommt.

Der psychologische Faktor ist zwar fast unmöglich vorauszusehen. Doch kann man feststellen, daß die Intensivität der Reaktion des Publikums auf schlechte bzw. gute Nachrichten von der technischen Verfassung des Marktes (übergekauft oder überverkauft) abhängt. Sind die Papiere in zitterigen Händen, so hat eine besonders gute Nachricht keine große Wirkung mehr, dagegen wird eine schlechte Nachricht im Debakel enden. Haben die Hartgesottenen dagegen den großen Teil der Aktien, so wirken gute Nachrichten euphorisch, schlechte verursachen keine Reaktionen.

Aus diesem Phänomen kann man schließen, daß die Marktreaktionen auch als Signal dienen können: Reagiert ein Markt auf schlechte Nachrichten nicht mehr, ist dies ein Symptom dafür, daß er überverkauft ist, besonders wenn die Umsätze groß sind. Reagiert er jedoch nicht mehr auf gute, ist dies ein Signal, daß er übergekauft ist.

Mit großem Interesse verfolgten wir Börsianer die erste Mondlandung eines bemannten Raumschiffes. Nach dem spektakulären Erfolg des Abenteuers erwarteten wir nun mit Spannung, wie die Börse darauf reagieren würde. Denn es ist nicht abzuleugnen, daß so ein sensationeller Erfolg für die Wissenschaft und die technologische Industrie neue Horizonte öffnet. Doch es geschah nichts. Der Markt war äußerst übergekauft, die Zittrigen hatten alle Hände voll mit Aktien, und die Hartgesottenen waren bei den damaligen Preisen nicht interessiert. Die Folge war, daß der Markt jahrelang abbröckelte und sogar in einen ganz großen Zusammenbruch mündete.

Kommen wir auf unser Beispiel Kriegsausbruch 1939 zurück. Wären die Börsen monatelang vor Kriegsausbruch gestiegen, so hätte es bei Beginn der Feindseligkeiten einen Riesenkrach gegeben. Anstatt des ›Fait accompli‹ hätte es sich um eine dramatische schlechte Nachricht gehandelt. Krieg und Frieden sind natürlich Extremfälle. Das Phänomen des Fait accompli kann man jedoch auch bei vielen anderen politischen, wirtschaftlichen oder finanziellen Ereignissen bei der Erwartung von höheren oder schlechteren Dividenden beobachten. Diese Beobachtung hat sich so oft bestätigt, daß ich sie fast zur Regel erhoben habe.

## Prinzipientreue lohnt sich

Zusammenfassend möchte ich Ihnen also folgendes sagen: Ihre Logik stützt sich nur auf die sogenannten Fundamentalien, die statistischen, wirtschaftlichen, politischen und sonstigen Faktoren. All das wird aber von den erwähnten technischen Faktoren überspielt. Mit einem Wort: die Überlegungen waren zu sachlich, und deshalb entsprechen sie nicht den Gegebenheiten der Praxis.

Diese Erklärung läßt sich auch auf die allgemeine Börsentendenz anwenden. Von Zeit zu Zeit fragt man sich erstaunt, warum die Börse trotz des Konjunkturrückganges steigt und warum sie in einer Periode der Hochkonjunktur fällt. Die Erklärung daür ist, daß Börsentendenz und Konjunkturtrend gewissermaßen zwar voneinander abhängig und den gleichen Gesetzen unterworfen sind, aber nicht parallel verlaufen.

Das Geld speist die Börse wie die Quelle den Fluß. Die Börsentendenz entspricht der Strömung, die ja nach der Wassermenge stärker oder schwächer wird. Der Versuch, sich gegen die Börsentendenz zu stemmen, ist ebenso gefährlich wie das Schwimmen gegen den Strom. Es ist schwer, aber eigentlich der Weg zum großen Erfolg; das heißt, man muß antizyklisch handeln. Bei den großen Börsenbewegungen gibt es auch stets Aktien oder auch Gruppen davon, die sich von den anderen absondern und ihren eigenen Weg gehen. In diesem Falle mache ich gerne einen Unterschied zwischen »Aktienbörse« und »Börse von Aktien«. Unter ersterer verstehe ich den Kapitalmarkt im allgemeinen, unter letzterer den Markt, auf dem verschiedene Effekten gehandelt werden, und wo man über jedes Papier eine spezielle Meinung haben kann.

Während der Talfahrt der Börse kommen Aktien, die aus ganz bestimmten Gründen unbedingt steigen sollten, nur langsam voran. Sie können sich durchsetzen, aber nur gegen große Schwierigkeiten. So konnte man im Jahre 1957 während der schlechten Konjunktur in den Vereinigten Staaten beobachten, daß die pharmazeutischen Werte bei einer völlig zerrütteten Börse ihre gute Position behaupten konnten, weil sie eine Sonderstellung innehatten. Wäre der allgemeine Trend günstig gewesen, wären sie sicherlich steil in die Höhe geschnellt.

Dagegen kann die Aufwärtstendenz gewisser Industriewerte andauern, obwohl sich die betreffenden Industrien bereits in einer Regression befinden, wenn der Geldstrom gut genährt wird. Trifft aber die Regression dieser Unternehmen mit einer gleichzeitig sinkenden Börsentendenz zusammen, dann ist die Katastrophe für die Aktie unweigerlich gekommen.

Wenn die in voller Entwicklung befindlichen Industrien durch eine Haussebewegung begünstigt werden und durch flüssiges Kapital neue Nahrung erhalten, dann erlebt man – und das ist nur natürlich – einen außergewöhnlichen Aufschwung dieser Aktien an der Börse. Die Euphorie kennt dann keine Grenzen. So erklärt sich auch der große Aktienboom der revolutionären Industriezweige, der Anfang 1959 eingesetzt hat und der sich vor allem in der Computer- und technologischen Industrie in den Jahren 1967–68 auswirkte.

In Zeiten, wo alle positiven Phänomene konvergieren, verlieren die Kurse dieser Werte jede Beziehung zur Wirklichkeit. Sie entarten zu bloßen Zahlen ohne Bedeutung. Sie werden zu Telefonnummern, mit denen man jongliert, ohne jede sachliche Überlegung. Die Zahlen in den Geschäftsberichten bedeuten nichts mehr, die Gewinne auch nicht, denn sie gehören der Vergangenheit an. An der Börse aber spielt man auf die Zukunft. Wichtig allein ist die Schnelligkeit, mit der die Industrie nach oben klettert. In Amerika haben prominente Börsenanalytiker in den 60er Jahren bestimmte Theorien über den Zusammenhang zwischen der Entwicklung einer Industrie und dem entsprechenden Börsenkurs aufgestellt. Steigt der Reingewinn einer Gesellschaft seit x Jahren um y Prozent pro Jahr, dann läßt sich ein bestimmter Börsenkurs z vorausberechnen, und zwar durch einen Koeffizienten w. Das ist natürlich reine Theorie. Einge ganze Schar von Analytikern ist diesen Theorien gefolgt und hat dadurch das größte Fiasko erlitten, zum Beispiel mit den Mischkonzernen.

In Zeiten der Euphorie sollte der gute Spieler (nicht der Anleger auf lange Sicht) zuweilen seine Logik etwas zügeln. Er muß nicht nur klug, sondern auch weise genug sein, um »den Dummen zu spielen«. Er darf seinen kritischen Verstand einmal ausschalten, sich von der Flut mitreißen lassen, sogar weiter als die Analytiker voraussagen, und zwar so lange, wie Geld und Psychologie beide positiv sind. Er muß aber im gegebenen Moment auch realistisch genug sein, um aus dem Markt herauszugehen, wenn Symptome zu erkennen sind, daß der Faktor Geld negativ wird. Und dies trotz verführerischer Relationsziffern in den verschiedenen Analysen und trotz der fundamentalen Gründe.

Dies gilt vor allem für die letzte, das heißt dritte hysterische Phase der Übertreibung, wenn der Optimismus durch die ständig steigenden Kurse heftig aufgepeitscht ist, und wenn die Kurse ohne alle sachlichen Gründe sprunghaft in die Höhe steigen. Es sieht so aus, als ob nur der Himmel eine Grenze setze. Aber die Bäume wachsen nicht in den Himmel. Denn wenn in dieser Periode allgemeiner Euphorie der Geldfaktor negativ wird, muß man aus dem Markt heraus, selbst wenn es einem in dieser rosigen Atmosphäre schwerfällt. Man darf sich von optimistischen Ziffern und Prophezeiungen keineswegs beeinflussen lassen, denn der Optimismus kann innerhalb von vierundzwanzig Stunden in den schwärzesten Pessimismus umschlagen. Man muß sozusagen durch das Hintertürchen aus dem Markt heraus, wie ein Mann aus einem Haus mit schlechtem Ruf, damit einen nur ja niemand sieht, denn sonst könnte man durch den Optimismus der anderen wieder hineingezogen werden. Dazu braucht man aber eine *feste Überzeugung, Charakter* und *Training,* um konsequent seinen eigenen Prinzipien zu folgen.

### Duell zwischen Dr. Jekill und Mr. Hyde

Ein gutes Beispiel dazu ist folgende Episode aus meiner eigenen Erfahrung. Obwohl ich aus seelischen Gründen gegen Gold eingestellt bin und die Goldmanie und -hysterie der vergangenen Jahre als unberechtigte Preistreiberei und den größten Schwindel des Jahrhunderts bezeichne, wollte ich doch davon profitieren. In meiner Seele duellieren sich nämlich ständig *Dr. Jekill* und *Mr. Hyde.* Der eine riet mir von der Spekulation aus theoretischen und ethischen Gründen ab, der andere rieb sich schon die Hände im Gedanken an einen Gewinn. Doch wollte ich kein Gold kaufen, obwohl ich damit gerechnet habe, daß der Schwindel noch jahrelang dauern kann (da müßte ich jetzt wieder Isaac Newton zitieren). Darum wollte ich bei diesem Handel, den ich sowieso nicht ändern konnte, auf der Seite der Betrüger sein, und kaufte Goldminen. Einige Jahre lang konnte ich auch schöne Dividenden einstreichen. Die Minen machten durch diese Goldmanie immense Profite, zahlten hohe Dividenden und die Kurse stiegen auf das Sechsfache. Doch bereiteten mir diese Aktien Ende November 1980 in München eine schlaflose Nacht. In meinem Kopf konfrontierten sich das ganze Pro und Contra des Goldminenmarktes und die verschiedenen Einflußfaktoren des südafrikanischen Marktes.

Ein altes Spekulantengesetz befiehlt, daß man, wenn man wegen eines Börsenengagements nicht schlafen kann, dieses sofort lösen muß. Ich folgte seinem Wortlaut und entschloß mich am kommenden Börsentag (einem Montag), alles zu verkaufen. Denn für mich war es klar: »Man muß heraus.« Ich benachrichtigte alle jene Freunde in der Bundesrepublik, denen ich vorher zum Kauf von Goldminenaktien geraten hatte, über meinen Entschluß. Am folgenden Tag flog ich nach Paris zurück und unterrichtete auch meine dortigen Bekannten von meinem Handel. Diese hatten natürlich eine ganze Anzahl von Gegenargumenten bereit: Dividenden, weitere Chancen des Goldes, fehlende Alternativwerte etc. Wie immer, wenn am Horizont alles rosig erscheint. Es ist ja auch völlig überflüssig, nach den Stimmungen des Publikums zu forschen, da diese sich am Kurs ablesen lassen. Ist er hoch, ist das Publikum optimistisch. Einige Monate später waren die Kurse der Goldminen um 60 Prozent gefallen. Mein konsequentes Befolgen einer alten Börsenweisheit hatte sich also als vollkommen richtig erwiesen.

## »Wer das Kleine sehr ehrt, ist das Große nicht wert«

Der Erfolg einer Spekulation hängt zum Großteil vom Geschick des Spekulanten ab und davon, wie er den einzigen an der Börse gültigen Lehrsatz anzuwenden versteht, von dem schon mehrmals die Rede war: $2 \times 2 = 5 - 1$.

Wir sprachen auch schon von den vier »G«, die der Spekulant, besser gesagt der Hartgesottene haben muß: Gedanken, Geld, Geduld und Glück! Gedanken muß er haben, damit er die richtigen Ideen faßt, Geld und Geduld, damit er durchhalten kann, und daß er Glück haben muß, versteht sich ja von selbst. Ich glaube, es steckt wirklich etwas Mystisches in der Spekulation.

Wenn man von einer Idee vollkommen überzeugt ist, dann muß man durchhalten. Nur wenn sich die Situation von Grund auf ändert, und man plötzlich erkennt, daß man im falschen Boot sitzt, muß man so schnell wie möglich abspringen. Man darf und soll sich auf eine Idee versteifen, wenn einem die Ereignisse recht geben und die Argumente weiter gültig sind. Man muß sich aber auch von einer Idee lösen können, wenn man erkannt hat, daß man in eine Sackgasse geraten ist. Man sollte also zugleich hart und elastisch sein.

Nur vor einem muß man sich hüten wie vor der Pest: um jeden Preis das verlorene Geld »zurückgewinnen« zu wollen. Wenn man einen Verlust erlitten hat, muß man ihn hinnehmen, reinen Tisch machen und sofort wieder bei Null anfangen.

Das schwierigste ist jedoch, an der Börse einen Verlust hinzunehmen. Es ist ein chirurgischer Eingriff. Man muß den Arm amputieren, bevor sich die Vergiftung ausbreitet. Je eher, desto besser. Das ist schwer, und unter hundert Spekulanten gibt es vielleicht nur fünf, die imstande sind, so zu handeln.

Der unverzeihliche Fehler der meisten Börsenspieler ist es, die Gewinne zu limitieren und die Verluste anschwellen zu lassen. Das Resultat sind kleine Gewinne und große Verluste. Ein richtiger und routinierter Spieler läßt die Gewinne wachsen und schneidet mit relativ kleinen Verlusten ab. Den Spruch »Kleine Fische – gute Fische« soll man an der Börse nicht anwenden. Mein Sprüchlein für die Börse lautet eher: »Wer das Kleine sehr ehrt, ist das Große nicht wert.«

Es gibt ein jüdisches Sprichwort, das lautet: »Wenn schon Schweinefleisch, dann muß es triefen.« (Fromme Juden dürfen doch kein Schweinefleisch essen.) Wenn man also schon an der Börse spekuliert, dann muß es sich wenigstens lohnen.

Ich muß lachen, wenn mir Kollegen erzählen, daß sie ein Papier kaufen und gleichzeitig einen zehnprozentigen Verkaufsauftrag erteilen. Das erinnert mich an den großen französischen Schriftsteller *Sacha Guitry*, der zwar von Spekulationen nie etwas hören wollte, aber um einmal einen Makler loszuwerden, ihm folgenden Auftrag gegeben hat: »Kaufen Sie mir 100 Royal Dutch und verkaufen Sie, wenn Sie den Kurs wiedersehen.« Sacha Guitrys Witz liegt nicht weit ab von der Einstellung meiner Kollegen.

Im Zusammenhang mit meiner Theorie über Gewinn und Verlust will ich folgendes festhalten. Derjenige, der ein Wertpapier-Portefolio besitzt, muß es von Zeit zu Zeit mit dem Bleistift in der Hand prüfen und sich folgende Fragen stellen: Würde ich diesen Wert kaufen, wenn ich ihn nicht schon besäße? Lautet die Antwort ja, dann muß man ihn behalten. Lautet sie nein, muß man ihn sofort verkaufen, um mit seinem Gewissen ins reine zu kommen. Man muß die Wertpapiere von einem absolut objektiven Standpunkt aus beurteilen. Man soll kaufen und verkaufen, ohne sich davon leiten zu lassen, ob man dadurch einen Gewinn oder einen Verlust hat. Und man muß unter Umständen auch ein Papier zu höheren Preisen zurückkaufen, selbst wenn man es zu einem tieferen Preis verkauft hat. Auf alte Kurse sollte man keine Rücksicht nehmen. In gewissen Fällen ist einem Börsianer das Zurückschauen verboten wie in der Bibel Lots Frau. Er kann sonst wie sie bestraft werden. Jeder Börsenkurs muß aus der jeweiligen Gegenwart beurteilt werden, und das gleiche gilt für seine zukünftigen Entwicklungsmöglichkeiten. Die Börse geht ihren eigenen Weg. Unabhängig vom Kaufpreis. Sie nimmt keine Rücksicht auf uns, nicht einmal auf unsere Dummheiten.

Man kauft oder verkauft aus objektiven, nicht aus persönlichen Gründen. Habe ich beispielsweise ein Papier zu 100 gekauft, verkaufe ich es nicht, selbst wenn es auf 150, ja sogar 200 steigen sollte, und auch nicht, wenn ich durch den Verkauf einen hohen Profit erzielen würde, sofern ich überzeugt bin, daß der Kurs mit 200 auch noch zu tief ist. (So konnte es auch einmal passieren, daß ich eine auf französische Francs lautende deutsche Young-Anleihe zum hundertfachen meines Einkaufspreises verkauft habe). Dagegen muß man ein für 100 gekauftes Papier sogar mit 80, 70 oder 60 verkaufen, wenn man der Überzeugung ist, daß selbst der Kurs mit 60 überzahlt ist.

Wenn ein Börsenspekulant mit besonderer Phantasie begabt ist und noch dazu einen romantischen Charakter besitzt, dann wird er an der Börse handeln, wie ein guter Pokerspieler oder wie überhaupt ein erfolgreicher Unternehmer im Leben handeln würde. Wenn er spürt, daß er mit seiner Idee recht behalten könnte, erhöht er seinen Einsatz. Fühlt er, daß er sich geirrt hat, zieht er sich zurück und bremst seine Aktivität. Man muß die Börse heiß lieben und kalt behandeln. Die Kunst des erfolgreichen Börsenakteurs besteht darin, den jeweiligen Moment richtig zu erkennen, zu entscheiden und dann kühn zu handeln.

# Der Spekulant: Stratege auf lange Sicht

Wenn die Börse auch – zugegeben – nicht nur Spekulation, sondern oft ein Spiel, sogar ein gefährliches, ist, so gibt es doch Elementarregeln, sogenannte Spielregeln, die man einhalten *muß*. Eine dieser Regeln besagt, daß derjenige, der mittelfristig spekuliert, sich strikt auf sein Gebiet begrenzen muß und daß jener, der kurzfristig operiert, das seine ebensowenig verlassen darf. Das sind zwei grundverschiedene Gebiete. Wenn einer sich auf das Gebiet des anderen begibt, wird er auf beiden erfolglos bleiben. Die Spielregeln der beiden sind verschieden. Denn die Regeln eines Gebietes lassen sich nicht auf ein anderes übertragen.

Wenn man mittelfristig spekuliert und einer Grundidee folgt, darf man sich von Tagesereignissen und den stark schwankenden Börsenstimmungen nicht beeinflussen lassen. Derjenige aber, der von heute auf morgen taktiert, darf sich nicht durch langfristige Überlegungen leiten lassen. Er ist ein Roulettspieler, der im Spielsaal von einem Tisch zum anderen eilt. Er gehört zu den typischen Hasardspielern. Lächelt ihm das Glück, und er hat seine 1000 oder 10 000 Mark gewonnen, verläßt er den Spielsaal, das heißt die Börse, mit der einzigen Genugtuung, eine befriedigende Summe gewonnen zu haben. Es fehlen ihm die intellektuelle Konstruktion und das geistige Abenteuer eines Spekulanten, der alle Ereignisse analysiert und daraus Rückschlüsse zieht.

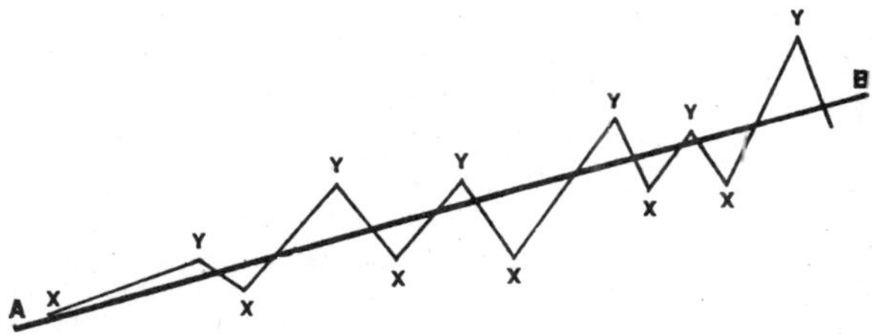


Nehmen wir an, diese Kurve stellt die Kursentwicklung innerhalb eines bestimmten Zeitraumes dar. Der Börsianer, der auf kurze Zeit spielt, wird akrobatische Kunststücke machen, um jedesmal zwischen X und Y einen Gewinn einzustreichen. Er kann Erfolg haben, wenn er ein geschickter und routinierter Seiltänzer ist. Aber es kommt sehr selten vor, daß man die

Schwankungen zwischen X und Y im richtigen Moment erwischt. Die Institution der Broker war und ist immer daran interessiert, das Publikum dahin zu erziehen, daß es den Tagesnachrichten folgt, um die Kursschwankungen zwischen X und Y auszunützen. Ihr Motiv lautet: kaufen, verkaufen, kaufen und wieder verkaufen; das heißt den höchstmöglichen Umsatz erzielen und Provisionen einzustreichen.

Deshalb haben sie alles daran gesetzt, das Publikum für Tagesnachrichten empfindlich zu machen. Diese Hyperempfindlichkeit des Publikums führt dazu, daß man den Geschäftsgang einer Gesellschaft von Tag zu Tag, von Woche zu Woche überwacht. Selbst bei Nachrichten von nur geringer Bedeutung, zum Beispiel eine Neu- oder Abbestellung für eine Gesellschaft, werden sofort Aufträge für Aktienkäufe oder -verkäufe hervorgelockt.

*Der Spekulant* läßt diese kleinen Ausschläge außer acht. Er folgt nur der Tendenz: die von A nach B laufende Gerade, eine steigende Linie, stellt trotz der Ausschläge nach oben und unten die Hausse-Kurve dar. Eine Spekulation auf der Geraden A–B stützt sich auf ganz andere Motivationen als das kurzfristige Spiel zwischen X und Y. Der Spekulant auf weitere Sicht verfolgt verschiedene Grundelemente: Geld- und Kreditpolitik, Zinssatz, wirtschaftliche Expansion, internationale Lage, Handelsbilanzen, Geschäftsberichte und so weiter und läßt sich von den sekundären Tagesnachrichten nicht beeinflussen. Mit einem Wort, er hat Gedanken, richtige oder falsche, aber *Gedanken.* Dies ist schon ein Schritt zum Hartgesottenen.

Wenn der Börsianer aber auf steigende Kurse spekuliert und diese wegen irgendeines Vorfalles vorübergehend fallen, sagen wir zum Beispiel der Präsident der Vereinigten Staaten erleidet einen Herzanfall (Präsident Eisenhowers Herzanfall im Jahre 1955), oder ein Erdbeben in Südamerika, dann wird er seine Spekulationskonstruktion nicht sofort über den Haufen werfen. Dagegen muß der Tagesspekulant jedem Gerücht sein Ohr leihen, auf das kleinste Gemunkel lauschen und jede Information unverzüglich auswerten. Er muß eine gewisse Wendigkeit besitzen und jederzeit sein Programm umstoßen können.

Sehr häufig kommt der kurzfristige Spieler zur Börse mit einer Tasche voll bereits ausgefertigter Verkaufsorders. Dann merkt er, welcher Wind heute weht, stößt sein Programm blitzschnell um, und statt zu verkaufen kauft er. Er ist der Taktiker, während der Spekulant auf lange Sicht ein

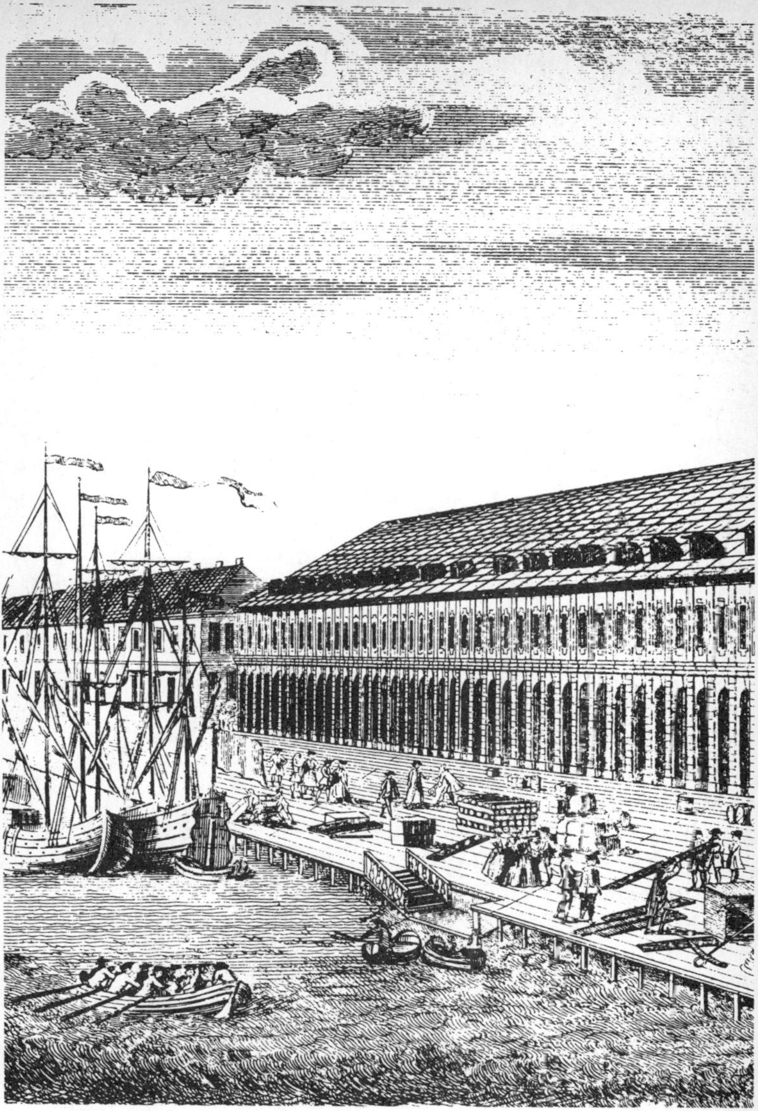

Blick auf die Börse
und den Hafen von Petersburg
um 1750

Stratege ist. Der Unterschied zwischen taktischen und strategischen Operationen an der Börse ist ganz wesentlich.

Der Börsenspekulant sollte, um nicht in Versuchung zu kommen, seine Meinung zu ändern, erst gar nicht zur Börse gehen. Er sollte eher einen Umweg machen, nur um nicht in Gefahr zu geraten, von einer Atmosphäre angesteckt zu werden, die ebenso launisch ist wie der Himmel über der Meeresküste. Oder aber er muß so gefestigt in sich und so durchdrungen von seiner Überzeugung sein, daß ihm die Meinung Andersdenkender nichts, aber auch wirklich nichts anhaben kann.

## Bei Kanonendonner kaufen, bei Harfenklängen verkaufen

Was mich betrifft, habe ich es mir nahezu gänzlich abgewöhnt, das Büro eines Maklers zu betreten, vor allem, wenn ich bereits einen Entschluß gefaßt habe. Aber wenn ich mich durch einen Rest von Neugier doch verleiten lasse und zu ihm oder zur Börse gehe, dann bemühe ich mich, dem Tumult fernzubleiben – Gerede, Kommentare und sogar die Meldungen über Kursschwankungen an mir vorbeiziehen zu lassen. Am liebsten fasse ich meine Entschlüsse allein, eingeschlossen in mein Arbeitszimmer, fernab von jeglicher hysterischen Atmosphäre. Um ganz aufrichtig zu sein: Ich treffe die besten Entscheidungen, während ich Musik höre. Die Praxis hat mir das oft bestätigt. Das Wichtigste ist, sich von der allgemeinen Stimmung freizuhalten. Denn fast immer muß man aus dem Markt heraus, während alles »himmelhoch jauchzend«, und einsteigen, während alles »zu Tode betrübt« erscheint. Nach der Theorie des berühmten Börsenanalytikers der zwanziger Jahre, *Major Angas*, soll man Stahlaktien verkaufen, wenn die Stahlproduktion ihren Höhepunkt erreicht, und zurückkaufen, wenn die Erzeugung auf einem Tiefpunkt ist. Was für die Stahlwerke gilt, läßt sich auch auf die Korrelation zwischen Wirtschaft und genereller Börsentendenz anwenden. Poetisch könnte man das so ausdrükken: bei Kanonendonner kaufen und bei Harfenklängen wieder verkaufen.

Auf Nachrichten, die von der Börse selbst kommen, ist kein Verlaß. In den meisten Fällen machen nämlich nicht die Nachrichten die Kurse, sondern die Kurse die Nachrichten. Das ist dasselbe in New York, London, Paris und anderswo. Nach Börsenschluß versucht jeder, die Kursvariationen oder jedwede Änderung der Tendenz zu erklären – und das mit Hilfe von Argumenten, die er sich vor zwei Stunden noch nicht einmal hätte träumen lassen. Jeder glaubt das, was ihm am besten in den Kram paßt. Der verbissene Haussier wird immer gute Gründe finden, die steigenden Kurse zu erklären, der Baissier ebenso gute für einen weiteren Kursrückgang.

Es gibt viele Fallen und Hinterhalte, von denen man sich hüten muß: Gerüchte, entstellte oder falsche Nachrichten und – was besonders gefährlich ist – die falsche Auslegung richtiger Nachrichten. In diesem Wirrwarr gelangt man schließlich dahin, gar nichts mehr zu glauben. Und dann kommt die letzte wahre Nachricht: nämlich die, daß alle vorhergegangenen falschen Nachrichten doch richtig waren... Bei der falschen Auslegung falscher Nachrichten kann man auch der Wahrheit nahekommen, da Minus mal Minus Plus gibt. Doch der allergefährlichste Fallstrick, dem alle Spekulanten, vom naivsten bis zum gerissensten, zum Opfer fallen können, ist die falsche Auslegung richtiger Nachrichten, denn eine halbe Wahrheit ist soviel wie eine ganze Lüge.

## Experten und Wunderrabbiner

Oft wird mir die Frage gestellt, woher ich meine Informationen und meine Ideen nehme. Ich suche sie nicht, ich *finde* sie.

Meine Antwort ist einfach, und ich fürchte, der Leser wird sogar darüber lächeln. Ich finde meine Informationen überall, ich erhalte sie von allen Arten von Menschen, von Taschendieben, Vorstandspräsidenten, sogar Ministern oder Callgirls, das heißt von jedermann außer von Bankiers, Brokern und Analytikern. Letztere sehen nicht über ihre Nasenspitze hinaus, oder wie man auch sagt, sie sehen den Wald vor lauter Bäumen nicht. Am liebsten tue ich das Gegenteil von dem, was sie mir empfehlen (und ich habe es auch oft erfolgreich getan).

In den dreißiger Jahren war ich öfters in London, wo einer meiner besten Jugendfreunde von einem anderen Ungarn, der heute *Lord Balogh* heißt und Finanzberater der Labour Party ist, Tips für die Londoner Börse erhielt. Der junge Balogh war als Analytiker bei der Firma Falk & Co angestellt. Stiller Partner dieser Firma war kein geringerer als *John Maynard Lord Keynes*, der größte Nationalökonom unserer Zeit, den ich in diesem Buch in dem Kapitel »Die Börse: Lebenselixier der Großen der Welt« bereits erwähnt habe. Paradoxerweise ist aber kein einziger Börsentip, den ich von dieser Firma über meinen Freund erhielt, richtig gewesen. Lord Keynes hat sich zwar durch erfolgreiche Spekulationen ein Vermögen erworben, aber höchstwahrscheinlich nicht an der Börse, sondern in verschiedenen Währungen. Er spekulierte in indischen Rupien, französischen Francs, in Mark und Lira, und zwar hauptsächlich auf Baisse. Seine Währungsspekulationen waren immer erfolgreich, seine Börsentransaktionen wahrscheinlich weniger. Bis auf einen großen Coup: Lord Keynes war während des größten Börsenkrachs zwischen 1929/32 ganz groß in Wall Street eingestiegen und hatte Aktien gekauft, die dann unter *Roosevelt* gewaltig in die Höhe gingen. Dies war ein Börsencoup großen Stils, da er den großen Tendenzumschwung erkannt hatte. Aber Tips in einzelnen Aktien waren unzuverlässig. Ich habe diese kleine Episode zitiert, um zu beweisen, wie unzuverlässig Tips selbst aus bester Quelle sein können.

## Der Analytiker denkt – die Börse lenkt

Vor vielen Jahren rief mich mit aufgeregter Stimme ein guter alter Freund, *Ernst Gall*, aus Zürich an, der damals der erste Prokurist und Börsenhändler des großen Bankhauses Julius Bär & Co war. Heute ist er der Züricher Chef der Goldmanns-Sachs-Co. Er ist noch immer ein brillanter und hundertprozentiger Börsenprofi und der charmanteste Kollege, dem ich sehr viel zu verdanken habe. Man müsse Aktien von »Papier St. Moritz« kaufen, meinte er. »Warum?« »Egal, ganz egal«, war die Antwort. »Sie werden steigen.« Die Aktien waren um 40 Franken gestiegen. Die aufgeregte Stimme verriet mir, daß mein guter Freund zwar keine Erklärung hatte, aber fest davon überzeugt war. Er war ja ein Profi mit Fingerspitzengefühl. Ich glaubte ihm, dachte vox populi vox dei, und kaufte »Papier St. Moritz« zum Kurs von 160, obwohl sie vor einem Jahr 40 Franken stand.

Als ich den Hörer auflegte, fiel mir plötzlich ein, daß ja der tatsächliche Chef des Unternehmens auch ein guter Freund von mir war, den ich oft in seinen Anlagen beraten habe: Monsieur *George Hereil,* ehemaliger Präsident der Süd Aviation, Schöpfer der Caravelle, später Präsident von SIMCA und Vizepräsident von Chrysler.

Die Antwort auf meine Frage, was er von diesem Tip halte, war niederschmetternd: „Der Preis an der Züricher Börse ist ein glatter Unsinn, der Buchwert ist kaum vierzig Franken, gar keine Aussicht auf Dividenden. Es ist ein Unfug der Spekulation, den Kurs so in die Höhe zu treiben. Die in Zürich sind verrückt geworden, die Aktie ist um den Preis glatt abzustoßen und bestimmt nicht zu kaufen.«

Die Heftigkeit, mit der er seine Auskunft unterstrich, veranlaßte mich, über die Angelegenheit nachzudenken. Ich stellte tatsächlich fest, daß der Preis unverhältnismäßig hoch lag und der Präsident recht hatte. Doch war ich überzeugt davon, daß die Börsentorheit keine Grenzen kennt.

Ungeduldig wartete ich den nächsten Tag ab, um meinen Freund bei Bär zurückzurufen. „Sie sind mir ein Feigling, nicht mehr gekauft zu haben«, tönte es mir aus dem Telefon entgegen. »Heute steht ›Papier St. Moritz‹ schon auf 165.« Es machte mir Spaß, einem Bankier eine Lektion zu erteilen, obwohl er mein guter Freund war, von dem ich viel hielt. Ich wiederholte ihm wörtlich, was mir Präsident Hereil mitgeteilt hatte und was ich selbst feststellen konnte. Vom anderen Ende der Leitung war eine verängstigte Stimme zu hören: »Was sollen wir tun? Wollen Sie wieder verkaufen?«

»Was wir tun sollen? Kaufen Sie mir weiter ›St. Moritz‹ dazu.« Es folgte eine lange Pause, ich sah meinen Freund als stummes Fragezeichen vor mir. Ich setzte hinzu: »Ich wollte Ihnen nur zeigen, welche Bedeutung ich der Bilanzanalyse und einer Insider-Information beimesse, selbst wenn diese vom Präsidenten stammt.«

Am nächsten Tag erzählte ich am Stammtisch meinen Freunden von diesem extravaganten Entschluß, und auch sie können als Zeugen auftreten. Dann vergaß ich die ganze Angelegenheit. Einige Monate später las ich in der »New York Times« über die Entwicklung der St.-Moritz-Aktien, die gerade von 1200 auf 1600 gesprungen waren. Ich rief meinen Freund in Zürich wieder an und verkaufte fröhlich alle meine »St. Moritz«.

Als er mir die Ausführung am Telefon meldete, fragte ich ihn – eigentlich im Scherz: »Nun, lieber Freund, habe ich einen guten Typ gehabt?« Beleidigt antwortete er: »Wieso denn Sie? Ich habe doch den Tip gehabt!« (Er hatte ja nicht unrecht.)

## Keine Wissenschaft, sondern eine Kunst

Einige Zeit später stiegen die »St. Moritz« noch höher, und dann verschwanden sie von der Börse, da die Firma von der englischen Gesellschaft Bowater zu einem hohen Preis übernommen wurde. Einige Jahre später unterhielt ich mich mit Präsident Hereil über diese Geschichte, und wir lachten herzlich darüber. Nur, diesmal wußte auch er, was er damals nicht hatte wissen können: die finsteren Fusionspläne von Bowater. Seine Bilanzanalyse war absolut richtig gewesen, doch der Analytiker denkt, und die Börse lenkt. Die Börse ist keine Wissenschaft, sondern eine Kunst. Genau wie in der Malerei muß man auch an der Börse für Surrealismus Verständnis haben. Auch wenn der Kopf manchmal unten und die Beine oben sind, werden die Bilder von Pablo Picasso von Tausenden bewundert und für Millionen veräußert. Ich kaufte »Papier St. Moritz« nicht trotz der schlechten Informationen sondern vielmehr gerade deshalb.

Oft denke ich an dieses amüsante Abenteuer, wenn ich sehe, mit welch wissenschaftlicher Exaktheit die Analytiker arbeiten. Man macht Computeranalysen, zeichnet genaue Kurven mit Zirkel und Lineal, macht

Berechnungen, man multipliziert, dividiert, subtrahiert, um die zukünftige Kursentwicklung der Aktien festzustellen. Welch ein Aufwand – und welchen Erfolg?

Und wenn man einen äußerst seriösen Bankier nach seiner Meinung zu all dem fragen würde, wäre seine Antwort wahrscheinlich ebenso sibyllinisch wie die des Wunderrabbiners von Fürth: Eine kleine Gruppe von Frankfurter Börsianern wandte sich einmal an den weltberühmten Wunderrabbiner, um seine Meinung über die kommende Börsentendenz zu erfahren. »Kaufet nicht verkaufet« war die lakonische Antwort aus Fürth. Es war ein »Wunderrezept«. Gingen die Kurse zurück, hieße es, »Kaufet nicht, verkaufet«, stiegen sie, würde es lauten: »Kaufet, nicht verkaufet«

Da ich mich weder von den Ratschlägen eines Wunderrabbiners noch denen eines angesehenen Bankiers ernähren könnte, bin ich gezwungen, meinen eigenen Methoden zu folgen.

## Wie wertvoll sind Informationen aus »erster« Hand?

Wenn ich in einer Stadt ankomme, ist der Taxifahrer meine erste Informationsquelle. Während der Fahrt frage ich ihn, was er verdient wieviel er zum Leben braucht, wie hoch die Preise sind, nach seinen innen- und außenpolitischen Einstellungen, nach seinen Reaktionen auf die internationalen Ereignisse usw. Und das geht so während des ganzen Tages, bei den verschiedensten Leuten, mit denen ich zusammentreffe.

Was die Tagesnachrichten betrifft, so beginne ich mit dem Rundfunk um sieben Uhr morgens, ich höre die Nachrichten aus verschiedenen, auch kommunistischen Ländern, da die Ereignisse je nach dem Land verschieden interpretiert werden. Die Zeitungen brauche ich nicht besonders zu erwähnen. Beim Zeitungslesen habe ich die Routine gewonnen, die für mich wichtigsten Nachrichten sofort zu bemerken. In den Zeitungen interessieren mich die Nachrichten viel mehr als die Kurse, denn die Kurse sind – wie schon gesagt – bereits Vergangenheit, die Nachrichten aber sind eventuell die Kurse von morgen.

### Informiert – ruiniert?

Ohne Zweifel bedeutet an der Börse »informiert« sehr oft »ruiniert«. So ist es auch mir einmal anfangs der dreißiger Jahre ergangen, als ich einen Winter in St. Moritz verbrachte. St. Moritz war damals ein Symbol für Luxus und Reichtum. Das Palace-Hotel mit Halle, Bar und Grill spielte eine besondere Rolle. Es war der Treffpunkt der internationalen Hochfinanz, der Playboys und der Prominenz aus aller Welt.

Der Leser kann mich also mit Recht fragen, was ich in diesem exklusiven Kreis zu suchen hatte. Als Zuschauer absolvierte ich meine Lehrjahre im kosmopolitischen Lebensstil und gewann dadurch Lebenserfahrung, die mir bis heute nützlich ist. Diese kleine farbige Welt ist verschwunden wie der Schnee vom vergangenen Jahr. Wenn ich aber heute durch die Halle des Palace gehe, sind die Geister der Vergangenheit noch immer lebendig. In einer Ecke der Halle sehe ich den Autokönig *André Citroën* – es war noch vor seiner Pleite. An einem anderen Tisch sitzt *Sir Henry Deterding,* Herr des Royal-Dutch-Shell-Konzerns. In seiner Nähe diniert die Konkurrenz: *Mr. Walter C. Teagle,* Präsident der Standard Oil. Nach dem

Dorfklatsch trafen die beiden Potentaten des Erdöls (die Vorfahren von *Scheich Jamani und Co.*) jedes Jahr hier zusammen, um ihre Probleme zu besprechen: Preise, Märkte, Öl. Genau wie heute die Öl-Scheichs in einer OPEC-Konferenz. Zwei Schritte von ihnen sehe ich *Kees van Dongen*, den weltberühmten Maler, und *Charlie Chaplin*. Nie fehlte hier mein Landsmann *Dr. Arpad Plesch*, der brillante Spekulant und größte Fachmann für Goldanleihen. Auf der anderen Seite saß im immer gleichen Fauteuil und in Gedanken versunken *Dr. Fritz Mannheimer*, der einflußreichste Bankier dieser Zeit, ein gebürtiger Stuttgarter, Chef des Bankhauses Mendelssohn & Co. in Amsterdam. Er hatte als Devisenhändler nach dem Ersten Weltkrieg in Amsterdam begonnen, wo er als Vertreter der Deutschen Reichsbank fungierte und die Aufgabe hatte, durch Interventionen den Kurs der deutschen Reichsmark zu stützen. Seine Tätigkeit war sehr erfolgreich, weniger für die Reichsbank als für ihn selber. Denn die Reichsmark fiel auf Null; Dr. Mannheimer aber schuf sich ein Vermögen. Mit den verdienten Millionen gründete er den holländischen Zweig der Berliner Firma Mendelssohn & Co. und wurde später unter anderem Bankier der französischen und belgischen Regierungen. Als ungekrönter König des damals so wichtigen Finanzplatzes Amsterdam imponierte er mir natürlich am meisten. Er war untersetzt, arrogant, sich seiner Macht und Bedeutung wohl bewußt.

Ich verfolgte diese Show im Palace mit den Augen eines Privatdetektivs, analysierte die Gesten der auftretenden Figuren, ihre Physiognomien und hätte gern ihren Gesprächen gelauscht. Sicher sprachen sie nicht über das Wetter!

Und durch einen merkwürdigen Zufall wurde meine Neugier befriedigt. Eines Abends klopfte der Page an meine Tür und überreichte mir ein Telegramm, das ich ungeduldig aufriß. Der Text bestätigte die Ausführung eines gigantischen Kaufauftrags von vielen tausend Royal-Dutch-Aktien auf allen Märkten der Welt. (Im Gegenwert von mehreren Millionen Gulden.)

Ich verstand nicht, worum es sich handelte, wendete das Telegramm und sah erst jetzt, daß es an Dr. Mannheimer adressiert war. So ein Irrtum kann sogar im Palace vorkommen! Mein Zimmer lag auf der Schattenseite, genau gegenüber der auf der Sonnenseite liegenden Suite von Dr. Mannheimer. Heute, einige Jahrzehnte später, fühle ich noch immer den Schock, der mich damals durchfuhr. Ich war plötzlich in die Geheimnisse der Götter eingeweiht. Erst vor einigen Tagen hatte ich in einer Ecke Sir Henry mit Dr. Mannheimer in lebhaftem Gespräch entdeckt. Die haben, so dachte ich mir, gewiß etwas ganz Besonderes in Royal Dutch ausgekocht. Das war unmißverständlich.

Ich läutete dem Pagen, gab ihm das Telegramm verschlossen zurück und versuchte Ordnung in meine aufgescheuchten Gedanken zu bringen. Damals war ich Baissespekulant. (Das hatte mir schließlich erlaubt, Gast im Palace Hotel zu sein.) Ich war aus wirtschaftlichen und politischen Gründen pessimistisch und für Haussetips nicht besonders empfänglich. Es war auch noch mitten in der großen Baisseperiode dieser Zeit. Aber eine solche Auskunft, die mir ein teuflischer Zufall zugespielt hatte, so etwas passiert kaum zweimal im Leben! So einem Tip muß man folgen. Und ich folgte ihm. Ich kaufte mir Royal Dutch, und von diesem Augenblick an begann der Kurs zu fallen – bis auf ein Drittel meines Kaufpreises. Ich verlor das ganze Geld, das ich in diesen Tip gesteckt hatte.

Ich habe nie erfahren, was die beiden in der Halle des Palace besprochen hatten. Ich weiß nur, daß die Firma Mendelssohn, Amsterdam, im Herbst 1939 mit großem Skandal Bankrott machte, daß das Börsenspielkonto Dr. Mannheimers mit riesigen Schulden belastet war. Aus meiner Erfahrung konnte ich jedenfalls zwei Schlüsse ziehen: Ein großer Financier kann auch ein schlechter Spekulant sein, und beim Wintersport kann man auch lehrreiche Börsenerfahrungen sammeln.

Einer meiner intimen Freunde, *Adrien Perquel*, erzählte mir bei einem Mittagessen, daß er mit dem Vorstandsvorsitzenden der Compagnie Française de Petrole, einer der größten Erdölgesellschaften der Welt, eine lange Unterhaltung gehabt hatte, und daß dieser ihm ausdrücklich bestätigte, daß die Aktien der Francaise Petrole bei einem Kurs von 10000 (damaligen) Francs stark überbewertet seien. Ich hatte einen größeren Posten gehabt und war schon auf den kommenden Tag ungeduldig, um sie alle zu verkaufen. Es klingt fast wie ein Spaß, aber nachdem ich sie verkauft hatte, sind sie in den kommenden Monaten raketenhaft auf 60000 Franc gestiegen. Und das war eine Insiderinformation.

Ich nehme an, der Präsident war in seiner Auskunft absolut bona fide, nur, wie ich es immer wiederholen muß, wissen Insider eben selber nicht, wie ihre Aktien an der Börse stehen werden.

Natürlich gibt es auch Fälle, wo Financiers absichtlich irreführende Informationen oder Meinungen ausbreiten. Folgende Geschichte soll als

Schulbeispiel gelten:

Der Vorsitzende einer bekannten Finanzgruppe in Frankreich, namens L., die schon einige an der Pariser Börse notierte Unternehmen kontrolliert, sagte mir einmal vertraulich, er wäre auf lange Sicht sehr optimistisch für die Aktien Hutchinson. Die Gesellschaft werde ganz neu organisiert, mit frischem Kapital aufgerüstet usw. ... Aber, fügte er hinzu, ich brauche noch nicht zu kaufen, er werde mir den gegebenen Augenblick signalisieren.

Ich erkundigte mich an der Pariser Börse bei meinem Makler, was bei dieser Aktie auf dem Markt vorgeht und bekam folgende Information: Die Aktie war in der vergangenen Zeit von 250 auf 60 abgebröckelt, kein Mensch kümmerte sich um die Papiere, nur einen Käufer gab es auf dem Markt, die Gruppe L., die sie bei tiefen Kursen sammelte.

Komisch dachte ich mir, es ist doch merkwürdig, daß der interessierte Financier mir den Ratschlag gibt, die Aktie vorläufig noch nicht zu kaufen. Gerade deswegen und aufgrund langer Erfahrungen, kaufte ich die Aktie sofort. Einige Tage später fing die Hausse-Bewegung an und sprang bis 300 ja sogar 400, wo sie dann von einer anderen Gesellschaft übernommen wurde. Meine Insider-Information war also: bis zum Signal nicht zu kaufen, denn es sei noch zu frühzeitig. Inzwischen hatte die Gruppe selber gekauft; das Signal kam erst bei 300. Über diese Insider kann sich jeder ein eigenes Urteil bilden.

## Der kranke Herr Tannenbaum

Welche Bedeutung aber präzisen Informationen bei Börsenspekulationen zukommen kann, lehren die folgenden amüsanten Geschichten. Es war während des Zweiten Weltkrieges in New York. Eines Tages rief mich eine gute Bekannte sehr aufgeregt aus einem Broker-Office an. Sie verbrachte Tage und Stunden in diesen Börsenbüros in der Hoffnung, irgendeinen fetten Tip aufzuschnappen, der sich dann in einem neuen Nerzmantel oder in einem Armband materialisieren sollte. Seit Jahren wollte sie auch von mir Tips bekommen. Zu meinem Erstaunen wollte sie diesmal nichts erfahren. Im Gegenteil, sie hatte einen heißen Tip für mich. Ganz erregt erzählte sie mir, daß sie in den Besitz einer phantastischen Information geraten sei. In einem vornehmen Broker-Office in der Fifth-Avenue hatte sie zufällig (ich glaube eher absichtlich) ein Gespräch zweier bedeutender

Finanzleute mitgehört. Es handelte sich um eine gewisse Tannenbaum-Aktie; wie sie aus dem Gespräch zu entnehmen glaubte, war das Unternehmen über den Krisenpunkt hinweg und ging nach der Meinung des Experten Professor C. einer definitiven Gesundung entgegen. Die beiden Herren beurteilten die Entwicklung der nächsten Wochen mit größtem Optimismus. Die Dame bat mich, für sie diese Aktien bei einem meiner Broker zu kaufen. Ihrem ständigen Makler (in dessen Büro sie das Gespräch belauscht hatte) wollte sie den Auftrag nicht geben, da es ihr peinlich gewesen wäre, wenn man sie bei einer Indiskretion ertappt hätte. Außerdem bestand sie darauf, auch ich solle von dieser Insider-Information profitieren.

Ich war bereit, ihr den Wunsch zu erfüllen, aber ich suchte vergebens in der »New York Times« und im »Wall Street Journal« nach einer Aktie »Tannenbaum«. Endlich fand ich mit Hilfe meiner Broker-Freunde im Katalog der nicht notierten Werte die Aktie einer Gesellschaft, die nicht Tannenbaum, sondern »Tannenberg Company« hieß. Sie fabrizierte irgendwelche kleine Bestandteilchen für die Rüstungsindustrie. Ihre Aktien standen auf ungefähr 5 Dollar, nachdem sie von 30 Dollar langsam abgerutscht waren. Das Unternehmen war wohl in Schwierigkeiten geraten und nun an dem Punkt angelangt, wo es sich langsam wieder von seiner Krise erholen würde, wie es meine Bekannte vermutete.

Solche Umkehr-Situationen sind für die Spekulanten immer die interessantesten, und gewiß war es dies, worüber die beiden belauschten Finanzexperten gesprochen hatten. Über all das informierte ich meine Bekannte, die jetzt fest davon überzeugt war, das Wort falsch verstanden zu haben, so daß es sich bestimmt um Tannenberg und nicht um Tannenbaum gehandelt haben mußte. Sie wiederholte daher ihren Wunsch, den Kaufauftrag für die Tannenberg-Aktien weiterzuleiten.

Ich führte den Auftrag aus, war aber skeptisch, zumal man ja, wie schon gesagt, mit den besten Insider-Informationen unter Umständen am sichersten zugrunde gehen kann und ich eher dazu neige, das Gegenteil von dem zu machen, was mir die Broker empfehlen. Ich kaufte also für meine Rechnung keine einzige der famosen Aktien. Leider! In wenigen Wochen stieg das Papier auf 30 Dollar. Ich war geradezu krank vor Ärger, meine Bekannte triumphierte. Der neue Nerzmantel war gedeckt, und sie lud mich zu einem Festessen ein. Sie machte mir schwere Vorwürfe, daß ich ihren Informationen aus so guter Quelle nicht gefolgt war. Aber was sollte ich sagen? Entweder hat man Prinzipien, oder man hat keine.

Dennoch war ich neugierig, was sich eigentlich in dieser Tannenberg Company abgespielt hatte. Und was mußte ich nach langen Untersuchungen erfahren? Eine »wahre» Komödie. Meine Bekannte hatte das Gespräch ganz richtig gehört. Es handelte sich tatsächlich nicht um Tannenberg, sondern um Tannenbaum, allerdings um keine Aktie, sondern um Herrn *Joseph L. Tannenbaum*, der schon ein alter Herr war und schwer krank. Seit Wochen schwebte er zwischen Leben und Tod. Das Flüstergespräch bezog sich auf seinen Gesundheitszustand. Er war es, der die Krise überstanden hatte und für den der Professor C. eine Erholung voraussagte.

Der Herr Tannenbaum war noch einige Monate krank, und trotz des Optimismus des Professors ist er dann schließlich doch gestorben. Da ich diese gute falsche Information nicht ausgenützt hatte, war mein Ärger grenzenlos. Hätte ich nur geahnt, daß es sich um ein monumentales Mißverständnis gehandelt hatte, so wäre ich bestimmt auf den falschen Tip eingestiegen. Da für mich jeder Tip a priori falsch ist, muß doch ein falscher »falscher« Tip richtig sein... Minus mal Minus gibt Plus.

## Irrtum ohne Folgen: die »Oceanic«

Eigentlich hätte mich schon meine erste Börsenerfahrung lehren müssen, daß Irrtümer oft zu materiellen Erfolgen führen.

Diese Episode datiert noch aus der Zeit der lateinischen Übersetzungen, als ich in Budapest aufs Gymnasium ging. Ganz Europa lebte in einer galoppierenden Inflation. Bei Büroschluß stürzte sich jeder auf die Börsenkurse, anstatt auf die Sportnachrichten. Die Währung, die Krone, sank in Zürich jeden Tag noch mehr. In dieser Atmosphäre schossen die Gerüchte wie Pilze aus dem Boden, oft schon wie Giftpilze. Alle möglichen Informationen tuschelte man seinem Nachbar in die Ohren. Wer hatte nicht einen Freund, dessen Friseur durch die Portiersfrau des Bankdirektors (oder aus ähnlichen sicheren Quellen) ganz genau wußte, daß man dieses oder jenes Papier kaufen sollte. Man mußte schon sehr standhaft sein, um diesem Wirbel zu widerstehen, in dem man reich werden konnte, ohne eigentlich genau zu wissen wie.

In dem kleinen Kreis, der sich feierlich »Literarische und musikalische Gesellschaft« nannte, waren wir Kinder auch vom Spekulationsfieber angesteckt. Hätten wir mit unserem Klubkapital gestern diese oder jene Aktie gekauft, hätten wir heute das Dreifache, überlegten wir uns häufig. Wir wollten ja nicht den Teufel versuchen und an einem Tag Millionen gewinnen, sondern nur die neueste Ausgabe des Großen Brockhaus kaufen.

Eines Morgens hörte ich meinen Vater am Telefon sagen, die Regierung führe Verhandlungen, um die durch den Waffenstillstand von 1918 verlorenen Schiffe wieder zu erlangen, und ein Boom für die Schiffahrtsgesellschaften bahne sich an. Soll man einen väterlichen Tip in Zweifel ziehen? Nein, diesmal hieß es handeln! Großer Kriegsrat im Gymnasium über die Liste der Schiffahrtsgesellschaften: Die Mittel der Klubs waren beschränkt, aber die »Oceanic« lag preislich in unserem Rahmen und wurde gewählt. Wir setzten bereits unser ganzes Vertrauen und Klubkapital in die Schiffe, die uns das Glück bringen sollten. Die Würfel waren gefallen, wir kauften die Aktien.

Ein paar Tage später gab es eine Panik an den Börsen, denn der neue Finanzminister begann einen Feldzug gegen die Inflation. Doch hat der arme Finanzminister bei diesem Kampf den Verstand verloren und kam ins Irrenhaus. Er wurde zur Zielscheibe des allgemeinen Spottes. Die Hausse brach wieder aus, und kaum hatte sich die »Oceanic« erholt, verwandelten sich die Aktien in die Bände des heißersehnten Brockhaus. Außerdem sprang auch noch eine kleine britische Enzyklopädie heraus. Alles ging wie am Schnürchen. Es war uns nur ein kleiner Irrtum bei unserer Auswahl des Spekulationsobjektes unterlaufen. Wir mußten feststellen, daß die »Oceanic« keineswegs eine Schiffahrtsgesellschaft war, sondern . . . eine Fischkonservenfabrik.

Ob Papier »St. Moritz«, »Royal Dutch« oder »Oceanic«, ich habe die Moral von der Geschichte genau gelernt: es ist nicht immer unerläßlich, gut informiert zu sein, wenn man in der Börse gewinnen will. Wer hätte zum Beispiel besser informiert sein können als *Signor Bingen*, Bankier in Genua und Schwiegervater das große Automobilfabrikanten *André Citroën?*

Er hatte sein Portefeuille unaufhörlich mit Citroën-Aktien gefüllt, und sicherlich wußte er, warum. Da geschah es – und wer hätte das voraussehen können –, daß die Gesellschaft in weniger als sechs Monaten Konkurs anmelden mußte. Es war eine böse Überraschung für die Aktionäre. Sie hatten Schiffbruch erlitten, obwohl die Gesellschaft noch vor einem halben

Jahr ihre Dividenden erhöht hatte, um einen rettenden Börsencoup zu versuchen.

## Die Charts: Fieberkurve einer Aktie

Oft werde ich gefragt, was ich über Charts (graphische Darstellung der Kursentwicklung) und Chartlesen denke. Meine Antwort habe ich schon längst geprägt. »Chartlesen ist eine Wissenschaft, die vergebens sucht, was Wissen schafft.« Dennoch lese ich sie immer gerne. Denn schon *Konfuzius* sagte: »Erzähle mir die Vergangenheit und ich werde Dir die Zukunft erkennen.« Anhand einer Chart sieht man am besten, was gestern war und heute ist. Aber das ist alles. Bis heute ist die Preiskurve Wahrheit, wenn sie vorgezeichnet wird, ist sie Dichtung, gute oder schlechte. Die Chart macht daher nur einen einzigen Stein unter den dutzenden in dem Mosaik aus, auf dem eine Analyse aufgebaut sein muß.

Sich aber von den verschiedenen Chartformen wie »Schulter-Kopf-Schulter«, »Seitenflanke«, »Untertasse« und ähnlichen grotesken Formen verführen zu lassen, bedeutet »Geldmord«. Ich würde einer Chart niemals blind folgen, wenn ihre Voraussagen meinen Vorstellungen nicht entsprechen. Doch würde ich auch sehr ungern gegen ihre Tendenz operieren. Wenn ich zum Beispiel irgendeinen Wert besonders optimistisch beurteile und die Chart das Gegenteil sagt, muß meine Überzeugung sehr gut begründet sein, damit ich trotzdem auf meiner Position beharre. Dasselbe gilt natürlich auch für den Fall, daß ich trotz günstiger Charttendenz pessimistisch eingestellt bin.

Der beste Beweis dafür, daß Charts allen möglichen Fachleuten auf ihren Gebieten nützlich sein können, ist auch die Tatsache, daß Ärzte die Fieberkurven ihrer Kranken aufmerksam verfolgen. Die Chart, die Fieberkurve einer Aktie, ist eines der zahlreichen Instrumente zur Beurteilung der vergangenen mittel- und langfristigen Kursentwicklung.

Es scheint mir aber lächerlich, wie die meisten Chartisten jede kleinste Kurve einer Zickzackbewegung ausnützen wollen und die Chartlinien schon für die Zukunft vorzeichnen. Aufgrund ihrer genannten Zeichnung stellen sie bereits im voraus fest, zu welchen Kursen sie eine Aktie kaufen und wieder verkaufen müssen. Wenn ich aber eine Aktie kaufe, weiß ich nie, zu welchem Kurs ich sie wieder verkaufen werde, vielleicht 50 Prozent tiefer, vielleicht aber 300 Prozent höher. In meiner Praxis kannte ich Hunderte von Börsenspielern, die aufgrund der Chartentwicklung Tagesoperationen durchführten. Und nicht einer unter ihnen war erfolgreich.

Im Gegenteil, viele verschwanden schon nach kurzer Zeit von der Börse. Natürlich können einige die Tendenz hie und da mal erraten. An der Börse gibt es nur zwei Pferde im Rennen, rauf oder runter. Erraten kann man es, sogar ohne oder trotz der Charts. Das größte Unglück für einen besessenen Chartisten ist, wenn er gleich am Anfang seines Systemspiels gewinnt, denn dann wird er noch besessener.

## Gewinnen kann man, verlieren muß man

Einem meiner Freunde meldete man einmal im Park des Kasinos, sein Sohn sei im Spielsaal beim Roulette tätig. »Sitzt er oder steht er?«, war die spontane Frage. Denn steht er, spielt er nur sporadisch. Er kann verlieren oder auch gewinnen. Sitzt aber sein Sohn, dann spielt er ununterbrochen, wahrscheinlich mit System, und wird so das Kasino todsicher ohne Pfennig verlassen. Wie bei jedem Spiel, Roulette, Rennen und auch beim Chartsystem, gibt es à la longue nur eine Regel: Gewinnen kann man, verlieren muß man.

Heute findet man bei jeder Brokerfirma angestellte Chartisten, die das Publikum für Tagesoperationen »chartgemäß« führen. Das ist auch kein Wunder, denn diese Art von Kunden sind das beste Geschäft für die Broker. Sie jonglieren hin und her und zahlen Millionen an Provisionen. Sie machen die Brokers reich, enttäuschen aber ihre Erben.

Es gibt Dutzende von Charttheorien, je nach Geschmack des Spielers. Diese Theorien schreiben genau vor, wann und wie man kaufen oder verkaufen soll. Ich halte überhaupt nichts von diesen Theorien. Aber ein Gesetz gilt für alle. Die Chartisten dürfen keine sachlichen, politischen oder wirtschaftlichen Überlegungen in ihr Kalkül einbeziehen, sondern sich nur streng an ihre Charttheorien halten. Denn die Kursentwicklung ist ja schon das Resultat aller relevanten Fakten, auch solchen, die wir nicht kennen und die ein überzeugter Chartist gar nicht kennen soll.

Die ganze Chartphilosophie beruht letztlich auf einem Postulat: »Wer für die Zukunft sorgen will, muß die Vergangenheit mit Ehrfurcht aufnehmen«, wie der französische Philosoph *Joseph Joubert* gesagt hat.

## Die Chart-Regeln

Ich beobachte jedoch zwei Chartregeln mit besonderem Interesse. Und zwar die einer bestimmten Aktie oder sogar einer Branche: Denn wie in einem Krankenhauszimmer mit vielen Betten ist vor jedem Kranken eine Fieberchart und der Arzt betrachtet bei der Visite jede Kurve einzeln. Eine Durchschnittskurve der Fieberschwankungen aller Kranken wäre ohne jegliche Bedeutung.

Zeigt die Chart einer Aktie eine steigende Tendenz, obwohl der Indexchart fallend ist, ist dies ein besonders gutes Zeichen, die Insider akkumulieren nämlich die Aktie. Im umgekehrten Falle (fallende Chart bei steigendem Index) könnte ich daraus entnehmen, daß sich die Insider dieser Aktie entledigen wollen.

Die zweite Chartregel, die ich beobachte, ist die Theorie des Doppelaufstiegs und des Doppelrückschlags, sowie die Regel von M und W. Doppelaufstieg bedeutet, daß bei steigenden Kursen der letzte Höchstkurs immer wieder durch den folgenden überschritten wird. Wenn sich dieses Phänomen einige Male wiederholt, läßt dies eventuell auf eine weitere Aufwärtsbewegung schließen. Wenn aber die Chart einige Male die Form eines M zeigt, dann bedeutet dies einen Plafond, das heißt einen Hochkurs, den man nicht mehr durchstoßen kann. Denn wahrscheinlich ist ein größeres Quantum der Aktie zum Verkauf angeboten, und solange dieser Hahn nicht zugedreht wird, kann der Kurs nicht steigen. Nehmen wir dazu an, daß aus einer Erbschaft 100 000 Wertpapiere zum Verkauf anstehen. Der Auftrag ist zum Beispiel auf 90 festgelegt. Jedesmal also, wenn sich die Dotierung der Aktie 90 nähert, kommt eine größere Menge des Papiers auf den Markt, und der Kurs fällt wieder. Erst wenn alle »Erbschaftsaktien« veräußert sind, könnte es zu einem neuen Kursanstieg kommen.

Und dieselbe Theorie läßt sich auch auf sinkende Kurse anwenden, wo immer ein neuer Kurs den vorherigen Tiefkurs unterbietet. Das würde auf weiter fallende Kurse deuten. Die Form eines Doppel-W aber bedeutet, daß die Kurse nach einem Rückgang einen gewissen Boden gefunden haben, den sie nicht durchstoßen konnten. Vielleicht steckt ein Konsortium dahinter, das die Aktie aufkaufen will. Es könnte auch sein, daß ein Stützungssyndikat, ja sogar eine Großbank den Aktienkurs eines Unternehmens aus psychologischen Gründen »künstlich« aufrecht erhält. Das nennt man im Börsenjargon »Kurspflege«.

Ein ganz typischer Fall solcher Kurspflege ist der Goldmarkt, auf dem der internationale Goldpool den Kurs aus rein psychologischen Gründen stützt. Denn ein größerer Kursabfall könnte eine Kettenreaktion auslösen.

Die M- und W-Theorien sind die ältesten Chartregeln, und sie haben mir, obwohl ich kein Chartist bin, oft geholfen. Diese Theorie vom Doppelaufstieg und Doppelrückschlag und die Theorie von M und W sind interessante Symptome unter vielen anderen, die ein Börsianer aus Erfahrung zu interpretieren vermag.

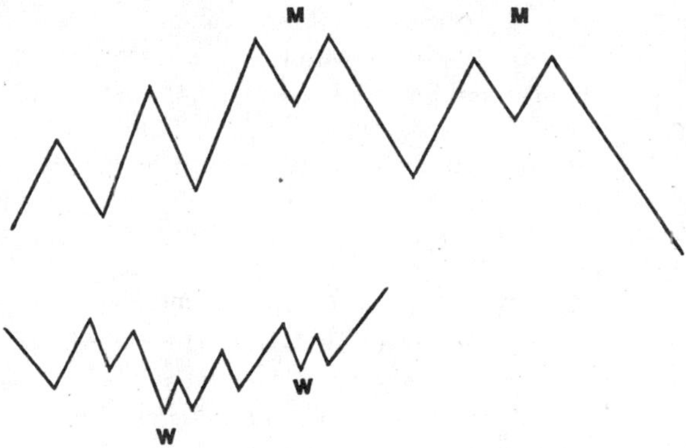


Doch sind für die meisten Chartgucker die Kurven nicht nur ein Hilfsmittel, sondern sie sind von ihrem System genauso besessen wie Roulettespieler, die mit Computern arbeiten. In vielen Kasinos gibt es Spielsyndikate. Der eine setzt die Zahlen, die der zweite mit dem Computer ausgerechnet hat, und der dritte läuft mit den Berechnungen dauernd zwischen ihnen hin und her. So arbeiten sie stundenlang. (Oft habe ich sie in Monte Carlo und Baden-Baden beobachtet.) Man soll nicht fragen, wie es endet. Am Abend sind sie noch aufgeblasen, ihres Glückes sicher, und glauben, »die« mathematische Formel gefunden zu haben. Um drei Uhr früh betteln sie um einige Mark, damit sie das unfehlbare System von neuem anfangen können. Und so geht es den meisten Chartisten.

## Über Besessene und Scharlatane

Eine andere Art von besessenen Börsenspielern sind diejenigen, die hartnäckig auf erfundenen, ihrer Ansicht nach jedoch sicheren Preisrelationen spielen: Wenn zum Beispiel der Erdölpreis X ist, dann *muß* der

Goldkurs Y sein. Das ist für sie ein Gebot. Purer Unsinn! Natürlich kann man bei der Preisentwicklung des Erdöls an die des Goldes denken, aber nur denken. Man kann annehmen, daß die Ölländer mehr einnehmen und somit auch mehr Gold kaufen. Doch ist sogar das nicht sicher. Wäre trotzdem ein Funken Wahrheit daran, wäre es vollkommen lächerlich, aufgrund dieser Tatsache auf eine feste Preisparität zu schließen, denn es kommen noch Dutzende von anderen Einflußfaktoren dazu. Vor einigen Jahren spielten jene Besessenen – von Brokern beraten – auf die sichere Parität zwischen Silber und Sojapreis, aus dem einfachen Grund, weil *die berüchtigten Brüder Hunt*, in beiden groß spekulierten: Wenn Silber um x Punkte steigt, behaupteten sie, muß Soja um y Punkte steigen. Diese Mathematik endet oft mit der größten Pleite.

Wie schon gesagt, ob Lotto, Roulette oder Börse, ich nenne all diese angeblich wissenschaftlichen Spieler – egal, mit welchen Instrumenten sie arbeiten – Besessene, wenn sie selber daran glauben, und Scharlatene, wenn sie ihre Systeme auch noch für Geld verkaufen. Meistens sind sie besessene Scharlatane. Ich halte es für verlorene Zeit mit ihnen zu diskutieren, denn ihre Argumente gehören dem Bereich des Okkultismus an. Beim Publikum können sie zumindest über kurze Zeit Erfolg haben, denn je unwahrscheinlicher die Versprechungen sind, desto größer ist die Zahl der Anhänger. Was die Masse nicht erfassen kann, hat Anziehungskraft: »Es könnte doch etwas daran sein.«

Ich habe schon Beispiele angeführt, um zu zeigen, wie man Nachrichten und Ereignisse interpretieren soll. Die harte Geldpolitik der USA ist ein Faktum, dessen Auswirkungen nicht zu umgehen sind. Oft kommt es vor, daß man in einem Land die Zinssätze erhöht und die Börse darauf einige Tage lang nicht reagiert. Viele Börsenspieler lassen sich dann verführen, mit der Bemerkung, dieses Ereignis sei schon eskomptiert. Das stimmt aber überhaupt nicht. Hoher Zinssatz und die folgende Geldknappheit sind ein hartes Faktum, das unabhängig davon ist, ob es erwartet wurde oder nicht, ob die Börse darauf zunächst positiv oder negativ reagiert.

Die bereits erwähnte Mondlandung hingegen war kein sachlicher Grund für einen Kursanstieg, sie hätte nur eine psychologische Reaktion auslösen können. Da diese Reaktion aber am ersten Tag überraschenderweise nicht erfolgte, war dieses Ereignis für die Börse zwei Tage später schon wertlos. Psychologische Fakten sind Eintagsfliegen, und wehe dem, der die psychologische Entwicklung zu erraten sucht. Dagegen ist die Geldpolitik eine

Tatsache mit unumstößlichen Konsequenzen, die man ziemlich genau verfolgen kann. Auch in einem Bullmarket, wo alle Indizien auf eine weitere Steigerung hinweisen, kann die Börse mehrere Tage oder sogar wochenlang zurückgehen. Das würde schon genügen, um aus Optimisten Pessimisten zu machen. Genau wie einige feste Tage in einer Baisseperiode schon lächelnde Gesichter erzeugen können.

Statt mir den Kopf über die psychologische Entwicklung des Publikums zu zerbrechen, folge ich schon lieber rein persönlichen Motivationen, wie es Spieler in der Lotterie oder auf dem Rennplatz oft tun, wenn sie auf einen Namen setzen, der ihnen gefällt, oder irgendeinem anderen sachfremden Grund folgen.

Ein Börsianer darf abergläubisch sein, denn dies ist genau das Gegenteil von der Wissenschaft und der Mathematik.

## »Mist herein, Mist heraus«: über die Börsencomputer

Neben Chartanalysen gibt es auch Computer-Analysen. Ich muß immer wieder mit Entsetzen feststellen, wie die verschiedensten Werbeagenturen, Portefoliomanager oder Analytiker damit protzen, daß sie sich bei ihrer Arbeit von Computervoraussagen leiten lassen. Darauf kann ich zunächst nur mit einem Witz anworten. Ich gebe die Merkmale eines bestimmten Schiffes dem Computer an. Die Länge beträgt 36 Meter, die Breite 7 Meter, die Masthöhe 5 Meter, der Tiefgang 0,7 Meter. Der Computer soll mir nun herausfinden, wie alt der Kapitän ist. Wenn ich da die genaue Antwort bekomme, bin ich bekehrt. Bis dahin scheint mir mein eigener Privatcomputer in meinem Kopf sicherer. Ich kann mir das Alter des Kapitäns wohl ausrechnen, zwar nicht durch die Maße des Schiffes, jedoch indem ich mir ihn ansehe, einige Minuten mit ihm spreche und mir seine Augen und Hände betrachte.

### Computer-Dialog

Ein kurzer Dialog, den ich durch Zufall einmal belauschte, soll meine Denkart ergänzen. Es war das Gespräch zwischen dem Computer C und einem Börsenspekulanten S:

C: Ich weiß alles, schlechthin alles!

S: Ich weiß gar nichts, verstehe aber nahezu alles und erkenne die Zusammenhänge...

C: Mein Gedächtnis ist einwandfrei, ich speichere alles auf: Jahresberichte, Bilanzen, Kurse, Dividenden etc.

S: Und mein Börsenwissen ist wie die Kultur: sie ist das, was übrigbleibt, wenn man alle Details vergessen hat.

C: Man braucht bei mir nur auf den Knopf drücken, sofort kombiniere ich alle Fakten zu einer exakten Analyse über eine der 10 000 Aktien, die in meinem Gehirn gespeichert sind. Ich kenne die Reaktion eines jeden Papiers auf alle Umstände, im Krieg und im Frieden, bei Regen oder Sonnenschein, während einer Krise oder einer Hochkonjunktur. Deshalb kann ich auch die weitere Entwicklung mit mathematischer Genauigkeit voraussagen, vorausgesetzt, daß alles logisch verläuft.

S: Aber die Börse hat ihre eigene Logik. Selbst die Börsenmathematik entspricht nicht der Mathematik, die man in der Schule lernt. Zwei mal zwei ist an der Börse selten vier. $2 \times 2 = 5 - 1$ oder $2 \times 2 = 3 + 1$ lauten die Börsenformeln.

C: Ich kann aber sofort feststellen, welche Aktie heute die beste Zukunftsaussichten hat.

S: Heute! Aber weiß man, welche neuen Industrien morgen auftauchen werden? Hättest Du vor sechzig Jahren Ölpapiere empfohlen, vor fünfzig Jahren Flugzeugaktien oder deutsche Obligationen bei Kriegsende? Kannst Du heute voraussehen, daß irgendeine Gesellschaft über Nacht eine harte Konkurrenz bekommt? Die Computer, die mit allen Daten gefüttert waren und die Folgen der Fusion zwischen der Pennsylvania Railroad und der New York Central R. R. errechnen sollten, haben einen Gewinn von sieben Dollar pro Aktie vorausgesagt. Das Resultat war aber vier Dollar Verlust pro Aktie. Ich glaube, da erübrigt sich jeder Kommentar. Oder hättest Du, Computer, vor dreißig Jahren die Bedeutung exakt vorausgesehen, die Du heute hast? Deine Voraussagen sind in der Vergangenheit verankert, ohne sie weißt du nichts und selbständig spekulieren, völlig Neuartiges einbeziehen kannst Du nicht.

C: Ich registriere alle Nachrichten, kein Vorgang entgeht mir, ich lese die Zeitungen von A bis Z.

S: Aber *ich* lese zwischen den Zeilen!

C: Ich arbeite ohne Ermüdung und fehlerlos: ich multipliziere, dividiere und liefere die Resultate in Sekunden.

S: Und ich sitze bequem in meinem Sessel, eingehüllt in den Rauch meiner Zigarre, kombiniere, träume, und dabei fällt mir so manches ein . . .

## Zuviel Wissen ist oft schädlich

Aus diesem Dialog kann man entnehmen, daß der Computer keineswegs ein Konkurrent des Spekulanten ist, sondern ein sehr nützliches Instrument, nicht mehr und nicht weniger. Wenn der Spekulant einmal eine Entscheidung getroffen hat, kann er sich an den Computer wenden, den er richtig gefüttert und programmiert hat, und dem er dann die richigen Fragen stellt. Es genügt nicht, alle Daten zu wissen, der Motor der Spekulation bleibt die Phantasie, und ihre beste Hilfe ist die menschliche Überlegung. Lange vor der Erfindung des Computers haben amerikanische Broker und Banken einige Abteilungen für Finanzstudien unterhalten, wo sich zwanzig bis dreihundert Angestellte mit den Analysen beschäftigten, die heute ein Computer ausspuckt, nur sehr viel schneller und billiger.

In meinen jahrzehntelangen Erfahrungen habe ich nie, aber auch nie auch nur eine von Erfolg gekrönte Börsenvoraussage von diesen Finanzstudien erhalten. Die Zukunft bleibt ihnen verschlossen. Ohne zynisch zu werden, möchte ich erneut sagen: auch zuviel Wissen ist schädlich, denn es erstickt letzten Endes die Phantasie.

Es gibt heute einige Dutzend Firmen, die mit Hilfe von Computern ihre Kunden beraten, wahrscheinlich werden einige darunter gut und andere schlecht beraten. Warum? Ganz einfach, weil der Computer der einen Firma von fähigen Denkern gefüttert und befragt wird, der andere von schlechten. Für die Börsencomputer gilt dasselbe wie für alle anderen Computer: »Mist herein, Mist heraus!"

### Mein Ratschlag lautet: Think!

Was würde geschehen, wenn jeder Börsenspieler Zugang zu der »Wundermaschine« hätte? Wenn die Maschine aufgrund vorausgegangener Erfahrungen mit absoluter Sicherheit wüßte, wie die Börsenkurse auf gewisse Ereignisse reagieren werden und infolgedessen unzählige Spekulanten auf diese Informationen bauten, dann änderten schon sie durch ihre Käufe oder Verkäufe die Relation, auf die sich der Computer gestützt hat. Wenn jeder auf dasselbe Pferd setzt, bleibt für niemand ein Gewinn. Die theoretisch unfehlbare Maschine würde bereits durch ihre Voraussagen die von ihr errechnete Entwicklung verändern. Ich kann nicht oft genug wiederholen, daß man an der Börse keine wissenschaftlichen Analysen durchführen soll, sondern ganz einfach denken und überlegen muß.

Mr. Watson, den Präsidenten der IBM, den Vater des modernen Computers, plagten wahrscheinlich Gewissensbisse, daß er die Menschen durch seine Maschinen zum Nichtdenken verführte. Deswegen hat er befohlen, in allen Büros der IBM, auf Wänden und Tischen, überall das Memento »Think!« (Denke!) anzubringen. Mein Ratschlag für Börsianer lautet ebenso: Think!

## Boom und Krach: ein unzertrennliches Gespann

»Allein der Schmerz ist positiv«, schreibt *Schopenhauer.* »Glück ist allein die Abwesenheit des Schmerzes.«

Das bedeutet, wir leben in einer Art Unbewußtheit. Wir tauchen daraus nur auf, wenn uns etwas schmerzt. Beim »normalen Stand der Dinge« müßten wir eigentlich glücklich sein.

Diese Vorstellung Schopenhauers vom Dasein im allgemeinen läßt sich vollkommen auf die Börse übertragen. Das einzig Positive für den Spekulanten ist der Schmerz – der Verlust, also bei der Börse die Baisse oder mehr noch der Börsenkrach. Ich habe das bereits in anderem Zusammenhang angedeutet.

Die öffentliche Meinung wird sich der Börse erst in dem Augenblick bewußt, wenn der Wind aus der falschen Richtung weht. Zeitungsüberschriften wie »Börsenkrach mit soundso viel Millionen« bedeuten, daß sich ein Rad der Riesenmaschine gelöst hat. Der Börsenkrach ist für den Spekulanten eine äußerst spürbare Realität, um so mehr, als er überraschend kommt. Die Hausse steigt sanft, sie erklimmt Absatz um Absatz, ohne daß man es so recht merkt. Dagegen kommt der Börsenkrach plötzlich und mit der Heftigkeit göttlicher Rache.

Solange das Börsenbarometer auf beständig steht, geht alles gut. Herr Spekulant streicht vergnügt seinen Gewinn ein, und daß die Börse gut geht, erscheint ihm absolut normal, sozusagen als die natürliche Ordnung der Dinge. Daß es auch umgekehrt kommen kann – und noch dazu auf recht gewalttätige Weise –, kommt ihm nicht in den Sinn. Das schiene ihm eine persönliche Beleidigung.

Kommt es dann wirklich zum Börsenkrach, empfindet der Spekulant die finanzielle Einbuße natürlich als sehr schmerzlich. Er fühlt sich vom Schicksal ungerecht behandelt – das allein geht ihm durch den Sinn. Im Grunde ist der Gewinn nicht mehr als eine Illusion, nur der Verlust ist real. Kriege und Friedensschlüsse sind die Meilensteine auf der langen Straße der Geschichte. Sie sind selbst Geschichte, sie durchziehen die Geschichte, gliedern sie in Perioden.

Die Geschichte der Börse ist eine Folge von Booms und Börsenkatastrophen. Boom und Börsenkrach sind ein unzertrennliches Gespann, der eine kann nicht ohne den anderen sein. Im Zeichen der Prosperität schwellen die Booms gemächlich an. Schließlich ist fatalerweise ein Ballon daraus geworden, der durch einen Nadelstich platzen kann. Eine Gesetzmäßigkeit der Börsengeschichte ist: kein Börsenkrach, kein Knall, dem nicht ein Boom vorangegangen wäre, und kein Boom, der nicht mit einem Börsenkrach endet.

Für die Börsenkatastrophe haben die Franzosen das deutsche Wort »Krach« übernommen, das sie als »krack« aussprechen und das sie an das Zerbrechen eines Spiegels erinnert. Die Engländer nennen den Börsenkrach »crash«. Man denkt an ein Gewitter aus blauem Himmel, das sich durch kein Wölkchen angekündigt hat. Tatsächlich kamen schon die frühesten Finanzkatastrophen aus heiterem Himmel. Die Ursachen waren Vulkanausbrüche, Erdbeben, Überschwemmungen, und sie bedeuteten den Ruin für Hunderte, manchmal Tausende von Familien.

Später kam es aber zu den ersten Finanzkatastrophen durch die Schuld der Menschen. Wenn Räuber eine durch die Wüste ziehende Karawane angriffen, die Piraten sich einer Schiffsladung bemächtigten und als Folge eine Gruppe von Geldleuten ruiniert war, wenn der Markt aus den Angeln gehoben wurde, dann war der Finanzkrach perfekt. Er kam aber auch, wenn zu viele Lieferungen zur gleichen Zeit eintrafen und das Gleichgewicht des Marktes durch das Überangebot gestört wurde. Die einen schickten Gebete zum Himmel, die Waren möchten sicher den Hafen erreichen, und die anderen, daß die Lieferungen von Räubern, Stürmen oder Piraten vernichtet und die Preise infolge der eintretenden Verknappung steigen würden. Genau wie heutzutage die Reeder, die auf steigende Frachtraten, oder die Goldspekulanten, die auf ein Goldfieber spekulieren, den »lieben Gott« um einen kleinen Krieg (im Fernen Osten oder den Einmarsch der Russen in Polen usw.) bitten.

# Geschichte der Börse
# . . . auch meine Geschichte

## Amerika wird bezahlen . . .
## Die Katastrophe von 1557

Die erste Finanzkrise im modernen Sinne des Wortes spielte sich im 16. Jahrhundert ab, vor mehr als vier Jahrhunderten also. Von Spanien bis Österreich spannte der habsburgische Doppeladler seine kaiserlichen Schwingen. *Karl V.* regierte in Madrid, der strenge *Philipp II.* war sein Nachfolger. Prunk, Luxus, Hofhaltung, Kriege und Eroberungen kosteten Geld, Geld und nochmals Geld. Die Herrscher hatten nicht viel Geld, also borgten sie es sich.

*Die Fugger,* die schon die Kaiserwahl finanziert hatten, schickten weiterhin ihr Gold an *Karl V.* Auch von anderen Augsburger Bankiers und von Genueser Bankhäusern erhielt er beträchtliche finanzielle Unterstützung. Die Unterschrift des Kaisers war die Garantie für diese Anleihen. Die Schuldscheine wurden auf den europäischen Märkten gehandelt, die Schuldverschreibungen des Heiligen Römischen Reiches waren in Bourges ebenso im Umlauf wie in Antwerpen, in Genua und Lucca. In Toulouse und Lyon handelte man die Schuldscheine der französischen Krone, die »Königliche Briefe« genannt wurden. Alleiniger Schuldner für diese Millionen war der Staat, Frankreich oder Spanien. Eine Inflation riesigen Ausmaßes, die in sich den Keim für eine Katastrophe trug, bereitete sich vor. Die Geschäfte mit den Königlichen Briefen entwickelten sich höchst ungewöhnlich. Die Umsätze wurden durch die Händler und Kaufleute hochgetrieben. Sie gaben die reinen Handelsgeschäfte auf, um mit diesen Schuldverschreibungen zu schachern. Natürlich versäumte der Staat nicht – er hatte allen Grund dazu –, diesen Gang der Dinge zu fördern. Wer würde schließlich die Rechnung begleichen, wer sollte die Anleihen zurückzahlen? Darüber machte sich niemand Sorgen. Die Antwort war immer die gleiche: Amerika wird bezahlen. Damals schon . . .

Amerika, das war das Neue Spanien, das Neue Kastilien, diese märchenhafte Schatzkammer, die Spanien nur auszuräumen brauchte, um das reichste Land der Erde zu werden. Es war ein schöner Wahn, dem sich die Gläubiger genießerisch hingaben, und der die königlichen Schuldner ermutigte, immer mehr zu borgen. Jahr für Jahr, so hoffte man, würden die Karavellen und Galeeren wieder in den Hafen von Cadiz einlaufen, beladen mit Smaragden, Topasen und allen Arten von Edelsteinen, die scheffelweise in den Bergwerken der Neuen Welt gefördert würden.

In einer Euphorie der Spekulation strömte das geborgte Geld nach Frankreich. Der Finanzminister des Königs von Frankreich hielt den Augenblick für günstig, um eine Operation durchzuführen, die wir heute wieder »Zwangskonversion oder Vereinheitlichung der Anleihen« nennen würden. Er gab Anweisungen, die »Königlichen Briefe« zu einer einzigen Anleihe zu verschmelzen, die vielen im Umlauf befindlichen Serien von Schuldscheinen mit verschiedenen Fälligkeitsterminen und Zinssätzen gegen eine neue Anleihe einzutauschen, der alle andern einverleibt werden sollten und die »Le Grand Parti« genannt wurde.

Der Zinssatz war gegenüber den alten Anleihen stark erhöht worden. Er betrug sechzehn Prozent pro Jahr, statt zwölf Prozent im Durchschnitt. Aber um von diesem höheren Zinssatz zu profitieren, mußte man dreißig Prozent der neuen Anleihe in bar bezahlen und siebzig Prozent in alten Schuldscheinen. Ähnliche Bedingungen wurden übrigens auch in den letzten Jahrzehnten recht häufig zugrunde gelegt, natürlich mit anderen Zinsraten.

Um die Anleihe »Nouveau Grand Parti« zeichnen zu können, verkauften Frauen ihren Schmuck, gaben Witwen ihre Pensionen auf, legten Dienstboten ihre Ersparnisse an, und selbst türkische Paschas (sie entsprechen den heutigen Ölscheichs) und Händler zeichneten durch ihre Strohmänner in Frankreich für mehr als 500 000 Écus (Silbertaler). Genau wie heute. Haben nicht in den vergangenen Jahren Sparer ihren Grund und Boden belastet, Familienschmuck verkauft und mit den letzten Pfennigen bei den IOS-Emissionen Aktien gezeichnet oder Zertifikate gekauft?

Ja, aber da ... platzte der Luftballon. Warum? Die Verschuldung des spanischen Hofes stieg auf enorme Summen. Um die Zinsen für die neue Anleihe zu zahlen, brauchte man neues Geld – und um neues Geld zu besorgen wieder neue Anleihen! Also damals genau so wie heute.

### Der Zusammenbruch des »Grand Parti«

Das aufgebaute Kartenhaus hielt bis zu jenem Tag im Jahr 1557, an dem der Vertreter der Fugger in Madrid wahrscheinlich von einer Indiskretion Wind bekam. Der Jesuitenkardinal, Beichtvater des Königs von Spanien, soll seinen Herrn davon überzeugt haben, es widerspräche dem Evangelium, wenn Schulden Zinsen einbrächten. Der Kardinal war schwatzhaft, die Fugger vorsichtig. Sie beschlossen, keine neuen Kredite mehr zu gewähren. Das kann man als eine »Insider-Information« bezeichnen.

Zur gleichen Zeit erzählte in einer Wirtschaft in Cadiz ein soeben angekommener Seemann, was er in Amerika gesehen, oder vielmehr, was er nicht gesehen hatte. Keine Diamantenberge, keine edelsteinführenden Flüsse, alles das waren nur Luftschlösser. Es gab allerdings ungewöhnliche Früchte unbekannter Art, Ananas, Mango, aber sonst nichts, was die Reise wirklich lohnte. Das Gerücht verbreitete sich dank der Zeitungen, die gerade aufgekommen waren und die – manchmal auch mit sechsmonatiger Verspätung – die Nachricht in alle Winkel Europas trugen. Der Wettlauf um die Rückzahlung begann. Die Gläubiger, von Panik ergriffen, präsentierten ihre Rechnung. Heute würde man sagen, der cash flow ist negativ geworden, so wie es während der vergangenen Jahre bei Gramco, IOS und anderen Investmentfonds geschehen ist. Den Gläubigern wurde ein Moratorium aufgezwungen.

Zu jener Zeit waren die Effektenmärkte schon gewissermaßen Nachrichtenzentralen. Die spanische Krise griff auf Frankreich über. Das Vertrauen war erschüttert.

Zu den psychologischen Problemen trat ein technischer Faktor: der Geldmangel. Die Gläubiger, deren spanische Rechnungen unbezahlt geblieben waren, machten vergeblich die Runde bei ihren Schuldnern.

Der *französische König Heinrich II.*, der zuerst Frankreichs Zahlungsfähigkeit sehr laut betont hatte, mußte ein paar Monate später zugeben, daß er überhaupt nicht bezahlen konnte. Weder die Schulden noch die Zinsen. »Der König zahlt alles, aber der König nimmt auch alles«, sagte das treue Volk in Paris. Das war der Zusammenbruch des »Grand Parti«. Die Katastrophe von 1557 ist ein Markstein in der Geschichte der Börse und der Finanzen. Sie bezeichnet ein sehr trübes Jahr, an das man sich erinnern sollte.

## Die Tulpenkatastrophe im 17. Jahrhundert

Es ist eine Ironie des Schicksals, daß eine zarte Blume, die Tulpe, das klassische Symbol für Boom und Krach geworden ist. Sie sollte für unerfahrene Börsenspieler, Geldmanager und Anlageberater noch heute ein Memento sein. Diese Blume hat die aufstrebende Wirtschaft eines sonst so nüchternen Landes – das Holland des 17. Jahrhunderts – fast erschüttert. Das kam folgendermaßen: Ein gewisser Herr *Busbeck*, Gesandter des deutschen Kaisers in der Türkei, konnte sich an einer Blume – von den Türken Turban genannt – nicht satt sehen. Die Exzellenz brachte sie nach dem Westen mit, wo ihr Name in Tulipan entartete. Bald konnte man sie in den Gärten der Fugger in Augsburg bewundern.

Den Botanikern gelang es, den zarten Körper der Blume an das rauhe Klima des Nordens zu gewöhnen, doch dauerte es noch viele Jahre, bis die Holländer sich närrisch in sie verliebten und dabei den Kopf verloren. Jahrelang war die Tulpe nichts als ein Farbfleck in ihren Bürgerhäusern. Dann wurde sie allmählich ein Beweis des sozialen Aufstiegs. Die eleganten Damen suchten sich sorgfältig die Tulpe aus, die zu den Farben ihrer Toiletten paßte. Die Blütenteppiche ihrer Villen übertrafen an Farbenpracht die des Orients. Man fuhr in tulpengeschmückten Kutschen spazieren, es gab täglich Blumenfeste, einen Wettstreit der Eleganz. Es gehörte zum guten Ton, seltene Tulpen zu sammeln, die der Nachbar noch nicht hatte. Sie wurden ein Statussymbol wie heute eine Sammlung moderner Bilder.

Ein reicher Reeder, der seinen Konkurrenten imponieren und von sich reden machen wollte, kam auf die Idee, seiner Tochter als Hochzeitsgabe nicht einen besonders schönen Diamanten, sondern eine höchst seltene Tulpenzwiebel zu schenken. Nachdem er seine Freunde eingeladen hatte, das »Juwel« zu bewundern, ließ er einen besonderen Tisch herrichten. Die Zwiebel wurde auf seinem schönsten Delfter Teller in die Mitte gestellt. Während er sich mit seinen Gästen noch im Garten erging, betrat ein Fremder, ein Seemann, das Haus; er war noch ein Neuling in der Liebe zu den Tulpen. Gerade war er dabei, einen Hering mit einem Stück Brot zu verzehren, da fiel sein Blick auf die Zwiebel, und er dachte, sie müßte doch prächtig dazu schmecken. Er griff nach ihr und verspeiste sie mit Haut und Haar. Der Herr des Hauses kam zurück. Ach, es war zu spät, das

Hochzeitsgeschenk war vor der Unterzeichnung des Ehekontrakts aufgegessen worden. Es ist nicht überliefert, ob der gute Bürger vor Kummer oder Ärger starb, aber es ist sehr wahrscheinlich!

Die Tulpen-Hysterie dauerte einige Jahre. Nachdem die Bürger reich geworden waren, wollten sie immer höher und höher auf der sozialen Rangleiter klettern – und dies mit Hilfe der Tulpen. Snobs äfften die Narrheiten des Adels aus Den Haag nach. Während ihre Gärten von Tulpen prangten, begannen die Preise zu steigen. Die Nachfrage ging weiter und erreichte Ausmaße, die der heimische Boden nicht mehr befriedigen konnte. Langsam, aber sicher zogen die Preise an, besonders von Juli bis September, wenn die Tulpenzwiebeln in den Handel kamen. Bald witterten raffinierte Geldleute die Chance, sie legten Ihr Geld in Zwiebeln an. Große Umsätze lockten weitere Spieler aller Art an, die sich bislang an der Amsterdamer Börse mit Aktien befaßt hatten. In den letzten Jahren wurden in ähnlichen Fällen Börsianer den Aktien untreu und stürzten sich auf Gold und Silber, um damit das große Glück zu machen.

## Einer rief: Feuer! Und alle stürzten hinaus

Dann aber kam »1637« der Nadelstich, der fatale Knall. Ein großer Kunde mußte bei seinem Tulpenlieferanten feststellen, daß alle ihm präsentierten dreihundertfünfzig Sorten schon in großen Mengen auf dem Markt waren und den Reiz der Rarität verloren hatten. Und plötzlich erkannten auch die Spekulanten die Tulpeninflation.

Haben wir nicht ähnliches erst in den siebziger Jahren in Wall Street mit den amerikanischen Conglomerates – den Mischkonzernen – erlebt? Die Spieler hatten auf einmal entdeckt, daß die Mischgesellschaften nicht mehr weitermischen konnten. Das war der Nadelstich für die aufgeblasenen Aktienpreise.

Das Ende ist dann immer das gleiche. Ein Spekulant ruft: »Feuer!«, und alle stürzen zum Notausgang. Jeder will jetzt verkaufen, aber es gibt keine Käufer mehr. So platzte auch der Tulpenballon, und Tulpenzwiebeln waren plötzlich nicht mehr wert als gewöhnliche Zwiebeln. Die Spekulanten, gestern noch Millionäre, waren nur noch Habenichtse, »Ritter von der traurigen Gestalt«. Das war der Börsenkrach. Der aufgeblasene Ballon war geplatzt, er hinterließ Zusammenbrüche, Kummer und Schmerzen.

Das unvernünftige Spiel mit dem »Wertlosen« ist geradezu ein Symptom für das Ende großer wirtschaftlicher Booms, für die letzte Phase der Prosperität, und die dritte Phase des Bullmarkets, wo das Geld in Strömen fließt. Und dieses Phänomen kehrt immer wieder zurück.

Eine Haussebewegung bleibt anfangs im klassischen Rahmen, dann greift sie auf die fraglichen Werte über. Durch eine langsame Infektion führt sie zu einer unvernünftigen Übersteigerung mittelmäßiger Werte. Schließlich erfaßt diese Aufwärtsbewegung eine große Zahl von Unwerten, ja von Antiwerten.

Dieser Zustrom von frischem Kapital mußte das Gleichgewicht von Angebot und Nachfrage zerstören. Alle Welt wollte verdienen und bezahlte unglaubliche Preise. Glücksritter aus ganz Europa kamen nach Holland, um Tulpen zu erwerben, die ja im Preis steigen mußten. Ähnlich wie heute kleine Sparer – auf Zuraten der Anlageberater – ihren Familienbesitz belasten, um exotische Papiere zu kaufen oder noch schlimmer, um auf dem Warentermin-Markt zu spekulieren.

Und als die Kassen endgültig leer waren, kaufte man auf Kredit. Warum auch nicht? Es war doch ein sicherer Coup. Im holländischen Kreislauf der Hausse wanderten die Tulpen von Hand zu Hand. Einen Tag wurden rote Tulpen gesucht, am nächsten stieg der Preis der gelben und so fort. Es folgten Exemplare in Rosa oder Schwarz. So wie heute. Einen Tag werfen sich die Spekulanten auf die Computeraktien, am nächsten auf Ölpapiere.

Die Tulpe war längst keine Blume mehr, sondern nur noch ein Spekulationsobjekt. Man brachte immer mehr Sorten auf den Markt, neue Tulpen-Emissionen, und so entstand die gefährlichste Situation: die Inflation in Nonvaleurs – sie ist stets ein Vorläufer des Börsenkrachs.

Man lockte die kleinen, durch die steigenden Preise verblendeten Sparer in ein halsbrecherisches Börsenspiel. Die Preise stiegen nicht dank eines reelen Wertzuwachses, sondern dank einer gewissenlosen Propaganda. Die Warnungen stießen bei den kleinen Spielern nur auf taube Ohren. Auch sie wollten bei diesem Börsenspiel dabeisein. Nicht einen Augenblick dachten die Tulpenspekulanten daran, daß die Produktion den Verbrauch weit überschreiten oder daß Holland mit ausländischen Tulpen überschwemmt werden könnte. Der Spekulationsballon war bis zum Zerreißen aufgeblasen.

Die Geschichte läuft schnell, die wirtschaftlichen Änderungen der vergangenen Jahre sind ungeheuer. Aber die Zellen der Börse bleiben unverändert wie die der Menschen. Ob es sich um eine Börse aus dem 17.

Jahrhundert oder eine von heute handelt, ob es die berühmte Wall Street ist oder die winzige Börse eines kleinen Landes, die Reaktionen bleiben immer die gleichen. Ergebnisse von Experimenten an Mäusen oder Fröschen können eben auch der Behandlung von Elefanten dienen...

## Die erste moderne Börse: Amsterdam

Nach der Tulpenkatastrophe in den dreißiger Jahren des 17. Jahrhunderts war das Schlachtfeld Börse mit Toten übersät. Langsam kehrte die Ordnung zurück, man vergaß die Tulpen. Die wenigen Überlebenden – es gab zum Glück welche – nahmen die solidere Spekulation mit Aktien der Indischen Kompanie, mit Pfeffer und Heringen wieder auf.

Die Indische Kompanie genoß die Freuden eines wolkenlosen Glücks, das zu Anfang des 17. Jahrhunderts eingesetzt hatte, als die ersten Grenzpfähle ihres Handelsimperiums abgesteckt wurden. Dieses erste organisierte Kolonialunternehmen war im Jahre 1602 gegründet worden. Seine Väter waren einige holländische Kapitalisten, die sich zu Herren des Überseehandels aufschwingen wollten. Bevor sie ihre Schiffe und ihr Vermögen den unbekannten Ozeanen anvertrauten, hatten sie den Berichten der Seefahrer aufmerksam gelauscht. Sie rüsteten ihre Segelschiffe so aus, daß sie in den Stürmen der südlichen Meere bestehen konnten. Um das notwendige Kapital aufzubringen, hatte jeder sein Scherflein beigetragen: vierundsechzig Tonnen Gold waren durch Subskription aufgebracht worden. Sie hatten sich auch das Handelsmonopol gesichert und besaßen auf den zahlreichen Inseln Ostindiens eine fast absolute Souveränität. Die Flotte der Kompanie kehrte vollbeladen mit kostbaren Gütern an die Amsterdamer Kais zurück: mit Gewürzen, Stoffen oder Porzellan, um die sich die Nachbarländer stritten.

### Die Indische Kompanie: ein Staat im Staate

Die allmächtige Kompanie blühte auf und wurde ein Staat im Staate. Bei den Streitigkeiten mit den Radschas und den Maharadschas verstand sie es geschickt, höhere Preise zu bieten und die Portugiesen zu vertreiben. In Amsterdam saßen die siebzehn Herren der Kompanie in ihrem prächtigen Palast um einen runden, mit schwerem Brokat bedeckten Tisch und erließen Gesetze wie vormals die Herrscher.

Nachdem sie jahrelang Reserven angelegt hatten und das Imperium der Kompanie fest verankert war, von den Gewürzinseln bis zum asiatischen Kontinent, von Batavia bis Kalkutta, von Java bis Madras, ließen sie die erste Gewinnverteilung zu. Die Gewinne stiegen, die Dividenden ebenfalls und auch der Aktienkurs: man verteilte bares Geld, Obligationen oder in manchen Jahren, nach Belieben der Kompanie und entsprechend den finanziellen Gegebenheiten auch Pfeffer oder Zimt.

England war beunruhigt über die souveräne Seemacht der Indischen Kompanie und über den Reichtum, der Holland zu einem gefährlichen Rivalen machte. Es versuchte, dieses Monopol zu brechen und den freien Wettbewerb wiederherzustellen, indem es eine englische »East India Company« gründete, der es jedoch nicht gelang, die holländische Gesellschaft zu entthronen. Es begann ein erbitterter Kampf der westlichen Großmächte, auf dem Lande, zur See und an der Börse. Wenn die holländische Indische Kompanie und die englische Indische Kompanie heute noch existierten, würden sie vielleicht fusionieren und mit anderen Gesellschaften in einem internationalen Mischkonzern aufgehen.

Die Spekulanten warteten auf Nachrichten von den Schiffen, während sie sich bei einer Partie Schach über den Hafenklatsch unterhielten und ihre Schokolade oder ihren Kaffee in den Wirtschaften am Kai oder in den Börsenklubs schlürften. Heute sitzen sie in den Kurssälen der Brokerfirmen oder Investmentclubs und warten gespannt auf die letzten Nachrichten, die auf dem Dow-Jones-Ticker erscheinen. Nur warten sie heute nicht mehr wochen- oder monatelang auf gute oder schlechte Nachrichten. Die kommen wie aus einem Maschinengewehr, hundert pro Minute.

Je nach den Frachtkosten stiegen oder fielen die Aktien der einen oder anderen Kompanie. Die eintreffenden Schiffsladungen wurden immer wertvoller und ließen noch bessere erwarten. Die Spekulanten wurden von Tag zu Tag aufgeregter.

## Havarie am Kap der Guten Hoffnung

Im Jahre 1688 kam es dann für die holländische Indische Kompanie zu einer Katastrophe, die auch für uns von besonderem Interesse ist, weil es der erste wirkliche »Aktien-Krach« war. Die Kompanie erwartete eine sehr wichtige Ladung. Die Hoffnung darauf ließ die Aktien einen Rekordkurs erreichen, wie sie ihn schon seit Jahrzehnten nicht erreicht hatten. Die Spekulation hatte sich mit Kassa- und Termingeschäften »auf Leben und Tod« engagiert. Zunächst trafen allerhand alarmierende Nachrichten ein. Die Flotte mußte infolge schwerer Havarien vom Kap der Guten Hoffnung nach Batavia zurückkehren. Einige Schiffe allerdings kamen in Holland

Blick in den Innenhof der Börse
von Amsterdam
um 1750

an. Doch die Waren wurden nur zu einem Gegenwert von 35 Tonnen Gold verkauft, während man gehofft hatte, einen Gegenwert von 50 Tonnen zu erzielen. Das Geschäft war an sich nicht schlecht, aber die Spekulation war bis aufs äußerste angespannt. Wenn ein Börsenwert Aussicht auf eine erhöhte Dividende hat, dann stürzen sich die Spekulanten auf diese Aktie. Wenn die Dividende zwar so hoch ist wie erwartet, kann der Kurs trotzdem aufgrund des »Fait accompli« fallen. Wenn die Dividenden jedoch nicht die erwartete Höhe erreichen, kann dies zum Funken im Pulverfaß werden: grenzenloses Mißtrauen löst das grenzenlose Vertrauen ab ...

Aus diesem Grund haben die kanadischen Uranbergwerke in den 50er Jahren das gleiche Schicksal erlitten. Trotz der Entwicklung der Atomwissenschaft stellten sich die erhofften Profite nie ein, und es bestand auch keine Aussicht, daß sich dies eines Tages ändern würde; die Spekulanten mußten ihre Illusionen teuer bezahlen. Die spektakulär hinaufgetriebenen Aktien der Uranbergwerke verloren bei dem Börsenkrach von 1957 ungefähr neun Zehntel ihres Wertes. Die Wunde war so tief, daß die kanadischen Börsen für lange Zeit ihre Dynamik einbüßten. Sie konnten trotz der Börsenhausse im Nachbarland, in Wall Street, das verlorene Gelände nicht zurückgewinnen. Ähnliche Gründe brachten anderen Spekulanten an der Pariser Börse den Ruin; man spiegelte ihnen ungeheure Gewinne bei der Erdölförderung in der Sahara vor. Die politischen Ereignisse in Algerien und die Nationalisierungen haben einen Strich durch ihre Hoffnungen gemacht.

Seit der Mitte des 17. Jahrhunderts ähnelte die Amsterdamer Börse in verblüffender Weise den modernen Börsen. Schon damals machte man Termin- und Optionsgeschäfte. Es gab Liquidationstage, Kompensationskurse, das Report- und Deportgeschäft, Haussekonsortien und Baissesyndikate. Amsterdam war der bedeutendste Markt für Staatsanleihen in Europa. Die Termingeschäfte, mit all ihren Feinheiten und Raffinessen, wurden an der Amsterdamer Börse geboren. Es gab Kursmakler und Verbindungsoffiziere zwischen den Maklern und der Kundschaft, die in den benachbarten Kaffeehäusern auf die Börsenergebnisse warteten. Gerüchte, falscher Alarm, alle Machenschaften, um die Kurse zu beeinflussen, existierten bereits und erlaubten den guten Strategen, aus Hausse und Baisse Nutzen zu ziehen.

Die Aktien der Indischen Kompanie, der Blickfang des Marktes, stiegen unablässig, um so mehr, als ein mächtiges Konsortium sie auf Hausse manipulierte. Die schlechte Nachricht über die Verzögerung der Rückkehr der Schiffe – es war eine an sich ungefährliche, eine simple schlechte Nachricht – kam bei dem allgemeinen Aufruhr zur unrechten Zeit. Unter den Opfern befand sich ein gewisser *José de la Vega*, Dichter, Philosoph und passionierter Spekulant. Er war der Sohn spanisch-jüdischer Flüchtlinge in Amsterdam (wie heute 100 000 Kinder von deutschen Flüchtlingen in New York). Sein Buch »Die Verwirrung der Verwirrungen«, das ich schon wiederholt gelesen habe, ist ein philosophisches Werk und eine Reportage zugleich. Es gibt ein getreues Bild der Amsterdamer Börse im 17. Jahrhundert. José de la Vega hatte dreimal durch Spekulation sein Vermögen gemacht und wieder verloren, und das beweist, daß er kompetent für sein Thema war. Ich bin wirklich davon überzeugt – wie gesagt –, daß jemand, der sich nicht mindestens zweimal an der Börse ruiniert hat, keinen Anspruch auf den schönen Titel »Spekulant« erheben kann.

Bei meinen zahllosen Abenteuern machte ich auch viele unglückliche Erfahrungen. Aber wie bei allen Börsianern sind auch meine Wunden schnell vernarbt. Kaum hat man einen Unfall hinter sich, so stürzt man sich schon mit neuen Plänen in die Schlacht.

Illusionen, Verdrießlichkeiten, Optimismus, Pessimismus, Überraschungen oder Überzeugungen, Geld oder Schulden ergeben zusammen das feine Räderwerk des sehr komplizierten Mechanismus der Spekulation. Ein Sandkorn genügt, um die ganze Maschinerie zum Knirschen und zum Stillstand zu bringen. Kurz und gut, Erwartungen und Enttäuschungen machen die Börsengeschichte. Das ist das ewige Schema der Spekulation, so weit man auch in der Geschichte zurückgeht.

## Londons Börse: Nervenzentrum eines unermeßlichen Reiches

Unberührt von den Katastrophen auf dem Kontinent erfreute sich England einer finanziellen Stabilität. Die Schulden der Krone wurden von den Engländern zwar als drückend empfunden, sie waren aber unbedeutend im Vergleich zu den an den spanischen und französischen Königshäusern. Andererseits hatte *Elizabeth I.* ihre Gläubiger nie durch Verleugnung ihrer Unterschrift betrogen. Es gab infolgedessen keine regen Geschäfte mit Staatsanleihen. Die Spekulation wandte sich, ähnlich wie in Holland, den Aktien der verschiedenen Handelskompanien zu.

In London gab es damals noch kein eigenes Börsengebäude, dafür aber eine Börsenstraße, die Straße der Lombarden (heute Lombard Street), seit dem Mittelalter eine Hochburg der Italiener, oder die Allee der Wechselgeschäfte im Herzen der City.

Im Jahre 1567 gab der Schatzkanzler Sir Thomas Gresham Königin Elizabeth einen sehr pessimistischen Bericht über die Antwerper Börse. Die Religionskriege verdüsterten den Horizont, der Finanzapparat der Niederlande war in Gefahr, in Unordnung geraten, und England war zwar eine Insel, aber dennoch nicht in Sicherheit, denn es war auf die anderen Länder angewiesen. (Die Geschichte wiederholt sich!)

### Anfang im Royal Exchange

Man brauchte eine eigene Börse, um das Königreich zu schützen, und so kam es, daß sich bald die grauen Mauern des Royal Exchange in der City erhoben, an der Ecke der Threadneedle Street, der berühmten Nadelöhrstraße, wo später auch die Bank von England ihren Sitz nehmen sollte.

Gresham hatte richtig gesehen. Es gibt keine liberale Wirtschaftsmacht ohne einen organisierten und geregelten Finanzmarkt. Also eine Börse. Dank des Royal Exchange konnten die Großkapitalisten ihr Geld in Staatsanleihen anlegen oder diese wieder zu Geld machen, wenn sie es brauchten. Seit der Gründung des Royal Exchange war die Londoner Börse das Nervenzentrum eines unermeßlichen Imperiums. Ja, vielleicht wäre dieses Imperium ohne sie gar nicht entstanden.

Es gibt kein Finanzzentrum ohne Parasiten, das heißt professionelle

Börsenspieler, denn die Möglichkeit der Spekulation lockt sie an wie das Licht die Motten. Die Zunahme der englischen Staatsschulden erhöhte den Umsatz in Staatsanleihen und lockte Spekulanten aller Art an. Allerdings ermöglichten es gerade die Spekulanten der Regierung immer wieder, neue Emissionen aufzulegen. Neben den großen Geldgebern, den Kaufleuten, die sich den Importen aus Indien widmeten, gab es eine Menge von Zwischenhändlern, kleinen Spekulanten und Maklern. Diese Leute stürzten sich wie wild auf die Geschäfte, bei denen ihre Kollegen in Amsterdam so erfolgreich gewesen waren.

Im Jahre 1666 hatte der König von England den Juden offiziell erlaubt, sich im Lande niederzulassen. Sie kamen in großer Anzahl von Holland herüber, um ihr Glück in London zu versuchen. Zu ihrem Reisegepäck gehörten alle Kniffe der Börsenwissenschaft. Bald machten sie Schule am Royal Exchange.

Die Aristokratie des Handels verabscheute die Neuankömmlinge und ihre englischen Nachahmer. Diese »Zugereisten«, die so laut sprachen, störten den Frieden ihres ehrwürdigen Börsenpalastes und sollten daraus vertrieben werden. So kam es, daß das Parlament ein Gesetz gegen sie erließ. Um den nunmehr legalisierten Schwierigkeiten zu entgehen, flüchteten sich die Broker, Jobber und ihresgleichen vom Royal Exchange in die gastlicheren Gefilde der benachbarten Kaffeehäuser. Hier florierten die Geschäfte; immer neue Gesellschaftsschichten interessierten sich für Effekten. Die Transaktionen überschritten bei weitem die Umsätze der Royal Exchange, das in seiner Entwicklung nachhinkte.

Die Mitglieder des Royal Exchange forderten die Vertriebenen, als sie deren Erfolg sahen, auf, zu ihnen zurückzukehren. Aber es war zu spät. Diese hatten sich bereits zu einer Vereingung unter dem Namen »Stock Exchange« zusammengeschlossen und organisierten den Effektenmarkt. Aus eigenen Mitteln erwarben sie das Gelände, auf dem sich hundert Jahre später das Gebäude des London Stock Exchange erheben sollte. Erfolg ruft Neid hervor. Pamphlete, Schmähschriften, Karikaturen machten die Runde, auf denen Makler und Spekulanten als Raubvögel dargestellt waren, die gewinnsüchtig das menschliche Elend ausschlachteten. Es herrschten allerdings lose Sitten, und die Mißbräuche waren zahlreich. Die großen Spekulanten verstanden es, die Karten durcheinanderzubringen und die kleinen durch Manipulationen auszubeuten.

*Sir Henry Furnese*, der Direktor der Bank von England, besaß ein ausgezeichnetes Nachrichtennetz. Sobald es eine wichtige Neuigkeit gab, sandten ihm seine Vertrauensleute auf dem Kontinent ihre Informationen mit Brieftauben. Wollte er dann kaufen, führten seine Agenten am Stock Exchange eine große Komödie auf. Mit gerunzelter Stirn und geheimnisvoller Miene liefen sie umher, als wären sie im Besitz einer schlechten Nachricht. Sie lenkten die Aufmerksamkeit auf sich, indem sie ein paar Verkaufsorders erteilten, und angesichts der hohen Stellung des Chefs wurde auch die kleinste ihrer Gesten belauert. Im Pokerspiel nennt man das »Mundbluff«, was eigentlich verboten ist. Alarmiert folgten die Spekulanten ihrem Beispiel, und durch die zahlreichen Verkäufe senkte sich der Preis. War sein Plan gelungen, kaufte er bei den nun tiefen Preisen. Schon damals bediente man sich eifrig falscher Gerüchte. Gegen Ende der Regierungszeit der Königin Anna hieß es plötzlich, die Königin sei tot. Dies löste eine allgemeine Panik aus, die Spekulanten verkauften um jeden Preis, es gab einen Kurssturz in Staatspapieren, die in zittrigen Händen waren. Damals raffte ein gewisser *Manasse Lopez*, ein hartgesottener Börsianer aus Amsterdam, und einige seiner Freunde die Papiere zu den niedrigsten Kursen zusammen. Am nächsten Tag ging es der Königin wieder gut, die Kurse stiegen und Lopez strich die Preisdifferenz ein.

Aber auch bona fide werden die Börsenkurse durch wechselnde Nachrichten gestört. Beim Attentat auf Sadat haben sich die Meldungen über dessen Ausgang alle 15 Minuten geändert. Dieses System wird auch heute noch häufig angewandt – ganz zu schweigen von den falschen Nachrichten, die von selbst in überreizten Gehirnen entstehen. Die Börse ist nicht nur das Opfer alarmierender Nachrichten, sie ist auch ihre Quelle. Man kann nie genau feststellen, ob die Kurse die Nachrichten machen oder die Nachrichten die Kurse. Sinken die Kurse aus irgendeinem Grund, dann brütet die Phantasie des Publikums auf der Stelle imaginäre Paniknachrichten aus.

Die beiden englischen Revolutionen hatten viel Geld verschlungen, und das Volk hatte die Kosten getragen. Es trug auch die Kosten der Kriege, welche die Herrscher mit mehr oder weniger Erfolg führten. Die Finanzminister verstanden es, immer neue Subsidien zu fordern, und für den Ruhm und die Größe Alt-Englands wurden ständig neue Anleihen emittiert. Sie vergrößerten die bereits sehr beträchtliche Schuldenlast des Landes.

Im Jahre 1716 wurde eine Staatsanleihe von 600 000 Pfund zu vier

Der Royal Exchange
in der City von London
um 1700

Prozent nicht voll gezeichnet. Der Zinssatz war viel zu niedrig, um Spargelder herauszulocken, denn die Spekulation auf dem Aktienmarkt machte durch ungleich einträglichere Operationen über Nacht aus Kutschern Millionäre.

Zweieinhalb Jahrhunderte später findet man bei Sparen dieselbe Mentalität. Die Aversion gegen Wertpapiere mit festen Erträgen war eine Zeit lang sogar noch stärker geworden. Der Grund dafür ist die ständige Geldentwertung.

Die Aktien bieten die Möglichkeit, an dem außerordentlichen Aufschwung der Weltwirtschaft teilzunehmen. Im Kielwasser dieser neuen Welle schwammen Ende der 60er, Anfang der 70er Jahre Seite an Seite mit der Boheme der Börse die kleinen Kapitalisten, Kirchen, Pensionskassen von Firmen, Gewerkschaften, karitative Anstalten, die früher die Zeichnung von Anleihen mit festen Erträgen vorzogen. Man gewann Geschmack an Aktien, die man früher für eine Sache der vulgären Spekulation gehalten hatte. Aus politischen, wirtschaftlichen und sonstigen Gründen hat sich diese Welle immer wieder mit kürzeren oder längeren Unterbrechungen wiederholt, und selbstverständlich gilt dies auch heute noch und wird sich stetig wiederholen.

## »Schwarzes Elfenbein«

Als die englische Regierung im Jahr 1711 offiziell die Gründung der »Kompanie der Südmeere« unterstützte, geschah dies vor allem, weil sie durch Anleihen zu festen Zinsen keine neuen Gelder mehr aufbringen konnte. (Genau wie es sich einige Male während der vergangenen Jahrzehnte wiederholt hat.) Mit dem Segen des Kanzlers, *Harley, Graf von Oxford*, ergaben sich die würdigen Gentlemen der City einem Handel, der in keiner Weise zum Sittenkodex des geistig hochstehenden 18. Jahrhunderts in Widerspruch stand: der Verschiffung »schwarzen Elfenbeins«, das heißt dem Sklavenhandel nach den spanischen und portugiesischen Kolonien in Südamerika. Der Gegenstand des Unternehmens wurde nicht verheimlicht, und die Aktien der Kompanie waren für die Sparer viel verlockender als die Anleihen der Regierung Seiner Majestät.

Unsere Zeit hat etwas Besseres gefunden als schwarzes Elfenbein: das schwarze Gold, die Erdölaktien, die jahrelang auf Sparer eine magische Anziehungskraft ausübten, und wovon einige Regierungen zu profitieren verstanden. So hat die französische Regierung die Gründung zahlreicher Erdölgesellschaften in der Sahara unterstützt. Sie konnte dadurch die Kapitalien im nationalen Kreislauf halten und so verhindern, daß sie in Devisen und ausländischen Wertpapieren angelegt wurden. Mit Emissionen neuer Staatsanleihen hätte sie dies nicht zustande gebracht.

Die »South Sea Company« verkaufte ihre Aktien für Millionen Pfund Sterling. Dann kaufte die »Company« mit den erlösten Millionen Staatsanleihen, die das Publikum nicht mehr aufgenommen hätte. Der Kaufpreis lag unter dem Nennwert, obwohl die Papiere zum Nennwert in die Bücher eingetragen wurden, so daß auf dem Papier ziemlich beträchtliche Gewinne zu verzeichnen waren, wodurch sich immer wieder Leichtgläubige verführen ließen. Das war auch bitter nötig, denn der Sklavenhandel selbst war nicht sonderlich einträglich. Angekettet in den Bäuchen der Schiffe, ertrug »die Ware« die Überquerung des Atlantiks schlecht. Wenn die Schiffe in den Häfen der Neuen Welt eintrafen, gab es Ausfälle, und »die Ware« war in schlechtem Zustand.

### »Das Spekulieren ist heut' Mod',<br>es macht's der Minister, der Patriot'«

Doch die Enttäuschungen zählten diesmal nicht. Die Euphorie war zu hochgepeitscht. Das Publikum wollte eben spekulieren und tat es über jede Erwartung hinaus. Der Bazillus der Spielsucht hatte die Engländer erfaßt, vom Herzog bis zum Lumpensammler. Die Aktien der »South Sea« stiegen rapide. Im Mai 1720 betrugen sie 500, im Juni 890, zwei Tage später 940. Sie stiegen dann weiter auf 1100 und sogar auf 2000. Das Beispiel wirkte ansteckend, und nach dem Muster der »South Sea« schossen Hunderte von Gesellschaften wie Unkraut aus dem Boden. Betrügerische Firmen entstanden, welche die lächerlichsten Geschäfte betrieben: angefangen beim Pferdehandel, der Einbringung von Strandgut an den gesamten irischen Küsten, der Verbesserung der Häuser auf allen englischen Inseln, der Herstellung von Rädern für das Perpetuum mobile bis zu grandiosen Unternehmen, bei denen man ganz einfach vergessen hatte, den Geschäftsgegenstand anzugeben.

Man stand Schlange, um Aktien für diese Gesellschaften zu zeichnen, die Luftblasen, »bubbles« genannt, wurden ein beunruhigender Name, der jedenfalls vorausahnen ließ, daß alles eines Tages platzen würde.

Der folgende Reim mag die damalige Stimmung verdeutlichen:

»Das Spekulieren ist heut Mod',
es macht's der Minister, der Patriot,
es macht's die Gräfin am Königshofe,
es macht's ihr Diener, es macht's die Zofe,
sie alle sind ganz versessen.«

Die großen Spekulanten ließen sich Doktoren nennen, die bescheideneren begnügten sich mit dem Titel Scholar...

Eines Tages platzte eine dieser kleinen unseriösen Gesellschaften, die ihren Verpflichtungen nicht mehr nachkommen konnte. Dies löste den Sturm aus. Man stellte mit Entsetzen fest, daß in diesen Blasen nur Luft, nichts als Luft war. Wie von einer ansteckenden Krankheit erfaßt, flogen sie fast alle auf. Die Aktien der großen »South Sea Company«, die beileibe kein Schwindelunternehmen war, wurden in das allgemeine Chaos hineingerissen und fielen ebenfalls zurück. Ein solcher Kurssturz vollzieht sich häufig unabhängig vom Geschäftsgang oder der finanziellen Situation einer Firma. Wenn die Kurse zu hoch gestiegen sind und eine gewisse, von der Vernunft diktierte Grenze überschritten haben, kehren sie meist auf die Erde zurück. Das ist ein Naturgesetz.

Die ganze Torheit des Südseeschwindels verursachte ebensoviel Verluste, wie sie Vermögen geschaffen hatte. Alle Angestellten der Gesellschaft spekulierten, und alle mußten die Folgen tragen. Man erzählte sich, daß selbst der Prinz von Wales vierzigtausend Pfund verloren habe und seinen Posten als Vorsitzender des Aufsichtsrates bei einer dieser anrüchigen Firmen erst in dem Augenblick niederlegte, als eine gerichtliche Untersuchung eingeleitet wurde.

Immerhin waren die »bubbles« nicht völlig nutzlos gewesen. Das Spekulationsfieber hatte wie eine Art Sauerteig auf das Wirtschaftsleben gewirkt. In dieser Epoche der Torheit begann die Entwicklung der Baumwollindustrie in Manchester, der Eisen- und Stahlindustrie im Gebiet von Birmingham. Der »South Sea Bubble« hat in England eine fruchtbare Saat hinterlassen. Aus ihr ging die industrielle Entwicklung des Landes hervor.

## Der Bernie Cornfeld des 18. Jahrhunderts: John Law

Während dieser Zeit spekulierte man auch in Frankreich, und zwar noch unvernünftiger und zudem mit weniger glücklichen Folgen. Für diese Spekulationswut dient häufig der Name des Schauplatzes, wo sie sich austobte: die Rue Quincampoix, in der seit Beginn des 18. Jahrhunderts die Bankiers ihre Kontore eingerichtet hatten. Musterschüler machen ihren Weg. *John Law* war ein für das Rechnen bemerkenswert begabter Schüler, und als großer Spieler und großer »Kombinator« hatte er in den verschiedensten Ländern, in denen er sich umtat, überaus gut verdient. Sein Name war zwar John Law, aber in Frankreich nannte man ihn kurzwegs Lass, aus einem optischen Fehler, da in der alten Druckweise w dem ss ähnelte. In Paris galt er als ein auf dem Gebiet der Bankgeschäfte, des Handels und der Währung überaus erfahrener Mann, und dies erweckte den Wunsch des Regenten, Onkel des minderjährigen *Ludwig XV.*, ihn kennenzulernen. Frankreichs Kassen waren leer, und dieser schlaue und liebenswürdige Schotte, der, wie die Damen am Hofe sagten, schöner war, als einem Mann eigentlich erlaubt ist, konnte sie vielleicht wieder füllen. Der Regent und der Schotte wurden die besten Freunde. Nachdem John Law durch königlichen Erlaß unbeschränkte Vollmacht für die Emission von Schuldverschreibungen erhalten hatte, gründete er die Nationalbank, die erste französische Bank im heutigen Sinne des Wortes.

Dann wandte er sich der Hochfinanz zu und rief die Mississippi-Gesellschaft ins Leben, die sich mit der Kolonisation von Louisiana, Handelsgeschäften und der Ausbeutung von Bodenschätzen befaßte.

### »Gebt uns Euer Geld, und wir machen Euch reich«

Neben seinen theoretischen Fähigkeiten als Finanzmann war Law ein hervorragender Psychologe, der es verstand, die Lust am Gewinn zu wecken. Er war der erste, der begriff, wie man ein Nichts in Erfolg verwandelte, wie man alle Schichten des Volkes dafür gewinnt, große Mengen von Wertpapieren zu zeichnen. In diesem Zusammenhang kann ich nicht umhin, an den Slogan der IOS in den 60er Jahren zu denken: »Gebt uns Euer Geld, wir machen Euch reich.«

Langsam heizte Law die Spekulationen an, bis sie den Siedepunkt erreicht hatten und über jede Kontrolle hinwegsprudelten. In den Werbeschriften der Mississippi-Gesellschaft waren die Reichtümer dieser neuen Gebiete überaus anziehend beschrieben: Berge von Gold und Silber in idyllischen Landschaften. Kolorierte Stiche zeigten, daß der Traum des harmlosen Eingeborenen lukrative Wirklichkeit geworden war: gegen einen Schluck Schnaps oder drei Glasperlen tauschten die Wilden ganze Klumpen feinen Goldes ein.

Diese meisterhaft dirigierte Werbekampagne hatte einen Strom von Kapital in die Rue Quincampoix geleitet. Die Kompanie legte immer neue Aktien auf, die Hoffnung auf Hausse wurde sorgsam und ständig genährt. Die Plätze in den Postkutschen nach Paris, wo man die Aktien des Monsieur Law kaufen konnte, wurden schon Monate im voraus bestellt. Ein kleiner Buckliger verdiente ein Vermögen damit, daß er seinen Höcker als Schreibunterlage anbot. Einige Damen am Hofe schreckten nicht vor den ungewöhnlichsten Mitteln zurück, um Aktien zu erhalten. Innerhalb von drei Wochen wurden 300 000 Aktien auf den Markt geworfen, und sie waren vergriffen, bevor die Tinte getrocknet war. (War es nicht dasselbe bei den IOS- und vielen anderen Aktien?)

Die Dividenden, welche Laws Papiere einbringen konnten, waren uninteressant, jeder rechnete nur mit dem Kursgewinn, der bis zum Zwanzigfachen des Emissionspreises betrug. Im Dezember 1719 wurde der Rekord gebrochen. Die Aktien erreichten den Kurs von 18 000 Pfund, was dem sechsunddreißigfachen ihres Nominalwertes entsprach. Ganz Europa blickte gespannt auf dieses aufregende Schauspiel. In gelehrten Abhandlungen diskutierte man über Laws System, das sich aber in Nichts auflöste, bevor alle Überlegungen zu Ende gedacht waren. Es genügte außerdem, einen Bleistift zur Hand zu nehmen und die Dividenden auszurechnen oder sich die Frage zu stellen, ob es überhaupt eine Aussicht auf Dividenden oder Jahresgewinne gab. (Wer nimmt aber schon einen Bleistift in die Hand? Die Hartgesottenen!)

## Panik in der Rue Quincampoix

Da und dort wurden ein paar Verkäufe getätigt, und schon begann die Auflösung. Trotz seiner verzweifelten Bemühungen gelang es Law nicht, die Panik aufzuhalten. Die Aktien rutschten unaufhaltsam ab. (Eine

Hausse kann auch ein Rothschild machen, eine Baisse aber nie verhindern, war ein Spruch an der Wiener Börse.) Im Oktober 1720 hatten sich die 18 000-Pfund-Aktien festgefahren, sie waren unverkäuflich geworden und auf 40 Pfund gefallen. Noch immer stand man den ganzen Tag hindurch in der Rue Quincampoix Schlange. Jetzt aber, weil man sein Geld zurückhaben wollte. Dramatische Szenen lösten den Jubel ab.

»Alle, die vor sechs Wochen reich waren, sind heute arm. Law hat den Staat umgestülpt wie ein Kleiderhändler einen Mantel«, schrieb *Montesquieu* schockiert über den Skandal.

Als gebrochener Mann und mit leeren Taschen mußte John Law Paris bei Nacht und Nebel verlassen, denn es bestand die Gefahr, daß die Menge ihn lynchen würde. In größter Armut und verlassen ist er 1729 in Venedig gestorben. Seine Gebeine wurden rund 100 Jahre später von seinem Neffen in die Kirche San Moisè in Venedig gebracht, wo sie noch heute unter einem Stein liegen. Ich versäume auch nie, wenn ich mich dort befinde, auf sein Grab ein kleines Blumensträußchen zu legen.

John Law war sicherlich ein Spekulant und Spieler großen Stils, aber ein Betrüger war er nicht. Er ist das Opfer seines Freundes, des Regenten, geworden, der für seinen Haushalt immer mehr Geld forderte, das er liefern mußte. Der typische Fall der Banknoteninflation, wenn die Regierung von der Notenbank ungedeckte Kredite fordert.

Das Schicksal von *Bernie Cornfeld und Co* (IOS, Gramco etc.) ist bisher weniger dramatisch verlaufen. Sie leben auch heute noch in Luxus, und Herr Cornfeld protzt manchmal in einem Interview in Hollywood, daß er sein Privatvermögen noch immer auf 40 bis 50 Millionen Dollar schätze. Und das alles auf Kosten der kleinen Sparer. Erstaunlich bleibt nur, daß es bis heute auch nicht zum kleinsten Zwischenfall mit einem seiner Opfer gekommen ist. Die Chuzpe dieser Fondsherren und die Dummheit der kleinen Sparer sind wahrlich nicht zu überschätzen.

## Die Pariser Börse im 19. Jahrhundert

Um in Zukunft ähnliche Katastrophen zu vermeiden, wurde 1724 in Paris die Börse offiziell durch ein Dekret ins Leben gerufen. Doch während der folgenden unruhigen Zeiten irrte sie heimatlos auf der Suche nach einem eigenen Gebäude umher.

In der Rue Quincampoix, die von allen wie die Pest gemieden wurde, wurden die Geldgeschäfte untersagt, und man ließ sogar eine Wache aufziehen. Auch die Place Louis le Grand, die heutige Place Vendôme, mußte aufgegeben werden, weil der Lärm der Börsianer den *Kanzler d'Aguesseau* störte, der dort wohnte.

Die heimatlose Börse flüchtete sich in die Gärten des Hôtel de Soissons, wo heute die Warenbörse untergebracht ist. Der Grundstückseigentümer vermietete sehr teuer etwa hundert Holzbaracken, die den wie Kaninchen eingepferchten Börsenmaklern als Obdach dienten. Die Geschäfte wurden von sieben Uhr morgens bis sieben Uhr abends abgewickelt, und es ging dabei bald so lebhaft zu, daß ein königliches Dekret sie verbot, wobei zum erstenmal der Ausdruck »bourse« verwendet wurde.

Das Palais Mazarin, die heutige Nationalbibliothek, war die nächste Etappe bei diesen stetigen Umzügen. Die riesigen Säle und Galerien boten den Maklern und Spekulanten eine weit geräumigere Unterkunft. Aber erst im Jahre 1826 entstand die heutige Börse, ein griechischer Säulentempel von der gleichen Farbe wie die alten Kupferdächer von Paris, entworfen von dem Architekten *Brongniart*. Die gigantischen Börsenskandale um den »South Sea Bubble« und die »Mississippi-Kompanie« waren noch in guter Erinnerung. Sie wirkten noch lange nach. Die Folge war eine tiefe Abneigung gegen die Spekulation, gegen Aktien, die fast ein halbes Jahrhundert anhalten sollte.

## Auf dem Weg zur ersten industriellen Revolution

Die Napoleonischen Kriege verliehen dem Londoner Stock Exchange wiederum einigen Glanz, und zwar durch die Initiative der Rothschilds, der halboffiziellen Bankiers der englischen Regierung, die zahlreiche Anleihen zur Finanzierung der Kriegszüge herausbrachten. *Die Rothschilds* machten sich während des 19. Jahrhunderts dadurch einen Namen, daß sie zuerst die Geschäfte mit englischen Staatspapieren und anschließend mit Staatspapieren aller Länder belebten. Man nannte sie die *»Bankiers der Könige und die Könige der Bankiers«*.

Die Spekulation hat ihre Lieblingsobjekte. Sie wird vom Geschmack des Tages beeinflußt wie auch von den jeweiligen politischen Ereignissen. Die Kolonisierung von Louisiana war der Auftakt zur Spekulation mit den Aktien der Mississippi-Kompanie gewesen. Die Auflösung der spanischen Kolonien in Amerika im ersten Viertel des 19. Jahrhunderts löste an der Londoner Börse ein neues Spekulationsfieber aus.

### Sirenengesänge von Edelsteinen und kostbaren Metallen

Jede ehemalige spanische Kolonie machte ihre »Lehrzeit« der Freiheit durch. Die Einbildungskraft entzündete sich von neuem an den phantastischen Reichtümern in Übersee, diesmal an den vom spanischen Joch befreiten Reichtümern. Wieder ließ man sich durch den Sirenengesang von Edelsteinen und kostbaren Metallen einlullen. Es ging um Kupfer, Silber und Zinn. Zahlreiche »Mercadets«, Vorbilder für Balzacs Börsenspieler, tauchten auf. Mit Hilfe der Aktiengesellschaften sollten die neuen Quellen des Reichtums der Börse zugeführt werden: Bergwerksgesellschaften in Chile, Perlenfischereien in Kolumbien, Silberminen in Peru, Kupferminen in Mexiko. Schon der exotische Anhauch dieser Unternehmen lockte Tausende von Leichtgläubigen an. Die großen Hoffnungen endeten wieder mit großen Enttäuschungen.

Vor einigen Jahren ergriff ein ähnliches Spekulationsfieber für die Börsen Kanadas, Australiens, Singapurs und Hongkongs die europäischen Sparer und Börsenspieler. Schöne Prospekte und zahlreiche Tips lockten das Publikum an. Aber zahlreich waren auch die Enttäuschungen, denn die Bodenschätze sind zwar sicherlich vorhanden und bieten abenteuerlustigen Unternehmern große Chancen. Doch sind die Art und Weise der Betriebsführung, der Weg, auf dem die Aktien zur Börse kommen und die Art, wie sie dem Publikum angedreht werden, betrügerisch.

Die frisch aus dem Ei geschlüpften lateinamerikanischen Regierungen hatten es durchaus nicht eilig, ihre Anleihen zu honorieren. Die Firmen arbeiteten ohne jeglichen Gewinn, und von Dividenden war keine Rede. So kam es im Oktober 1825 zu einem neuen Börsenkrach.

### Die Spekulation: Motor der industriellen Entwicklung

Er war kaum vergessen, da machte sich die Spekulation schon an neue Objekte heran. Die Erfindung der Dampfmaschine, des mechanischen Webstuhls, der Lokomotive gaben ihr einen ungeahnten Auftrieb. Die neuen mechanischen Wunderwerke reizten die Phantasie, verzauberten die Vorstellungskraft und brachten Leute zum Spekulieren, die früher nie daran gedacht hatten. Die Spekulation wirkte stimulierend auf die Erfindungen. Sie förderte ihren Einsatz in der Praxis, und so wurde sie zum Motor der industriellen Expansion. Der Kapitalismus des 19. Jahrhunderts war geboren.

Die Spekulation hatte die Möglichkeiten der neuen Erfindungen richtig eingeschätzt, zum Beispiel auf dem Gebiet der Eisenbahnen. Aber sie irrte sich im Rhythmus dieser Entwicklung.

Der gleiche Irrtum wiederholt sich übrigens immer wieder in der Geschichte der Börse, und zwar jedesmal, wenn eine neue Industrie geboren wird, wenn wir von einer Welle zur anderen getragen werden. Wir finden die gleichen Übertreibungen gegen Ende des 19. Jahrhunderts bei den Goldminen, zu Beginn des 20. Jahrhunderts hinsichtlich der Automobil- und der Erdölindustrie, auf dem chemischen und pharmazeutischen Sektor und in der Elektronik- oder Computerindustrie.

Die industrielle Entwicklung vollzieht sich in großen Bewegungen. Diese schnellen nach vorn und fallen wieder zurück, aber niemals wieder zurück zu ihrem ursprünglichen Ausgangspunkt. Es handelt sich um gewaltige Zickzackbewegungen mit steigender Tendenz.

Bei jedem industriellen Aufschwung entsteht eine große Zahl von Unternehmen, und bei jedem Rückgang verschwinden wieder diejenigen, die nicht lebensfähig sind. Doch die Durchschnittskurve steigt kontinuierlich, die Industrie entwickelt sich mehr und mehr. Dieser Mechanismus wirkt wie ein Sieb. Eine große Zahl von neuen Industrien überlebt ihre Kinderkrankheiten nie. Wie viele Automobilgesellschaften sind an ihren Verlusten erstickt, bis General Motors, Ford und Chrysler (und sogar heute gibt es wieder große Probleme für das einmal so blühende Unternehmen) ihre heutige Größe erreichten! Wie viele Erdölgesellschaften sind von der Bildfläche verschwunden, bevor die British Petroleum, Standard Oil, Royal Dutch und andere ihre internationale Dimension erreichten!

Bevor diese Aussiebung stattfindet, macht die Börse eine Periode der Hysterie durch, die Kurse bewegen sich unkontrollierbar im Zickzack, herauf, herunter, herauf, herunter. Man stelle sich einen Mann vor, der mit seinem Hund eine Straße entlanggeht. Der Mann geht gleichmäßig weiter, das ist die Industrie. Der Hund stürmt vorwärts, springt hierhin und dorthin, kommt zu seinem Herrn zurück, läuft wieder davon und kommt wieder zurück. Sein Weg stellt die Bewegungen der Wertpapiere dar. Beide kommen voran, der Herr und der Hund. Schließlich erreichen sie gemeinsam das Ziel ihres Spazierganges. Während der Mann einen Kilometer zurückgelegt hat, ist der Hund den gleichen Weg drei- oder viermal hin- und zurückgelaufen. So ähnlich bewegen sich die Kurse an einer in Unordnung geratenen Börse. Sie machen zwei Schritte voran und einen Schritt zurück und begleiten die industrielle Expansion.

## Leidenschaft für Börsengeschäfte = Leidenschaft für den Fortschritt

Die Entwicklung der Eisenbahnen brachte eine wahre »Eisenbahnmanie«. Sie hielt die Londoner Börse, alle europäischen Börsen und später die der Vereinigten Staaten in Atem. Die befriedigenden Ergebnisse der ersten Jahre zogen das Publikum an. Ermutigt durch den niedrigen Eisenpreis, spekulierte man auf den Ausbau des Schienennetzes. Die Leidenschaft für Börsengeschäfte war auch eine Leidenschaft für den Fortschritt.

Im September 1844 bewilligte das britische Parlament neunzig Projekte für neue Eisenbahnlinien. Niemand kümmerte sich darum, ob diese Projekte auch rentabel waren. Man spekulierte hemmungslos mit Aktien, nur um des Spieles willen und ohne die Geschäftsergebnisse der Gesellschaften in Rechnung zu ziehen. Man kaufte die Aktien nur, um sie schnell wieder zu einem höheren Kurs loszuwerden. Man kann fast sagen, daß die Eisenbahn gebaut wurde, um mit dem Eisenbahnbau zu spekulieren.

Diese Spekulation hörte nicht auf, bis man eines Tages feststellte, daß – wie schon bei anderen Börsenkatastrophen – die Gewinne der neugegründeten Gesellschaften ein so unvernünftiges Spiel nicht rechtfertigten und die Kurse abzubröckeln begannen. Als sich *König Louis Philippe* im Jahre 1848 durch eine Hintertür heimlich aus dem Tuilerien-Palast in Paris davonstahl, war es die Pariser Börse, die den Stoß als erste spürte. Er wirkte sich auch auf die Nachbarländer aus. In ganz Europa wackelten die Kronen auf den Fürstenhäuptern, die Kurse fielen an den Börsen.

Nach dem Staatsstreich von *Louis Napoléon (Napoléon III.)* begann eine neue Ära. Das patriotische Schlagwort lautete: Das Kaiserreich ist der Friede. Der wirtschaftliche Unternehmergeist erreichte seinen Höhepunkt, es war die große Zeit, in der Banken, Kreditinstitute und Immobiliengesellschaften gegründet wurden.

Die Entdeckung von Gold in Kalifornien und in Australien stachelte die Spekulation an. Man glaubte, Gold mache reich, da genüge schon die Tatsache, daß es sich um Gold handle. Viele Unternehmen befaßten sich ausschließlich mit dem Spiel an der Börse, ohne produktiv zu wirken. (Heute würden sie alle in den Kurssälen der Broker sitzen.)

Das in den kalifornischen Goldminen geförderte und aus dem Sand der australischen Flüsse herausgesiebte Gold trat seinen Weg in die Keller der Notenbanken an, um dort einen Dornröschenschlaf zu halten. Es schuf neue Möglichkeiten der Spekulation und vergrößerte ihren Umfang, ohne den Reichtum der Menschheit aktiv zu mehren.

# Schwarzer Freitag 1869: Börsenkatastrophe in New York

Gerade dieses Gold wurde an dem berühmten Freitag, dem 23. September 1869, Anlaß einer tragischen Katastrophe an der New Yorker Börse. Wie in jeder unruhigen Zeit war auch während des amerikanischen Bürgerkrieges der Papierumlauf stark angeschwollen und bewirkte eine gewisse Inflation in Papierdollars, den sogenannten »greenbacks«.

Unter Führung von *Jay Gould* und seinem Genossen, *Jim Fisk*, wurde in der Wall Street ein Syndikat gegründet, das einen prächtigen Börsencoup vorbereitete. Beide hatten bereits eine Reihe anrüchiger Eisenbahngeschäfte auf dem Gewissen, und um ihr Ziel zu erreichen, war ihnen jedes Mittel recht – selbst ein Dolchstoß in den Rücken. Mit Bestechungsgeschenken aller Art, bis hinauf zum Schwager des Präsidenten, *General Ulysses Grant*, war es ihnen gelungen, den Augenblick hinauszuzögern, in dem die amerikanische Regierung Gold auf den Markt werfen würde, um den Dollar zu stützen. (Wird diese Möglichkeit heute nicht auch immer besprochen?)

Gould und Fisk kauften zuerst Gold auf eigene Rechnung, dann erteilten sie etwa zwölf Brokern den Auftrag, Provokationskäufe zu tätigen, um den Preis des gelben Metalls in die Höhe zu treiben. Angesichts der ständig steigenden Kurse war jeder von der Psychose ergriffen, Gold gegen Kasse und auf Termin zu kaufen, und die Atmosphäre verwandelte sich in eine Haussepanik in Gold sowie eine Baissepanik für den Dollar. Diese Hysterie um den Goldpreis parallel zu den Dollarkursen haben wir in den vergangenen zehn Jahren mehrmals erlebt.

## Ein Pearl Harbour der Börse

Am 23. September traf ein Telegramm vom Kabinett des Präsidenten Grant ein mit der Ankündigung, daß eine Intervention der Regierung unmittelbar bevorstünde: »Die Regierung wird eine große Menge Gold auf den Markt werfen, um den Dollar zu stützen.« Gould und Fisk fuhren kaltblütig fort, durch ihre üblichen Broker soviel Gold wie nur möglich kaufen zu lassen, und gleichzeitig stießen sie heimlich das ganze Gold ab, das sie besaßen. Sofort nach Eingreifen der Regierung begann der

Goldpreis abzubröckeln, stürzte dann rapide, und abends war die Katastrophe da. Die Verwirrung war vollkommen, denn zu den Verlusten, die das Publikum erlitt, kam noch, daß Gould und Fisk sich weigerten, die riesigen Goldmengen abzunehmen, die ihre eigenen Makler aufgrund ihrer mündlichen Orders gekauft hatten. Die Clique Gould-Fisk leugnete eiskalt, diese Aufträge erteilt zu haben, ohne sich um das Schicksal ihrer Beauftragten zu kümmern. Fast alle mußten ihre Zahlungen einstellen, was eine Kette von Bankrotten auslöste. Am Ende des Tages wußte niemand mehr, wer zahlungsfähig war und wer nicht. Jay Gould, Jim Fisk und die ganze Gold-Clique strichen händereibend ihren Gewinn ein, während ihre Makler an den Bettelstab gebracht waren. Durch Eingreifen von Regierung und Großbanken konnte ein derartiger Wirrwarr bei dem Hunt-Silber vor wenigen Jahren verhindert werden.

Dieser Sommertag des Jahres 1869 bleibt in der Geschichte der Wall-Street als der Tag der Gemeinheit in Erinnerung, als das Pearl Harbour der Börse. Das hinderte Gould nicht, mit ebensoviel Unverfrorenheit und Erfolg seine betrügerischen Machenschaften bei den Eisenbahnen fortzusetzen. Auf ihn angewandt, könnte man den Ausdruck Gangstertum in Bankstertum abwandeln.

Ähnliche maßlose Goldspekulationen, die für manche Beteiligten mit einer Tragödie endeten, spielten sich seit 1926 einige Male ab. 1926 zum Beispiel gewann Ministerpräsident *Poincaré* die Schlacht um den französischen Franc. 1980 brach der Gold- und Silbermarkt zusammen, als das Gold von 850 auf 600, das Silber von 50 auf rund unter sieben fielen. Nur sind die europäischen Börsensitten grundverschieden von denen im amerikanischen »Wilden Westen« jener Zeit. Es gibt einen Ehrenkodex, der zur Bestrafung eines Sünders führt. Die Spekulanten hatten gegen den Franc gespielt, verloren und mußten bezahlen.

Szene im Goldraum der New Yorker Börse
während der Katastrophe
am 24. 9. 1869

## Rückblick ins 19. Jahrhundert: die Gründerzeit

Doch kehren wir zurück ins 19. Jahrhundert. Die wirtschaftliche Entwicklung in Europa schritt mächtig voran, zeitweise sprungartig, zeitweise durch Hindernisse gehemmt, je nach den Ländern und den jeweils aktuellen Ereignissen. In Deutschland nannte man diese Phase die Gründerzeit. Damals wurde der Industriekapitalismus geboren, es entstanden die Immobiliengesellschaften und die großen Finanzinstitute wie die D-Banken. Deutschland erfreute sich einer großen Prosperität. Die fünf Milliarden Goldfranc Kriegsentschädigung nach der französischen Niederlage von 1871 hatten zur wirtschaftlichen Entfaltung beigetragen.

Damals begann auch in Österreich-Ungarn der Aufstieg neuer sozialer Schichten. Sozialreformen wurden unumgänglich, sie wurden von den Linksparteien und dem mit unheimlicher Kraft aufsteigenden Sozialismus gefordert. Wiederholte Lohnerhöhungen beschnitten die Gewinne der Unternehmen, und 1873 war der Gefahrenpunkt erreicht. Der Börsenkrach in Wien brach in einem Augenblick aus, da niemand ihn erwartete. Die Liste der Selbstmorde wurde immer länger, ob es echte oder unechte Selbstmorde waren, bleibt dahingestellt; denn einige ruinierte, aber sehr raffinierte Spekulanten verschwanden unter Hinterlassung alter Kleidungsstücke am Donauufer rechtzeitig von der Bildfläche.

Von Wien aus schlug die Welle rasch über die Landesgrenzen hinaus, sie erreichte ganz Deutschland, von München bis Hamburg, von Stuttgart bis Danzig. Der Börsenkrach von 1873 ist ein Meilenstein in der Geschichte der Finanzen und der Spekulation, ein Meilenstein der Zahlungsunfähigkeit, der Selbstmorde, der Tränen und des Zähneknirschens.

Doch die lebendigen Kräfte des Jahrhunderts gewannen bald wieder die Oberhand. Die Wunden verheilten rasch, die Zeit blieb nicht stehen. Die Nachrichtenübermittlung machte Fortschritte, Dampfschiffe, Eisenbahnen, Unterseekabel webten ein immer dichteres Netz um die ganze Erde. Dank des Suezkanals rückte der Orient näher an Europa.

### Schatzkammer der Königin von Saba?

Gegen Ende des 19. Jahrhunderts, jenes Jahrhunderts, in dem so viel geschehen war, glaubte man, der Traum der goldsuchenden Menschheit habe sich erfüllt. Man weiß nicht, wer als erster die Goldminen in Transvaal entdeckt hat, aber man bildete sich ein, die Schatzkammer der Königin von Saba gefunden zu haben. Die Illusionen waren groß und die Schwierigkeiten zu Anfang zahlreich: Mangel an gelernten Arbeitern, hohe Materialpreise, besonders für das im Bergbau unerläßliche Dynamit, Transportschwierigkeiten, Diebstähle durch die Arbeiter etc. Aus dem Lager der Golddiggers wurde bald eine prunkvolle Stadt, Johannesburg, das *Cecil Rhodes* zum Gibraltar der Finanzen machen wollte. Das Gold war kein Hirngespinst, es war wirklich da, es brauchte nur gefördert zu werden, und seine Existenz bewirkte einen neuen Boom. Wieder floß Kapital der englischen Börse zu, obwohl es noch nicht so lange her war, daß die Enttäuschungen mit den südamerikanischen Wertpapieren die Atmosphäre merklich abgekühlt hatten. Eine Reihe neuer Gesellschaften wurde gegründet, wieder begann der Reigen der Spekulation. Man war vom Gold hypnotisiert wie früher die Alchimisten. Vermögen wurden im Handumdrehen erworben. Ein ehemaliger Zirkusclown, *Barney Barnato*, war der Dirigent dieses allgemeinen Aufruhrs. Ohne Unterschied wurden alle auf den Markt geworfenen Aktien vom Publikum aufgenommen.

Kaum war eine Gesellschaft gegründet, erhöhte man schon ihr Kapital, und die neuen Anteilscheine waren noch nicht vollständig gezeichnet, da bereitete man schon wieder neue Kapitalerhöhungen vor. Die 1867 gegründete Limpopo Minig Company fand bald Hunderte von Nachahmern. Die Deutschen hatten sich in das Spiel eingeschaltet, und das Geld aus Deutschland ergoß sich auf den Markt, einen Markt, der dieses Kapitals eigentlich gar nicht bedurfte. Die Franzosen wurden von der Goldleidenschaft besonders ergriffen und steckten Millionen in die Spekulation. Die französischen Sparer haben ihr Kapital immer gern für die Erschließung von Bodenschätzen zur Verfügung gestellt, ob es nun die Goldminen von Witwatersrand in Transvaal, die Kupferbergwerke in Rhodesien und Spanien, die Erdölvorkommen in der ganzen Welt oder auch Uranbergwerke waren. Damals handelte es sich um Gold, das in Frankreich seit eh und je fast wie ein geheiligter Fetisch behandelt wird. Man erzählte sich die verschiedensten Anekdoten. Der Londoner Bankier *Beit* schickte seiner in Hamburg wohnenden Mutter ein kleines versiegeltes Paket, das Aktien enthielt. Im Begleitbrief erklärte er ihr – unter dem Siegel der Verschwiegenheit –, daß die Aktien bald um das Zehnfache steigen würden. Aber sie dürfe unter keinen Umständen das Paket öffnen, bevor sie von ihrem Sohn grünes Licht erhalten habe.

Der Bankier rechnete mit der weiblichen Neugier und der Gutmütigkeit seiner Mutter. Sie konnte sich natürlich nicht zurückhalten, öffnete das Paket, und bei einer Tasse Tee erzählte sie die Geschichte »nur« ihren besten Freundinnen, die wieder nichts Eiligeres zu tun hatten, als sie ihren besten Freundinnen weiterzugeben . . . In Windeseile durchlief der Tip die ganze Stadt, natürlich immer unter dem Siegel der Verschwiegenheit. Und ein paar Tage später kaufte ganz Hamburg in London alle Aktien auf, die der Bankier Beit nicht losgeworden war.

Im Sommer 1895 erreichte diese Spekulationswut ihren Zenit. Die Kurse gerieten außer Rand und Band. Die Aktien des »Coronation Syndicate« stiegen innerhalb weniger Wochen von 10 auf 2000 Pfund. Es handelte sich dabei nicht einmal um eine Bergwerksgesellschaft. Die Tätigkeit des »Coronation Syndicate« bestand lediglich darin, andere Firmen auf die Beine zu stellen und zu finanzieren. Die Finanzierungsgesellschaften, die diesen ganzen Wirbel ausgelöst hatten, waren nun nicht mehr im mindesten daran interessiert, den Markt aufrecht zu erhalten. Ihre Papiere waren plaziert.

## Ein Windhauch verwehte den Traum

Das Gebäude war so baufällig, daß der kleinste Windhauch genügte, um es zum Einsturz zu bringen. Der Anlaß war unauffällig, man wußte kaum, wie es eigentlich geschah.

Was war der Grund? Vielleicht waren es die enttäuschenden Schürfungsergebnisse einer Gesellschaft oder die Arbeitsunterbrechungen einer anderen, oder vielleicht auch politische Schwierigkeiten. Im Grund ist dies gleichgültig, denn es hätte sich unter allen Umständen ereignet, da sich der Markt in der dritten Phase der Aufwärtsbewegung befand. Irgendein Ereignis konnte also den Todesstoß versetzen. Die Aktien verloren neun Zehntel ihres Wertes, und ungezählte Firmen verschwanden.

Aber manche Gesellschaften kamen um diese Klippe herum. Sie bereiteten ihren Aktionären angenehme Überraschungen. Seit mehr als fast einem Jahrhundert werden regelmäßig ansehnliche Dividenden gezahlt, neue Vorkommen abgebaut und weitere Gebiete für die Ausbeutung erschlossen.

Die Spekulation in südafrikanischen Goldminen flackert hie und da wieder auf, dank der hysterischen Spekulation in Goldpreisen und auch wegen der Inflationserwartung. Sie hat in den 70er Jahren eine besondere Performanz errungen. Jedenfalls war die Spekulation in den Minenwerten immer noch interessanter als jene in dem gelben Metall selbst. Mein Abenteuer diesbezüglich habe ich ja schon erzählt.

## Gründung des Federal Reserve Systems

Ende des 19. Jahrhunderts verlangsamte sich das Tempo der wirtschaftlichen Entwicklung in Europa ein wenig. Die Vereinigten Staaten liefen aber noch auf vollen Touren. Im ganzen Land herrschte eine phantastische Prosperität. Die riesigen Trusts lieferten sich erbitterte Kämpfe, und eine verrückte Spekulation hielt Wall Street in Atem. »Der Markt wird durch einige reiche Übeltäter gestört«, sagte *Präsident Theodore Roosevelt.* Damals gab es noch kein wirksames Banksystem, das geeignet gewesen wäre, den Geldmarkt in Schach zu halten. Alle verfügbaren Geldmittel wurden von der Spekulation aufgesaugt. Man zahlte jeden Zinssatz, denn solange die Hausse dauerte, konnte man seinen Einsatz drei- bis viermal einstreichen. Diese Situation war ein Hindernis für den wirtschaftlichen Fortschritt, denn Handel und Industrie verfügten nicht mehr über das nötige Kapital, das von Wall Street verschluckt wurde.

Als ein Journalist den alten *John Pierpont Morgan* fragte, wie lange die Hausse dauern würde, gab dieser zur Antwort: »Ich weiß nicht, junger Mann, aber wenn die Leute erkannt haben, daß man nicht mit Geld zu 125 Prozent pro Jahr spekulieren kann, dann wird alles zusammenkrachen.«

Morgans Antwort schlug wie ein Blitz ein. Die Leute, die noch am Vorabend keinen Gedanken an die Zinsen verschwendet hatten, die sie die Spekulation kostete, nahmen eine Feder zur Hand und rechneten. Und wie immer wollten auch diesmal alle Beteiligten zur gleichen Zeit durch die gleiche Tür. Zuerst verkauften die Leute ihre mit Bankschulden belasteten Aktien. Es folgten diejenigen, deren Aktien voll bezahlt in ihren Kassenschränken lagen, und dann kamen noch diejenigen, die ihre Papiere zu jedem Preis verschleuderten. Geschickten Manipulationen von Morgan, der rechtzeitig den Markt wieder flüssig machte, ist es zu danken, daß Wall Street nicht vollständig zugrunde ging.

Dieser Börsenkrach hatte übrigens eine wichtige Folgeerscheinung: die

Gründung des Federal Reserve System. Dieses Netz von Notenbanken hat seither dazu beigetragen, kleinere Krisen einzudämmen und die Schwierigkeiten der Übergangszeit nach dem Ersten Weltkrieg zu überwinden. Dann ging die Geschichte der Wall Street ohne große Aufregungen weiter bis zu einem neuen tragischen Meilenstein: 1929.

# Vom Saulus
# zum Paulus

# Die unruhigen 20er Jahre der westlichen Welt

Wie die Entdeckung Amerikas oder die Französische Revolution hat die amerikanische Wirtschaftskatastrophe 1929 das Gesicht der westlichen Welt und ihre soziale Struktur vollständig verändert. Sie geistert noch heute wie ein Gespenst durch unser Leben. Für eine ganze Generation wurde das Jahr 1929 zur Wendemarke. Häufig hört man in Unterhaltungen die Redewendung: »Das war, erinnern Sie sich, ›vor neunundzwanzig‹ oder ›kurz nach neunzehnhundertneunundzwanzig‹.«

## Amerika: Paradies der Prosperität

Doch vor dem schwarzen Donnerstag im Oktober hatte es viele rosige Wochen und glückliche Jahre gegeben, wo es sich gut leben ließ. »God's own country«, »Gottes eigenes Land« Amerika strotzte voll Kraft im wiedergefundenen Paradies der Prosperität.

Aus einem Schuldnerstaat vor dem Krieg 1914 waren die Vereinigten Staaten zum Gläubiger der ganzen Welt geworden. Die industrielle Produktion wuchs ständig, der Verbrauch ebenfalls, beide aufgeputscht durch eine Wunderdroge: Kredit. Alle landwirtschaftlichen oder industriellen Rohstoffe, alle Wertpapiere stiegen unablässig. Die Fernschreiber in Wall Street spuckten in einem betäubenden Rhythmus kilometerlange weiße Papierstreifen aus. Alle Amerikaner, der Mittelstand, die kleinen Leute, die kaum in Ellis Island gelandeten Einwanderer, alle ahmten das Spekulieren der Geldaristokratie nach. Doch das Gerüst der Spekulation ruhte auf einem Koloß mit wackeligen Füßen. Wenig Leute waren sich darüber im klaren. Das Leben war doch so schön!

*Henry Ford I.* erprobte seine neuen Modelle. Nachts applaudierte man im Ziegfeld-Theater den *Dolly-Sisters.* Mit *Paul Witheman* folgte man den Melodien von *George Gershwin,* der später mit der »Rhapsody in Blue« zum größten Komponisten jener Zeit wurde. Dieser Sohn armer jüdischer Einwanderer war der Ehrengast auf den glanzvollen Parties der Aristokratie der Fifth Avenue. *Jean Harlow* beherrschte die Filme der *Warner Brothers.* Mit ihren hellblauen Augen, den Platinhaaren und den geschmeidigen Bewegungen war sie das »glamour girl Nr. 1« von Hollywood. Es war die heroische Epoche der Prohibition und der »Speakeasies« (wo man Alkohol trank). Im berühmten »Twenty One« (Nr. 21 der 52. Straße West) lauschte man hingerissen den Schallplatten von *Al Johnson* und *Eddie Cantor*, während man aus Teetassen Whisky schlürfte. Die Extravaganzen, die Eroberungen des schönen *John Barrymore* lieferten den Gesprächsstoff. Die unsichtbaren Drahtzieher dieser betäubenden Show, die professionellen Geldleute der Wall Street (1970 hießen sie Fondsmanager und Conglomerate-Financiers), hüteten sich, auch nur den Anschein einer Gefahr ahnen zu lassen. *Präsident Calvin Coolidge*, sein Nachfolger *Herbert Hoover* und sein *Finanzminister Mellon*, erklärten mit der ganzen Autorität der amerikanischen Regierung öffentlich, es bestünde kein Grund, daß all dies eines Tages aufhören würde.

## Europa: Jahre des »honey moon«

Auch Europa war von einer ähnlichen Spekulationswut ergriffen. Großbritannien wurde nach Überwindung seiner sozialen Schwierigkeiten wieder flott. Es hatte sich von den monatelangen Streiks erholt und gewann die verlorene Energie zurück. Die Börse begann langsam aber sicher wieder aufzublühen.

In Deutschland hing der Boom vor allem von ausländischem Kapital ab. Lange Zeit hindurch hatte Amerika jährlich mehr als zweihundertfünfzig Millionen Dollar zur Verfügung gestellt, die in die deutsche Wirtschaft investiert wurden. Heute würde dies fünf Milliarden Dollar entsprechen. Ihr Zustrom gab den deutschen Börsen Nahrung. Nicht einmal zehn Jahre nach ihrer Emission wurden diese Anleihen durch den *Reichsbankpräsidenten Dr. Schacht* verleugnet und dreißig Jahre später hat die neue Bundesrepublik unter *Bundeskanzler Konrad Adenauer* sie samt und sonders, mit allen unbezahlten Zinsen, wieder anerkannt: Sie wurden zu Kassenschlagern auf den internationalen Märkten und brachten uns Spekulanten, die für das neue Deutschland optimistisch waren, die größten Gewinne. Und übrigens waren gleichzeitig mit den Dollars amerikanische Ingenieure und Techniker gekommen, um den Schlotbaronen an der Ruhr bei der Modernisierung ihrer Fabriken und Arbeitsmethoden nach amerikanischem Muster zu helfen.

Italien erlebte seinen »honey moon« mit *Mussolini*. Wenn es auch einen Teil seiner Freiheit einbüßte, so hatte es doch den Grundstein für eine moderne Volkswirtschaft gelegt.

Ein magisches und beruhigendes Wort erhellte die Zukunft: der Friede. Die Verträge von Locarno, von *Gustav Stresemann* unterzeichnet, dann der Briand-Kellogg-Pakt hatten den Krieg auf immer für ungesetzlich erklärt. *Aristide Briands* schöner Bariton verkündete rhetorisch-schwungvoll diese ideale Politik. Bei der Genfer Konferenz von 1927 war sogar die Rede davon gewesen, bald die Zollsätze zu senken. Es waren die ersten Vorboten des europäischen Traums, der dreißig Jahre später mit dem Gemeinsamen Markt Wirklichkeit werden sollte.

In Frankreich war es *Poincaré* gelungen, die Inflation in Schach zu halten und die Währung zu stabilisieren. Nachdem der Franc-Kurs drei Jahre lang floating geblieben war und seinen realistischen Preis gefunden hatte, wurde er 1929 de jure stabilisiert. Dank dieser Situation erreichte der Wiederaufbau Frankreichs seinen Höhepunkt. Das Expriment der flexiblen Wechselkurse hatte in Frankreich zu einem sehr positiven Ergebnis geführt. Die reichen Bürger rieben sich die Hände, wenn sie die Börse verließen: die Aktien und Anleihen waren ständig im Vormarsch. Die Festigkeit der Währung, der gute Stand der Finanzen hatte Kapitalisten aus aller Welt nach Paris gelockt. Doch dieser Geldstrom, der die einen bereicherte, machte andere unglücklich. Das auf den Schlachtfeldern besiegte Mitteleuropa hatte sich mit der Spekulation auf die Baisse des Franc vollends zugrunde gerichtet.

Die Spekulanten aus Wien, Prag oder Budapest hatten bereits den Ruin ihrer eigenen Währung erlebt. Sie glaubten, daraus eine nützliche Lehre gezogen zu haben. Sie entschieden sich gegen den Franc. Doch die Rechnung war verhängnisvoll. *Poincaré* rettete 1926 den Franc, es war ein spektakulärer Erfolg. Der gestrenge Präsident hatte ihn errungen, weil er das Vertrauen in den Franc wiederherzustellen vermochte und weil ihm der amerikanische Bankier *J. P. Morgan* die nötige »Munition« dazu geliefert hatte. Damals schon hatte Uncle Sam Frankreich unter die Arme greifen müssen. Viel Dankbarkeit hat es dafür nie gezeigt – bis heute nicht.

Diese unglückliche Francspekulation versetzte jedoch den Börsen von Wien, Budapest und Prag den Gnadenstoß. Eine deprimierende Atmosphäre der Armut und Arbeitslosigkeit herrschte daher damals in Ungarn und Österreich.

Zu dieser Zeit studierte ich Philosophie und Kunstgeschichte an der Universität in Budapest. Aussichten auf eine bessere Zukunft gab es damals in Ungarn nicht.

Die Idee meines Vaters, mich für eine Zeit nach Paris zu schicken, war für mich eine unverhoffte Möglichkeit, diesem Reich der Traurigkeit zu entfliehen.

Paris... »J'ai deux amours, mon pays et Paris« – ich habe zwei Lieben, meine Heimat und Paris. Die Bananenkolliers der bezaubernden Tochter der Antillen, *Josephine Baker*, wippten im Takt zu diesem Lied, das ich zu meinem Glaubensbekenntnis gemacht habe. Josephine Baker ist heute tot, genoß aber als alte Dame großen Respekt für ihre soziale Tätigkeit.

Paris, das bedeutete eine Welt von Luxus, Vergnügen und Festlichkeiten, die ich kennenlernen wollte, als ich, wie Balzacs Held Rastignac seiner Postkutsche, eines schönen Abends dem Orientexpreß entstieg. Ich wußte noch nicht, daß diese Welt verbotener Paradiese zum Greifen nahe lag und doch unerreichbar bleiben würde, wenn man nicht die Schlüssel besaß, um sich Zutritt zu verschaffen: das Geld. Ich hatte nicht genug in der Tasche, bei weitem nicht. Das Schauspiel war faszinierend. Aber ihm von außen zuzusehen genügte nicht.

Mit Schildpattbrille und schwarzen Fransenhaaren erschien *Foujita* auf dem Montparnasse, gefolgt von *Kiki*, seinem Lieblingsmodell, um mit seinen Freunden *Kisling, Vertès* und anderen an den Tischen der Retonde und des Dôme zu diskutieren.

Die eleganten Damen ließen sich nach Longchamp und Auteuil begleiten, um beim Rennen die Kleider zu zeigen, die *Poiret* für sie entworfen hatte. Auf seiner Jacht in Boulogne empfing der berühmte Schneider als Grandseigneur seine Freunde aus der besten Gesellschaft und spielte ihnen, wenn schon der Morgen dämmerte, die neuesten Melodien aus New Orleans vor. Auf dem Champs-Élysées gab es noch kein Kino, aber man stand auf den Boulevards Schlange, um durch Filme von *Charlie Chaplin* Amerika im »Goldrausch« und den Orient in »Dieb von Bagdad« zu erleben.

In den damaligen Romanen machte man sich mit der Sprache des Volkes vertraut, und so gewappnet konnte man sich – denn das war chic – in den Bars von Pigalle unter das Volk mischen. An den anderen Abenden wieder ging man, nachdem man mit dem größten Star der Welt, dem unvergessenen *Maurice Chevalier,* das neueste Couplet, »Valentine«, mitgesummt hatte, bei Maxim soupieren. Oder die Herren blieben im Café Weber unter sich, um sich über das neueste Automodell oder die Beine der *Mistinguette,* des größten Musical-Stars dieser Zeit, Entdeckerin und große Liebe von Chevalier, zu unterhalten. Am Montag berichteten die Zeitungen unter den Tagesnachrichten, daß *André Citroën* beim Baccara in Deauville die Bank gesprengt habe. (Am Baccaratisch hat er auch seine Fabrik verloren.) Die Engländer nahmen die Rasenflächen von Touquet in Beschlag.

Wie ein Kind, das sich an der Scheibe einer Konditorei die Nase platt drückt, so bestaunte ich dieses ungeheure Leben und Treiben.

Aber bald mußte ich wieder abreisen, und als ich in das traurige und beängstigende Budapest zurückgekehrt war, hatte ich nur *einen* Gedanken: *wieder nach Paris zu fahren!* Nur mußte ich bis dahin Mittel und Wege gefunden haben, um mich bei diesem Spiel einschalten zu können und davon zu profitieren. Ich hatte begriffen – das hatte sich als unumstößliche Gewißheit in mir festgesetzt –, daß es nur einer Sache bedurfte: Geld.

Ich geriet in eine heftige psychische Krise. Rückblickend weiß ich, wie bedeutsam dieser Wendepunkt in meinem Leben war.

Ich hatte das Geld auf ein Postament erhoben und dachte ununterbrochen daran. Zunächst war es ein Mittel, um ein Ziel zu erreichen, dann wurde es selbst zum Ziel und ließ mich alles andere unterschätzen. Meine Ethik, mein eigenes Wertsystem hatte sich völlig gewandelt. Nichts interessierte mich mehr, nur das Geld. Ich war damals einfach nicht fähig, eine, wenn ich so sagen darf, unentgeltliche Freude zu genießen. Ich träumte von einem Kassenschrank voller Banknoten, von Geldsäcken, die ich betrachten, befühlen, hin und her schaffen konnte wie Volpone seine Schätze.

Diese Einstellung zum Geld führte automatisch zu einer gewissen Trägheit. Wozu ein Luxusauto kaufen, wenn man es – wann immer man will – haben kann, vorausgesetzt, man hat das nötige Geld in der Tasche. Hat aber jemand das Scheckbuch, dann spürt er bereits alle anderen Genüsse des Lebens, als ob er sie schon besäße. Auf der einen Seite stieg die Bewertung des Geldes. Im gleichen Maße aber entwertete man auf der anderen Seite alles einschließlich der sogenannten realen Werte, das heißt

»all that money can buy«, alles was man mit Geld erwerben kann.

Diese Einstellung zum Geld führte zu einer typischen deflationistischen Wirtschaftstheorie. Ich steigerte diese abscheulich perverse Einstellung ins Absurde und gelangte zu einer globalen Mißachtung aller Werte, die sich nicht durch Bargeld ausdrücken lassen. Das war der geeignete Boden, um »Baissier« zu werden.

Werte in Bargeld ausdrücken bedeutet, für alles den Preis festsetzen. Da ich im Geist den Wert des Geldes überschätzte, fand ich den Preis jeder Ware – auch Aktien – zu hoch und wartete darauf, daß er in Zukunft fallen würde.

Ich konnte nur auf Baisse spekulieren und wünschte sie auch: Wenn der Rockefeller verliert, weil seine Werte sinken und ich bei der gleichen Baisse verdiene, dann verringert sich entsprechend der Abstand zwischen ihm und mir. . . Das war meine einfältige, tägliche Überlegung. Ich hatte nur einen einzigen Wunsch: mich auf die Spekulation zu stürzen, denn dies war und ist die einzige Methode, schnell an Geld zu kommen, ja sogar Millionär zu werden.

## Mein erster Tag im »Tempel«

Der große Tag kam bald; die Erinnerung an meinen ersten »Besuch im Tempel« wird nie verblassen. Wie in einem riesigen Spielkasino lag das Geld in der Luft. Es war überall. Man brauchte nur eine Antenne zu haben, um es zu erwischen. Wollte ich meinem ersten Freund an der Börse glauben, so war das nicht schwer. Es genügte, raffiniert im Strom der Hausse mitschwimmen zu können, Vertrauen zu haben. »Und am Ende des Monats geht man kassieren«, sagte er mit einem breiten Lächeln und klopfte mir auf die Schulter. (In Paris gab es immer Terminhandel, das heißt, die Verlust- und Gewinn-Differenzen wurden immer am Ende des Monats geregelt.)

Ich verstand, ehrlich gestanden, nicht viel von dem Tohuwabohu, in dem sich einige hundert Personen bewegten. Die fremden Namen mir unbekannter Wertpapiere dröhnten in meinen halbtauben Ohren. Jüngere Burschen eilten von einer Gruppe zur anderen. Mit dem kleinen Auftragszettel ihrer Kundenwünsche in der Hand, liefen sie in dem Gebäude hin und her, stießen und drängten sich, ehe sie wieder in verschiedene Richtungen auseinanderliefen.

In der Mitte, am »Ring«, standen siebzig Herren, Sommer wie Winter dunkel gekleidet, die siebzig Mitglieder der Compagnie des Agents de Change (vereidigte Kurssensale). Mit den Ellenbogen stützten sie sich auf die Balustrade, die sie vom Publikum trennte. Wie die anderen schrien sie in diesem Höllenlärm: »Ich gebe, ich nehme.« Die ganze Welt schien am tumultuösen Spiel teilzunehmen. Die einen rannten zu den Telefonzellen, um die ersten Ergebnisse durchzugeben. Andere flüsterten, die Hand vor dem Mund abschirmend, aufgeblasen vor Wichtigkeit. Wieder andere kritzelten fieberhaft Zahlen in kleine schwarze Hefte.

Die allgemeine Nervosität ergriff mich überhaupt nicht. Je mehr ich in diese neue Welt eindrang, um so mehr wurde ich von dieser aufschneiderischen Atmosphäre abgestoßen. Jeder behauptete, die beste Information zu haben, prahlte, er gewinne bei jedem Börsencoup, seine Kunden seien immer richtig beraten, er kenne den unfehlbaren Tip und so weiter. Man hätte glauben können, es gebe hier nur Genies und Propheten. Alle berichteten selbstgefällig von ihren Erfahrungen oder Erfolgen, und jeder zweite Satz begann mit den Worten: »Ich hatte es Dir doch gesagt.«

Heute ist es noch ganz genauso. Wenn ein Neuling an die Börse kommt, wird er von dieser Atmosphäre völlig betäubt. Man spricht nicht über Kunst, Politik oder meinetwegen über Frauen, wie es sonst unter Freunden üblich ist. Die Gespräche drehen sich ausschließlich um Geld, wieviel man hätte gewinnen können oder sollen, wenn man zur richtigen Zeit gekauft oder verkauft hätte. Man schätzt die Menschen ausschließlich nach dem ein, was sie besitzen und in welchem Maße sie für den einen oder anderen Makler als Kunde von Interesse sein können. Glücklicherweise – oder leider – habe ich mich an diese Atmosphäre langsam gewöhnt.

Ich hatte noch keinerlei Erfahrung auf diesem Gebiet, doch der einfache gesunde Menschenverstand sagte mir, daß dies alles nur Bluff sein könne. Die Logik, die Erklärungen, die Überlegungen und die Argumente, auf denen die Wunderspekulationen beruhten, erschienen mir primitiv, kindisch und total falsch. Mir drängte sich immer stärker der Gedanke auf, wenn all diese Leute auf Hausse spekulieren, dann muß ich genau das Gegenteil und justamente auf Baisse spielen.

Zu meiner Geringschätzung der reellen Werte kam nun auch noch die Geringschätzung der Leute, die ich an der Börse traf. Als ich die Stufen hinabschritt, war mein Entschluß gefaßt. Ich werde mit der Baisse gewinnen und mir überdies die – boshafte – Genugtuung verschaffen, alle diese Angeber verlieren zu sehen. Ich brauchte nur noch meine Spekulationsobjekte zu wählen und den Mechanismus der Baissespekulation zu lernen. Dieser Mechanismus, der einem Neuling so kompliziert erscheint, ist in Wirklichkeit jedoch sehr einfach.

Der Spekulant Maier glaubt zum Beispiel, daß die Aktien der Firma »Luftschloß-Bau AG« oder »Mond-Immobilien AG« fallen werden. Nehmen wir an, beide Papiere stehen auf 100. Er hält den Kurs für zu hoch und erwartet, daß der eine oder andere fallen wird.

Er verkauft die Luftschloß-Aktien heute zu 100, obwohl er sie noch nicht besitzt, muß sie aber am Monatsende liefern. Einige Tage danach fallen die Aktien von 100 auf 80. Maier kauft sie dann zu 80, auch auf Termin, das heißt, sie werden ihm zum Monatsende geliefert. Beim Monatsultimo werden die Transaktionen abgewickelt. Maier bekommt die Aktien zu 80, die er dann zu 100 abliefert. Damit steckt er einen zwanzigprozentigen Gewinn ein.

Dagegen fallen die »Mond-Immobilien-Aktien« keineswegs, denn Apollo 11 ist erfolgreich auf dem Mond gelandet und zur Erde zurückgekehrt, und bei dieser guten Nachricht steigen die Aktien von 100 auf 140. Maier gerät in eine Panik, die Mond-Immobilien-Aktien, die er noch nicht besitzt und Ende des Monats zu 100 liefern muß, könnten weiter steigen. Er kauft sie also mit 140, auch auf Termin, und am Ultimo-Tag hat er das Geschäft mit einem Verlust von vierzig Prozent abgeschlossen.

Nehmen wir aber an, Maier ist überzeugt, daß die Aktien trotz Apollo wieder fallen werden. Er sagt also seinem Makler, er wolle die Papiere nicht am Monatsende liefern, sondern das Lieferungsdatum um 30 Tage verschieben. Sollte das Papier dann immer noch nicht gefallen sein, kann er den Liefertermin erneut hinausschieben, und das immer wieder, vorausgesetzt, daß er an jedem Ultimo den schon bestehenden, vielleicht nur vorübergehenden Verlust bezahlt. Der Haussespekulant kauft zuerst, um dann zu verkaufen, während der Baissespekulant zuerst verkauft und später kauft.

Baissespekulationen sind möglich an Börsen mit einem Terminmarkt. Einige europäische Börsen haben einen solchen Terminmarkt, der Baissespekulationen gestattet.

Die New Yorker Börse hat jedoch keinen Terminmarkt, und das kompliziert und beschränkt die Baissespekulation rein technisch. Wieviel Gelegenheiten wurden in den vergangenen Jahren in Wall Street versäumt! Aber in Paris, London, Mailand, Amsterdam, Stockholm, Zürich oder Brüssel kann man ebenso ›leicht‹ auf Baisse wie auf Hausse spekulieren. Heute ist die Baissespekulation selbst in New York möglich, aber in einer anderen Form. Dort werden Verkaufsoptionen in großem Maße gehandelt. Wenn einer Verkaufsoptionen für eine Aktie hat, die ihm das Recht gibt, drei, sechs oder neun Monate später zu einem festen Preis zu liefern (häufig der Tageskurs), dann kann er im Falle eines Kurssturzes viel gewinnen. In New York hat sich so in den vergangenen Jahren ein großer Markt von Hausse- und Baisseoptionen entwickelt.

Im allgemeinen ist die Baissespekulation viel weniger verbreitet, als man meinen sollte. Auf hundert Spekulanten kommen sicher 90 Haussiers und nur zehn Baissiers. Baissier zu sein gilt an sich schon als eine geistige Entartung, fast als eine perverse Sucht nach dem Schmerz – aber es handelt sich dabei um den Schmerz der anderen.

Heute glaube ich nach all meiner Erfahrung, die ich damals noch nicht besaß, daß mich außer meiner gefühlsmäßigen Reaktion gegen die Atmosphäre der Superspekulation auch einfach *gesunder Menschenverstand* geleitet hat. Ich konnte bei einem künstlichen Boom die richtige Diagnose der Inflation noch nicht stellen, fühlte aber instinktiv die Gefahr. Ich erkannte die Symptome einer ungesunden Situation, die für den Zusammenbruch reif war. Es war vielleicht auch nur die Rebellion des guten Geschmacks, eines klassischen Gefühls für das Maß aller Dinge angesichts dieser Orgie von schlechtem Geschmack, die sich vor meinen Augen abspielte.

So eine unkontrollierte Geldinflation, das heißt Geldvermehrung, läuft im wesentlichen auf eine Störung des Gleichgewichts der Werte hinaus; man verdient leicht, zu leicht, so leicht, daß man mit einer Banknote seine Zigarre anzünden könnte. Das beleidigte meine ureigensten Gefühle. Ich, der ich doch das Geld auf ein so hohes Postament gestellt hatte, mußte zusehen, daß es als Fidibus gebraucht wurde!

Diese anomale Situation förderte den Erfolg des Wertlosen auf Kosten des Wertvollen. Von der Börse bis zu den kleinsten Spielhöllen herrschte die gleiche miese Atmosphäre. Jedermann konnte König sein, er mußte nur heute kaufen, um morgen zu verkaufen.

Diese Melodie schien mir vertraut: sie erinnerte mich an die Tulpen, an die Indische Kompanie, die Rue Quincampoix, den South Sea Bubble. Ich hatte sie mit meinen eigenen Ohren in Mitteleuropa vernommen. Das mußte mich beunruhigen; es war etwas faul im Reiche der Finanzen. . .

Von meinen Gefühlen und Überlegungen geleitet, begann ich, auf Baisse zu spekulieren, und ich verkaufte leer per Termin ein ganz gemischtes Sortiment von Wertpapieren, in der Absicht, sie später billiger zurückzukaufen.

## Der Baissier im Glück

Nach den Darstellungen vieler Historiker und Nationalökonomen brauche ich kaum noch unterstreichen, daß das Jahr 1929 die größte finanzielle Katastrophe der Weltgeschichte gebracht hat. Sie platzte urplötzlich wie eine Naturkatastrophe mitten in eine Atmosphäre wirtschaftlicher Euphorie, die teilweise von der amerikanischen Regierung *(Präsident Hoover)* künstlich aufrechterhalten wurde.

Angelsächsische Wirtschaftswissenschaftler bemühen sich, die Krise von 1929 aufzuklären, indem sie ihr, je nach dem eigenen Standpunkt, eine andere Erklärung geben. Einige meinen, die Diskontsatzerhöhung der Bank von England sei das auslösende Moment gewesen. Andere bestreiten dies, da die Federal Reserve Bank ihren Zinssatz schon mehrmals erhöht hatte und Wall Street trotz Wind und Wetter weiterblühte. Manche glauben, die allgemeine Vertrauenskrise sei durch den Krach der Photomaton-Aktien in London ausgelöst worden. Das war mehr als ein Finanzkrach, es war ein Skandal, der erste seit dem Krieg 1914–18. Man nannte *Clarence Hatry*, den Chef der Photomaton, einen Betrüger. Dieses Wort sollte später noch allzu häufig auf andere Börsengrößen angewandt werden.

Die psychologischen Rückwirkungen des Hatry-Skandals im September 1929 waren äußerst gefährlich. Das Vertrauen war mit einem Schlag zerstört. Man stellte Fragen: Waren die neuen Industrien nicht auch betrügerisch aufgebaut? Radio, Kunstseide, Autos, all diese Industrien, die sich so schnell entwickelt hatten, würden sie nicht eines Tages mit Verlust arbeiten? (Heute würde man im gleichen Sinne von Elektronik und Computern sprechen.) Man begann an der Rentabilität der Konzentration großer Kapitalien zu zweifeln, das heißt an der Ehrlichkeit der Trusts und Holdinggesellschaften. Schon damals standen diese Verfahren der Mischkonzerne und Investmentfonds in voller Blüte. (Die meisten Holdinggesellschaften mußten viele Jahre später unter *Präsident Franklin Roosevelt* aufgelöst werden.) Die Muttergesellschaften brüteten Tochterunternehmen aus (ebenso wie heute), die dann die Aktien der ersteren aufkauften. Man wußte nicht mehr, wer die Tochter und wer die Mutter war. Nur eines war klar: Die Aktien stiegen, berechtigt oder unberechtigt, mit oder ohne Gewinn der Gesellschaften. Denn, wie heute konnte man dem

Publikum alles versprechen. Nichts ist leichter, als den Leuten Wertpapiere zu verkaufen, deren Kurs schon gestiegen ist. Ebenso schwer ist es, das Publikum für Aktien zu interessieren, wenn die Kurse schon gefallen sind und sehr tief stehen, denn die Laune des Publikums folgt den Launen der Kurse. Die Masse kauft nur bei steigenden Preisen, die dadurch noch weiter in die Höhe getrieben werden.

## Der 22. Oktober 1929: größte Finanzkatastrophe der Geschichte

Und dann kam der Zusammenbruch am 22. Oktober. Gestern stand das Barometer noch auf schön, und heute blitzte und donnerte es aus heiterem Himmel. Für einige erfahrene Börsianer war es keine Überraschung. Es kam wie schon so oft in der Finanzgeschichte: Der Börsenboom schwillt mit den zufließenden Geldern und Krediten zu einem Riesenballon an, der dann durch einen Nadelstich platzen kann – und dieser Stich kommt unfehlbar. Ich wiederhole, kein Börsenkrach, dem nicht ein Börsenboom vorangegangen ist, kein Boom, der nicht mit einem Krach endet (Memento: Silberboom und -krach). – Die Ereignisse überstürzten sich.

22. Oktober: große Verkaufswelle und steigende Nervosität in der Wall Street.

23. Oktober: die Börse bleibt flau, nur ein paar Gelegenheitskäufer wollen von billigeren Preisen profitieren.

24. Oktober: zuerst Ruhe vor dem Sturm, dann rast er los, wie ein Weltuntergang. Eine Lawine von Verkäufern, die ohne Käufer blieben, verschlang Wall Street mit Haut und Haar. Zufällig beobachtete ein berühmter Besucher, *Winston Churchill*, von der Galerie aus, wie eine Panik das Publikum ergriff. Geschrei stieg von der Broad Street herauf, aufgeregte Menschenmassen rotteten sich zusammen und ließen sich von der Polizei nicht zerstreuen.

Ohne Hut und Regenschirm eilte *Charles Mitchell*, Präsident der National City Bank, der wichtigste Drahtzieher der Wall Street, im Laufschritt nach Wall Street Nr. 23, in *J. P. Morgans* schallgedämpftes Büro. Es lag in einem zweistöckigen Palais zwischen Wolkenkratzern, auf dem teuersten Grund und Boden der Welt. Vor dem atemlosen Besucher bewahrte *John Pierpont Morgan II.* seine Ruhe. Er dachte an seinen Vater, *John Pierpont Morgan I*, der im Jahre 1907 bereits Wall Street vor der

Katastrophe gerettet hatte. Und nun, zweiundzwanzig Jahre später, kam man wieder hilferufend zu den Morgans.

»Es muß etwas geschehn, oder alles geht zugrunde«, sagte Mitchell, das Orakel der Börse, mit zittriger Stimme.

»Berufen wir doch gleich eine Konferenz aller Bankiers ein«, antwortete J. P. Morgan. Man war sich des ganzen Ausmaßes dieses Dramas noch nicht bewußt. Am nächsten Morgen schrieb das Wall Street Journal verblendet und noch immer vertrauensvoll: »Es handelt sich nur um eine gesunde und natürliche Reaktion der Börse. Gewisse Wertpapiere erreichten übersteigerte Preise, eine Korrektur war notwendig.« Das alles zeugte von unsinniger Naivität, und ich getraue mich, das offen auszusprechen. Wie immer fing es mit der Korrektur an, aber nach der Korrektur kommt die zweite und die dritte Phase, wie schon beschrieben.

Es liegt auf der Hand, daß die Kurse der Aktien niemals ihrem wahren Wert entsprechen. Sie sind immer höher oder tiefer. Hat eine Aktie überhaupt einen objektiv meßbaren Wert? Wäre dem so, dann könnte man den genauen Wert einer Industriefirma angeben, und es gäbe überhaupt keine Börse. Es gäbe einen festen Preis für die Aktien, der mit Hilfe eines Computers zu errechnen wäre. Dies ist aber nicht der Fall. Und deshalb versagen auch alle Experimente, mit Computern oder anderen Zauberregeln eine Börsentendenz geschweige denn präzise Kurse voraussagen zu wollen. Schätzungen und Beurteilungen einer Aktie hängen von Millionen Personen ab. Nun hat aber jeder Mensch über die Aussichten und die Zukunft eines Unternehmens jeden Tag eine andere Ansicht. Viele Faktoren beeinflussen das Urteil. Die gute oder schlechte Stimmung des Käufers, sogar persönliche Probleme spielen eine Rolle, ob er gut geschlafen, Familiensorgen hat...

Entscheidend für die Börsentendenz sind meiner Ansicht nach jene Grundfaktoren, die ich schon in dem Kapitel »Die kapriziöse Logik der Börse« beschrieben habe.

Ja sogar die Innen- und Außenpolitik, die soziale Entwicklung, wichtige Erklärungen von Staatsmännern, Entscheidungen der Regierungen, die ganze bunte Palette der Nachrichten, läßt sich durchaus auf die soeben erläuterten Grundfaktoren zurückführen. Eben diesen Problemen sahen sich die fünf größten New Yorker Bankiers gegenüber, die sich im Büro von J. P. Morgan zur improvisierten Konferenz zusammenfanden. Es galt, keine Zeit mehr zu verlieren. Die Panik (der psychologische Faktor) mußte eingedämmt werden. So schnell wie möglich mußte das Heilmittel gefunden werden: Geld. Der strategische Plan wurde in einer knappen Stunde entworfen. Die Bankiers verpflichteten sich, die für die damalige Zeit gigantische Summe von 240 Millionen Dollar einem Stützungsfonds zur Verfügung zu stellen, um Wall Street durch seine Aufkäufe wieder flottzumachen. Der Vizepräsident des Stock Exchange, *Richard Withney*, wurde beauftragt, die Rettungsaktion zu leiten. Er erschien persönlich im großen Saal der Börse und erteilte mit lauter Stimme, damit ihn jeder hörte, Kaufaufträge zu Kursen, die man den ganzen Tag über nicht gehört hatte: 1000 Aktien »Steel« zum Kurs von 205, nachdem dieses Papier schon bei 190 keine Käufer gefunden hatte.

### Hoffnungslosigkeit nach tollem Rausch

Aber es war zu spät, und die Bluttransfusion reichte nicht aus. Von grenzenlosem Optimismus verfiel man in grenzenlosen Pessimismus. In den kommenden Tagen stürzten die Kurse unter einer Flut von Angeboten, und die sinkenden Preise lösten noch weitere Verkäufe aus, genauso wie im Jahr zuvor die steigenden Preise immer neue Kaufaufträge gebracht hatten.

Die Gebäude in der Wall Street blieben auch nachts hell erleuchtet und voller Aktivität, weil die Angestellten die Höhe der Garantiedepots der Kunden nachprüfen mußten. In aller Eile ließen die Makler Rundschreiben drucken, mit denen neues Geld für Garantien angefordert wurde. Die Telegramme überstürzten sich: »Bitte Deckung überweisen.« Aber in den Umschlägen, die daraufhin kamen, waren keine Schecks, sondern nur Aufträge: »Verkauft.« Das flüssige Geld war verschwunden.

Am 29. Oktober 1929 fand eine neue Konferenz, diesmal geheim, in den Souterrainräumen der Börse statt. Würde man die Börse schließen? Es nützt nichts, es ist zu spät, stellten die Bankiers niedergeschlagen fest. Die Verluste waren entsetzlich. Der Stock Market hatte einen verhängnisvollen Schlag erhalten, der das Wirtschaftsleben von Grund auf erschütterte.

Um wenigstens etwas zu retten, versuchte man, mit Worten das Vertrauen wiederherzustellen, die wundervolle »prosperity« zurückzubringen. Eine Pressekampagne, offizielle Erklärungen mit hoffnungsvollem Unterton, Aufforderungen, die Ruhe zu bewahren – alles war vergebens. Spekulanten und Publikum hatten den Kopf verloren und konnten den Nervenschock nicht überwinden. Für schöne Reden war es zu spät: Die öffentliche Meinung war völlig umgeschlagen. Allgemeine Hoffnungslosigkeit breitete sich genauso aus wie vorher der tolle Rausch. Es war nicht nur eine Nervenkrise, sondern ein schnell um sich greifender Bazillus.

Eine Begleiterscheinung der immensen Börsenverluste war die täglich schlimmer werdende Lähmung der Kaufkraft. Die auf Kredit gekauften Wohnungen, Autos, Radios und Kühlschränke waren vor allem von dem Boom in der Wall Street abhängig. Der kleinste Angestellte hatte nicht gezögert, sein Budget zu überschreiten, weil er sicher glaubte, aus seinen Börsengewinnen die Ratenzahlungen leisten zu können. All das war vorbei. Und vom Verbraucher übertrug sich die Krise auf die Produktionszweige. Vom leichten Leben, von der guten Stimmung blieb nichts als ein Aschenhäuflein übrig. »Betteln werden wir«, sagten die Optimisten. »Aber bei wem?« war die Antwort der Pessimisten.

Hunderte Anekdoten geben mit Galgenhumor die Atmosphäre dieser trüben Jahre wider. Ein Spekulant kommt eilig in ein Restaurant der Wall Street, bestellt Austern, eine Suppe, ein Steak, Gebäck und Kaffee. Da es ihm zu lange dauert, bis der Kellner die Austern öffnet, läuft er schnell weg, um einen Blick auf den Ticker zu werfen.

»Bestellen Sie die Austern ab!« brüllt er.

Er blickt wieder auf den Ticker – die Baisse verstärkt sich.

»Bestellen Sie die Suppe ab!«

Er dreht sich wieder zum Ticker...

»Bestellen Sie das Steak ab!«

So geht es weiter bis zum Kaffee. Statt Mittag zu essen, muß der arm gewordene Spekulant den Kellner bitten, ihm ein Glas Wasser und ein Aspirin zu bringen...

Die Wolkenkratzer standen leer, Symbole des Reichtums von gestern. Die Zahl der Selbstmorde wuchs unablässig.

Als ein Engländer in einem New Yorker Hotel ein Zimmer in einer der oberen Etagen verlangte, um die Aussicht besser genießen zu können, wurde er gefragt: »Wollen Sie da schlafen oder herunterspringen?«

Die Amerikaner, die eine Schwäche für Statistiken in guten und schlechten Zeiten haben, versäumten nicht, das Ausmaß der Katastrophe in Zahlen festzuhalten:

123 884 erfolgreiche Spekulanten, die vorher mit einem Cadillac in die Wall Street gefahren waren, mußten nun zu Fuß gehen.

173 397 verheiratete Männer mußten ihre Geliebten verlassen, die sie sich jetzt nicht mehr leisten konnten, und zu ihren angetrauten Ehefrauen zurückkehren.

Die Münze prägte 111 835 248 Nickels (5-Cent-Stücke) für die Leute, die nie vorher mit der Untergrundbahn gefahren waren und sie jetzt benutzen mußten.

Die soziale Hierarchie zerfiel. Millionäre von gestern verkauften Äpfel an den Straßenecken. Die Einwanderer verloren alles, was sie besaßen bis auf ihren Akzent. Eine Fabrik nach der anderen mußte die Arbeit einstellen, und viele Millionen von Arbeitslosen forderten Unterstützung von der machtlosen Regierung. Die Deflation drohte die Vereinigten Staaten immer mehr zu ersticken. Und es gab nicht den kleinsten Hoffnungsschimmer am Horizont. Überall krachte es. Die Politiker, die Leute von Theater und Film bis zu den Superhellsehern bemühten sich vergeblich, das Ende des Alpdrucks vorauszusagen. Sogar auf den Brettln sang man: »Es kommen bessere Zeiten, Prosperitiy ist auf dem Weg.«

Die Tiefe des Abgrunds läßt sich am besten an Zahlen abmessen:

| Aktienkurse in Dollar | 1929 | 1932 |
|---|---|---|
| Radio Corporation (Elektroindustrie) | 115 | 3½ |
| New York Central (Eisenbahnen) | 256 | 5 |
| Chrysler (Automobil) | 135 | 5 |
| General Motors | 92 | 4½ |
| General Electric (elektrische Apparate) | 220 | 20 |
| Montgomery Ward (Warenhaus) | 70 | 3 |
| United Steel (Stahlwerk) | 375 | 22 |

## Rettung durch Roosevelt

In diesen dunklen Tagen brachten die Wahlen vom November 1932 einen von der Vorsehung auserwählten Mann ins Weiße Haus: *Franklin Delano Roosevelt*. Er allein trug die Verantwortung für die Zukunft, für die Rettung eines Kontinents und des kapitalistischen Systems. Als Roosevelt die Regierung übernahm, hatte die Panik ihren Höhepunkt erreicht.

Als erste schlosen die Banken des Staates Michigan aufgrund des Kassensturms.

Ihnen folgten die Banken der siebenundvierzig anderen Staaten.

(Damals hatte die amerikanische Flagge nur achtundvierzig Sterne). Man fragte sich, was aus Wall Street werden sollte. Roosevelt berief sofort eine Konferenz ein, der Dollar wurde um 40 Prozent abgewertet, die Federal Reserve sendete frisches Geld an alle Banken und man konnte die Schalter wieder öffnen. Dies brachte eine gewisse Beruhigung beim Publikum.

Aber die Abwertung des Dollars war nur eine der zahlreichen Maßnahmen des New Deal.

Man wollte die Geldmasse entsprechend aufblähen, um damit der erstickenden Deflationspsychose entgegenzuwirken. Außerdem sollte ein billigerer Dollar die Konkurrenzfähigkeit der USA wieder verbessern, die seit der Abwertung des britischen Pfundes vor zwei Jahren stark gelitten hatte.

Man stand am *Beginn einer neuen Ära*. Wirtschaftliche, finanzielle und soziale Reformen gaben den Vereinigten Staaten eine neue Struktur und machten aus einem kranken, sehr kranken Land, einen neu aufblühenden Staat.

Der Mann, den die Wall-Street-Krise für vierzehn mühevolle Jahre an die Macht gebracht hatte, hat sich einen Ehrenplatz in der amerikanischen Geschichte erobert.

## Auswirkungen der amerikanischen Tragödie auf Europa

Und was geschah währenddessen in Europa? Das dortige Panorama war zwar sehr viel weniger dramatisch, es hatte sich aber auch während der vergangenen Jahre der Prosperität stark verdüstert. Durch die amerikanische Spekulationswut zog Wall Street, der magische Schwerpunkt der Weltspekulation, alle verfügbaren Kapitalien an sich. Das wirkte sich auf die eruopäischen Märkte sehr schlimm aus. Die Spekulanten diesseits des Atlantik gaben sich gar nicht erst die Mühe, ihr Geld zu 7, 8 oder selbst 9 Prozent anzulegen, Zinssätze, die sie in Europa erhalten konnten. Sie kauften lieber Aktien, deren Wert sich manchmal in nicht ganz zwölf Monaten verdreifachte. In Europa wurde die Geldknappheit um so spürbarer, je mehr sich die amerikanischen Gelder zurückzogen und ins eigene Land heimkehrten.

Der Dollarstrom floß zunächst langsamer, dann versickerte er völlig. Das schwächte in erster Linie jene Länder, deren Widerstandskraft sowieso schon klein war. Der europäische Handel hatte seinen größten Kunden fast völlig verloren. Die amerikanischen Banken hatten kein Geld, um Europa zu finanzieren, das amerikanische Publikum keines, um in Europa zu kaufen. Die Redensart »solide wie die Bank von England« verlor in jenen traurigen Jahren ihre Berechtigung. Die alte Dame aus der Threadneedle Street, wie die Engländer die Bank von England nach dem Namen ihrer Straße liebevoll nennen, hielt traditionsgemäß geringe Goldreserven. Als das Kapital seinen Exodus begann, begab sich *Norman Mantaigu*, Gouverneur der Bank von England, persönlich zur Bank von Frankreich und bat um Unterstützung. Aber die Kassen der Bank von England waren löchriger als die Fässer der Danaiden. Die internationale Spekulation setzte auf die Abwertung des Pfund Sterling. (Unter den Spekulanten aus aller Welt befand sich auch der damalige französische *Ministerpräsident Pierre Laval.*) Die englische Regierung mußte ein Embargo auf Goldverkäufe erlassen. Man konnte bei der Bank von England Pfunde nicht mehr gegen Gold umtauschen, und der Pfundkurs an den ausländischen Börsen sank. Der Coup war gelungen. Die Spekulanten konnten enorme Gewinne einstreichen.

Auch die Engländer waren zufrieden. Sie waren überzeugt, vergänglich sei das Gold und nicht ihr Pfund. *Premierminister Mac Donald* erklärte mit innerster Überzeugung: »Solange das Pfund 20 Schillinge wert ist, hat sich im englischen Währungssystem nichts geändert. Die Daily Mail verkündete stolz in einer Balkenüberschrift über acht Spalten: »Alles geht gut, das Pfund ist endlich von den Fesseln des Goldes befreit.«

Dies war der erste Schritt. Seidem wurde das Gold vom Währungssystem vollkommen ausgeschaltet. Gold ist eine banale Ware geworden. Jeder Sparer, auch in Amerika, der Lust dazu hat, kann es in seinem Tresor sammeln. Und schon hier möchte ich betonen: Hoffentlich wird die Welt einmal von dem stupiden Mythos des Goldes befreit. Der Hindu-Poet und Nobelpreisträger *Rabindranath Tagore* hat recht gehabt, als er poetisch schrieb: »Faßt die Flügel des Vogels in Gold, und er wird sich nie wieder in die Lüfte schwingen.«

Auch in Mitteleuropa mußten die Regierungen die Bezahlungen der Zinsen und die Amortisation ihrer Anleihen einstellen, sowie strenge Devisenvorschriften einführen. In Deutschland und Ungarn schlossen die Banken am 14. Juli 1931, das Chaos war grenzenlos. Seit 1928, seit die Kapitalien in die Wall Street zurückflossen, waren die europäischen

Börsen langsam immer bedeutungsloser geworden. Nach dem Börsenkrach verschlechterte sich das Börsengeschäft in Europa zusehends. Das Gesetz der kommunizierenden Röhren wurde wirksam. *Meine Position als Baissier begann Früchte zu tragen.* Wenn ich meine Gewinne addierte, stellte ich befriedigt fest, daß meine Konzeption, die ich schon bei meinem ersten Besuch an der Pariser Börse gefaßt hatte, richtig war. In Zahlen waren meine Gewinne nicht einmal sonderlich groß. Aber für mich gewannen sie an Bedeutung als meine Rache, vor allem an den vielen Dummköpfen der Börse, und als Beweis für meine Intuition. Ich hatte doppelt verdient. Denn die Kaufkraft des Geldes war gestiegen. Während einer Inflationsperiode schmilzt der Geldwert zusammen. In Zeiten der Depression gilt das Geld um so mehr, als alle Leute weniger davon haben.

Neben der allgemeinen Börsenbaisse begünstigten mich gewiß die lokalen französischen Umstände – und vielleicht auch meine Spürnase, da ich einige Finanzkatastrophen mit enormen Folgen richtig vorausgesehen hatte.

Um der Deutlichkeit willen möchte ich hier noch abschließend feststellen: In Europa war der Börsenkrach längst nicht so heftig wie in der Wall Street und auch nicht von solcher Panik begleitet. Die europäischen Börsen waren konservativer, und die Unternehmen konnten sich auf eine solidere Basis stützen.

Eines der schlimmsten Börsendebakel war der Oustric-Krach im Herbst 1930 und unmittelbar danach der Krach Devilder. Durch diese beiden Finanzdebakel ist die ganze Pariser Börse in die Tiefe gestürzt. Was nun war die Lehre und das Ergebnis des ganzen Geschehens?

*Die Baissiers* hatten gewonnen und unter ihnen auch ich! Jeden Abend machte ich Bilanz und rechnete meine Gewinne aus. Ich hatte viel verdient, aber durch den Verlust und den Schmerz anderer. Hätte ich meinen Vater oder einen warnenden Onkel zur Seite gehabt, sie hätten mir bestimmt geraten, meinen neuen Reichtum aus dem Spiel zu ziehen und in mündelsichere Anlagen zu stecken. Ich war aber weit weg von meiner Familie. Der Erfolg ermutigte mich, ich legte meine Gewinne nicht auf die Sparkasse, sondern investierte sie in weiteren Baissespekulationen. Das Spiel reizte, und außerdem ist es die größere Genugtuung, gegen jeden und alle recht zu behalten.

Ich war von diesem Erfolg wie berauscht. Nicht so sehr von dem Geld wie von der Bestätigung meiner Voraussagen. Meine Kollegen besuchten mich. Sie sahen in mir geradezu einen Propheten, der die Entwicklung – gegen die allgemeine Meinung – richtig beurteilt hatte. »Wie konnte dies nur geschehen?« fragten sie mich. »Alles ist möglich an der Börse, sogar das, was logisch ist«, war meine Antwort. Denn für mich war der Zusammenbruch zum Beispiel der Oustric- und Devilder Spielsyndikate genauso logisch, ja fast selbstverständlich, wie vierzig Jahre später der Zusammenbruch von IOS, Gramco, Hunt etc. Das einzige, was mich erstaunte, war das Erstaunen der anderen.

Da ich jetzt die Mittel dazu hatte, wollte ich auch die Annehmlichkeiten des Lebens genießen. Dabei machte ich aber eine peinliche Entdeckung. Mein philosophischer Rationalismus und mein Börsenspürsinn hatten dazu geführt, daß ich viel verdiente, während die anderen verloren. Ein Vers von *Wilhelm Busch* kam mir damals oft in den Sinn: »Höchst fatal, bemerkte Schlich, hehe – aber nicht für mich.« Mein Wunsch war in Erfüllung gegangen, aber das Schauspiel, das ich vor Augen hatte, betrübte mich aufs höchste.

Meine Freunde, meine Kameraden, alle, die ich gern hatte, waren ruiniert. Sie hatten in dieser Krise entweder ihr Geld oder ihre Stellung verloren und wußten nicht, was ihnen die Zukunft bringen würde. Ich hingegen konnte mir jetzt jeden Luxus leisten und jedes Vergnügen, von dem ich je geträumt hatte. Die eleganten Hotels und Restaurants, Auto mit livriertem Chauffeur, alles stand mir offen, denn meine Brieftasche war gefüllt, aber – und jetzt kommt *das große ABER:* Die anderen waren nicht dabei. Die gute Atmosphäre war dahin, das fröhliche Lachen verklungen, an seine Stelle waren Verbitterung und schlechte Laune getreten. Ich war allein, allein mit mir selbst. Überall wurde etwas zum Verkauf angeboten, aber ich hatte keinen Spaß mehr am Kaufen. Ich begriff, daß Champagner und Kaviar kein Vergnügen machen, wenn die Freunde sich mit einer Tasse Kaffee begnügen müssen. Ich wagte nicht, glücklich zu sein, und konnte es auch gar nicht, ich kam mir schlechter vor, als ich war.

## Lachen, wenn andere weinen?

Eine Idee drängte sich mir auf. Wäre es nicht schöner, gleichzeitig mit den anderen zu verdienen – natürlich immer etwas mehr als sie –, aber doch im gleichen Strom zu schwimmen wie sie? Mein Erfolg bedrückte mich beinahe. Ich begann an meiner Baisse-Philosophie zu zweifeln. Man kann nicht immer nur lachen, wenn die anderen weinen. »Der Baissier wird von Gott verachtet, weil er nach fremdem Gelde trachtet«, heißt es im Börsenkatechismus. Und eines Tages trat das fatale Ereignis ein, das mich völlig verwandelte. Es war eine Tragödie, bei deren Schluß sich die Schauspieler nicht mehr erheben konnten.

Es war an einem Samstagnachmittag. In tiefem Ernst hatten sich die Pariser zum Staatsbegräbnis für *Aristide Briand* (der große Freund Stresemanns) auf den Champs-Élysées eingefunden. Nach der Zeremonie zerstreute sich die Menge. Ich wußte nicht recht, was anfangen, und um die Zeit zu vertreiben, ging ich zum Plaudern in das Büro eines Freundes, eines amerikanischen Börsenmaklers (Hentz und Co.). Natürlich warf ich einen Blick auf die letzten Börsenkurse.

Damals gab es in den USA an Samstagen nur eine sehr kurze Börse, von zehn bis zwölf Uhr (was in Frankreich der Zeit von fünfzehn bis siebzehn Uhr entsprach). Bei einem sehr ruhigen Markt hatte sich jedoch etwas Merkwürdiges ereignet. Ein einziger Wert war Gegenstand riesiger Transaktionen. Millionen von Kreuger- & Toll-Aktien des großen Schwedischen Streichholztrustes wurden gehandelt – während der ganzen Börsenzeit zu ein und demselben Kurs, dem gleichen wie am Vorabend. Ich war sofort neugierig, da ich mit Kreuger-Aktien auf Baisse spekuliert hatte.

### Tragischer als erwartet

Die Idee von *Ivar Kreuger*, dem schwedischen Streichholzkönig, war ebenso einfach wie gescheit: Die mittel- und osteuropäischen Länder brauchten Geld, und Kreuger war bereit, es ihnen zu besorgen. Als Entgelt ließ er sich das Streichholzmonopol einräumen, das ihm einen großen Gewinn sicherte.

Nur besaß Kreuger nicht die großen Summen, die zum Beispiel Deutschland brauchte. So emittierte seine Firma Anleihen, und den Gegenwert stellte er den kapitalbedürftigen Ländern zur Verfügung. Der größte Teil dieser Anleihen wurden in den Vereinigten Staaten gezeichnet – oder hätte gezeichnet werden sollen. Kreuger wollte nicht an den Differenzen im Zinssatz zwischen dem geliehenen und dem geborgten Geld, sondern lediglich an den Gewinnen aus der Streichholzfabrikation verdienen. Die Methode war nicht neu, sie war die große Spezialität der Fugger im 16. Jahrhundert gewesen, nämlich die Gewährung von Krediten im Austausch gegen ein Monopol.

*Die Fugger* hatten den in Schwierigkeiten geratenen Fürsten Geld geliehen und dafür das Privileg eines Handels oder die Ausbeutung von Bodenschätzen erhalten. Der König von Portugal räumte ihnen eine Zeitlang das Monopol des Pfefferhandels ein, und der spanische König überließ ihnen die Ausbeutung seiner Silber- und Kupferminen.

Kreuger hatte dieses System wieder aufgegriffen und es der modernen Zeit angepaßt. Er gab Anleihen auf dem amerikanischen Markt heraus, um jenes Kapital nach Mittel- und Osteuropa zu schleusen. Die Schuldnerländer waren an erster Stelle Deutschland, dann Ungarn, Rumänien, Jugoslawien, Polen und einige südamerikanische Staaten. Zu den Gläubigern gehörten in erster Linie die Vereinigten Staaten, die Niederlande, die Schweiz, Großbritannien, Frankreich, also die kapitalkräftigen Länder des Westens.

Die Sache schien vernünftig und auch durchführbar. Sie hätte es sein können, wenn die Schuldnerländer solvent geblieben wären. Zum Zusammenbruch führte sicherlich keine Unanständigkeit Ivar Kreugers, sondern die für Mitteleuropa ungünstigen politischen Ereignisse lösten die Katastrophe aus. Kreuger hatte die finanzielle Struktur und die wirtschaftliche Zukunft dieser Länder falsch beurteilt. Er war Ingenieur, Industrieller, aber gewiß kein erfahrener Bankier oder Spekulant. Sonst hätte er sich nie auf eine solche Sache eingelassen. Aber da er weder die Qualitäten des einen noch des anderen besaß, endete alles tragisch.

Deutschland, Rumänien, Ungarn und die anderen Schuldnerländer stellten eines Tages die Zahlung der Zinsen und der Amortisierungsbeträge ein. Diese Tatsache allein hätte aber den Zusammenbruch des Kreugerschen Industriereiches noch nicht herbeigeführt, wären die herausgegebenen Anleihen tatsächlich beim Publikum untergebracht gewesen. In diesem Falle hätten die Inhaber der Anleihen ihren Einsatz oder einen Teil ihres Einsatzes verloren, die Emissionsgesellschaft wäre aber nicht wegen Zahlungsunfähgikeit der Schuldner pleite gegangen. Der Crédit Lyonnais, der die Unterbringung der russischen Renten besorgt hatte, ging nicht zugrunde, als die UdSSR sich weigerte, die Anleihen des zaristischen Rußland anzuerkennen – wenn auch deren Inhaber dabei ihr Geld verloren. Und die Bank Rothschild ist auch nicht umgefallen, als eine große Zahl ausländischer Anleihen, die sie beim Publikum untergebracht hatte, faul wurden.

Aber Kreuger verfügte weder über Tausende von Bankschaltern wie die großen Kreditinstitute, noch hatte er den Ruf der Rothschilds. Er hatte nicht alle Anleihen unterbringen können, ein großer Teil war an ihm hängengeblieben. Diese Papiere gab er bei verschiedenen Banken »in Pension«, das heißt als Deckung. Dafür erhielt er kurzfristige Kredite, und diese Kredite brauchte er wiederum für die mitteleuropäischen Länder.

Für einen scharfsichtigen Spekulanten, der die Einzelheiten einer finanziellen Operation übersieht, war die Affäre Kreuger klar. Außerdem erfuhr ich, daß der Syndikus des Verbandes der offiziellen Börsenmakler durch ein geheimes Rundschreiben die siebzig gemeinschaftlich haftenden Verbandsmitglieder aufgefordert hatte, die Zahl der Kreuger-Anleihen zu begrenzen, für die sie Kredite garantierten.

Damals erreichte die Wirtschaftskrise in Amerika ihren Höhepunkt. Es bestand auch keine Hoffnung auf eine Besserung der politischen Lage in Mitteleuropa. Infolgedessen war auch niemand interessiert, sein Geld in Kreuger-Anleihen anzulegen. Die Situation schien mir kritisch. Ich hatte keine Bedenken, mit den schwedischen Streichhölzern auf Baisse zu spekulieren. Die Kurse gaben bereits etwas nach, aber Kreuger stützte sie offensichtlich, um die Kreditfähigkeit seiner verpfändeten Papiere bei den Banken und Börsenmaklern nicht zu gefährden. In Paris arbeitete die Bank von Schweden für Kreuger, in New York war es das Bankhaus Lee Higginson, und seine wachsamen Bevollmächtigten kauften ständig, um die Kurse zu halten.

Wahrscheinlich bestand bei gewissen Banken ein Daueraufrag, koste es, was es wolle, den Preis von 5,25 Dollar zu halten, selbst wenn dies den Erwerb einer großen Menge von Papieren erfordern sollte. Damit erklärte ich mir die zahlreichen Verkäufe vom Samstag. An jenem Nachmittag, als mich das Begräbnis Briands auf die Champs-Élysées geführt hatte, waren von geheimnisvoller Seite innerhalb von zwei Stunden Millionen von

Papieren auf den Markt geworfen worden. Ich zerbrach mir den Kopf, woher diese Aufträge kamen.

Natürlich konnte ich nicht wissen, daß ein paar Häuser weiter Ivar Kreugers Leiche in seiner Wohnung in der Avenue Victor Emmanuel III lag. Als die Börse nachmittags in Wall Street eröffnet wurde, war er bereits tot. Aber auch die Banken, die Kreugers Interessen vertraten, wußten es nicht. Sonst hätten sie die Kauforders ihres Klienten nicht ausgeführt. Ivar Kreuger hatte am Samstagmorgen um 11 Uhr Selbstmord begangen. Unter Berücksichtigung des Zeitunterschiedes hätte die Nachricht vor Eröffnung der Börse in New York sein können. Sie wurde aber erst sehr spät am Samstagabend bekanntgegeben.

Ein paar Personen kannten das Geheimnis. Einer von Kreugers Teilhabern, der gleichzeitig sein bester Freund war, die Privatsekretärin und die Aufwartefrau, die beim Reinemachen die gräßliche Entdeckung machte. Die beiden Frauen bewahrten Stillschweigen.

Kreugers Teilhaber setzte geschickt bei der Polizeipräfektur durch, daß die Nachricht vom Selbstmord nicht vor dem Abend bekanntgegeben würde. Es gelang ihm sogar, die beeindruckten Beamten davon zu überzeugen, daß es sonst eine Weltkatastrophe gäbe, an der sie die Schuld trügen.

Schließlich verlangte der Rang des Verstorbenen, der Grand Officier der Ehrenlegion gewesen war, gewisse Rücksichtnahmen. Außerdem waren die Dienststellen der Präfektur wegen des Staatsbegräbnisses für Briand, und auch weil Wochenende war, spärlich besetzt. In gutem Glauben und überzeugt, das Rad der Geschichte aufzuhalten, fanden sich die Beamten also bereit, das Geheimnis zu hüten. Es war eine Farce mit unheilvollen Folgen. Denn wem hatten die »so lebenswichtigen« zwölf Stunden Aufschub genützt? Den Gang der Geschichte haben sie gewiß nicht aufgehalten. Dafür haben eine Handvoll Spekulanten, die noch die großen Massen der Titel verkaufen konnten, sehr schön davon profitiert.

Unter denen, die das Geheimnis kannten, befand sich auch ein hoher Beamter der Polizeipräfektur. Zum Mittagessen hatte er den Verlobten seiner Tochter, den amerikanischen Journalisten Mike Wilson zu Gast. »Ich habe eine sensationelle Nachricht für Sie, und Sie werden sicher wissen, wie Sie sie verwenden oder sogar Nutzen daraus ziehen können. Nur müssen Sie mir Ihr Ehrenwort geben, daß Sie sie nicht vor dem Abend weitergeben. Stellen Sie sich vor, der schwedische Streichholzkönig Ivar

Kreuger hat heute morgen in seiner Wohnung Selbstmord begangen.«

Der junge Mann gab sein Ehrenwort. Als gewissenhafter Journalist begab er sich in das Archiv der Zeitung, um dort Material über den Lebenslauf des Finanzmannes zu sammeln. Dann ging er nach Hause, schrieb einen langen Artikel und kabelte ihn noch am selben Abend an seine Redaktion.

Am nächsten Morgen brachten alle Zeitungen die sensationelle Nachricht. »Selbstmord des Finanziers Kreuger!« Als ich meine Morgenzeitung entfaltete, bekam ich einen Schock. Die Nachricht wirkte auf mich wie ein Schlag mit dem Holzhammer. Mit einem Mal war mir der große Wirbel mit den Aktien am Vortag klar.

## Damaskusstunde eines Baissiers

Ich hatte wieder verdient, diesmal aber auf Kosten eines Menschenlebens. Dieser Schlag traf auf einen psychisch bereits vorbereiteten Boden und verleidete mir die Baissespekulation endgültig. Ich fühlte mich geradezu schuldig am Tod Ivar Kreugers. Jedenfalls hatte ich mir einen gewissen Mangel an Moral zuschulden kommen lassen. Ich wußte noch nicht, daß Kreugers Tod meine Lebensphilisophie ändern würde. Durch diesen Schock wurde ich zum Haussespekulanten, der nicht durch die Schmerzen anderer verdient.

Am Montagmorgen stürzten die Kreuger-Werte und konnten kaum noch notiert werden. Ich begann einzudecken. Mehrere amerikanische Banken stellten als Folge der massiven Käufe vom Samstag ihre Zahlungen ein.

Der Schock traf mich um so mehr, als ich Ivar Kreuger zutiefst nicht für den Betrüger hielt, als den ihn die Weltpresse hinstellte. Der Grundgedanke seiner Geschäfte war anständig und korrekt. Er täuschte sich nur in der Beurteilung der wirtschaftlichen und politischen Lage und wurde das Opfer unglücklicher Umstände. Als sein Gebäude ins Rutschen kam, versuchte er, sich überall festzuhalten, gleichgültig wo, wie es jeder Stürzende tut. So ließ er sich von einem Ausweg zum anderen treiben, immer weiter, ohne die Trennungslinie genau zu beachten zwischen dem, was noch legal war und was nicht mehr. Gewiß, das Publikum verlor Milliarden, aber die Verantwortung dafür sollte nicht allein dem gesetzwidrigen Vorgehen Kreugers zugeschrieben werden, sondern auch den politischen Ereignissen und den finanziellen Verhältnissen in Mitteleuropa. Und mit etwas Toleranz, glaube ich, sollte man Ivar Kreuger mildernde Umstände zubilligen.

Am nächsten Tag kam auch der Journalist wieder zu seiner Verlobten. »Nun, haben Sie aus meiner Mitteilung Nutzen gezogen?«, fragte ihn der Vater. »Ja, natürlich«, antwortete der junge Mann, »der Direktor unserer Zeitung hat mich zu meinem Artikel beglückwünscht, weil ich, dank Ihnen, der erste war, der die Nachricht übermittelte.« »So, und weiter haben Sie nichts getan!!!!«

Der junge Mann mußte seine Einfalt teuer bezahlen. Er bekam die Hand der Tochter nicht, denn für den Existenzkampf in dieser Welt war er nicht genügend hart, oder vielleicht zu ehrlich. Andere Leute hatten die Mitteilung – vielleicht aus der gleichen Quelle – offenbar besser verwerten können. So gut, daß die New Yorker Börse ein Komitee ernannte, das darüber Aufklärung schaffen sollte, wer die massiven Verkäufe vom Samstag veranlaßt hatte. Man entdeckte nie eine Spur.

Das Kreuger-Drama hatte mich innerlich verwandelt. Es gab mir einen menschlicheren und entsprechend gesünderen Blickwinkel und machte mich von der bösen Galligkeit des Pessimisten frei. Ich entledigte mich all meiner Baisse-Verpflichtungen, und so wurde aus dem Baissier Saulus fast über Nacht der Haussier Paulus.

## Neue Ära

Abgesehen von meiner veränderten seelischen Grundhaltung sagte mir auch mein Instinkt – oder war es meine Logik –, daß die Depression in der ganzen Welt ihren Tiefpunkt überschritten hatte. Dafür gab es mancherlei Anzeichen. Im Frühling begann mit Roosevelts Amtsübernahme und den Reformen des New Deal eine neue Ära des wirtschaftlichen Aufschwungs und der Börsenhausse in den Vereinigten Staaten.

Damals wurde, so möchte ich sagen, die Chance meines Lebens geboren. Mein eigenes Leben glich sich gewissermaßen dem Lauf der Weltgeschichte an: meine persönliche Entwicklung hatte eine günstige Wendung genommen, und zwar im richtigen Augenblick. Aus dem Sturm, der mich erfaßt hatte, war ich als ein neues Wesen hervorgegangen. Und zur gleichen Zeit erlebte zufällig ein großer Teil der Welt ebenfalls eine Erneuerung.

Amerika löste sich aus einer tödlichen Umklammerung. Die gefährliche Krise des Kapitalismus, die ihn für immer hätte ersticken können, war überwunden, und nie wieder konnte eine ähnliche Katastrophe eintreten. Es war die erste ihrer Art und gleichzeitig die letzte.

Von dieser Depression, der Millionen Menschen zum Opfer gefallen waren, hatte ich zwar persönlich viel profitiert. Aber der Nachgeschmack war bitter. Diesmal hatte ich – endgültig – begriffen, daß es schöner ist, durch die Hochkonjunktur zu verdienen. Jetzt empfand ich Verachtung für das Geld, weil ich alle anderen Werte, die ich mißachtet hatte, wieder höher schätzte – einschließlich der Börsenwerte. Mein Glück war, daß diese Werte nicht nur in meinen Augen, sondern auch an der Börse stiegen. In der Roosevelt-Ära kam es zu einer stürmischen Hausse. Was bedeuteten die hier geschilderten Ereignisse nun für *mein* Leben? Ich hatte begriffen, daß es andere Dinge im Leben gibt, die man sich mit Hilfe des Geldes zwar leichter beschaffen kann, die aber durch Geld nicht ersetzt werden können.

Das änderte natürlich nichts daran, daß ich mir den ganzen Tag den Kopf darüber zerbrach, wie ich an der Börse einen neuen Coup landen konnte. Doch man halte mir zugute, daß mich bei einer gelungenen Spekulation die Bestätigung meiner richtigen Voraussagen ebenso freute wie der materielle Gewinn. Daneben hatte ich oft den Eindruck, daß meine irgendwie geweitete Lebenseinstellung sogar zu finanziellen Erfolgen führte. Sogar meine leidenschaftliche Liebe für Musik erwies sich als vorteilhaft, gab sie mir doch viel innere Ruhe und beflügelte meine Intention bei schwierigen Entscheidungen.

# »Ein Börsianer und ein Musikus dazu«

Musik und Finanzen waren in meinem Leben also immer miteinander verstrickt. Ereignisse in der Musikwelt beeinflußten oft mein Tun und Lassen an der Börse. Auch die »Meistersinger« haben einmal eine wichtige Rolle bei meinen Spekulationen gespielt.

Es war Frühling 1937 in Paris. Ich freute mich ganz besonders auf den Abend, denn ich hatte Karten für die Galavorstellung der »Meistersinger« in deutscher Besetzung unter Leitung von *Wilhelm Furtwängler.* Für Millionen Musikfreunde ist das die schönste Oper. Sooft sie im Umkreis von hundert Kilometern gespielt wurde, habe ich seit meiner Kindheit keine Vorstellung versäumt. Das ist auch die Musik, die ich – auf eine Insel verbannt – auf Schallplatten mitnehmen würde.

Aber meine Vorfreude war damals von den Sorgen eines Börsenengagements überschattet. In der Mandschurei war Krieg. An der New Yorker Börse wackelten die Kurse, es zeichnete sich eine bedenkliche Abwärtstendenz ab. Der Dow-Jones-Index bröckelte von 250 auf 180 ab, der kritische Punkt 180 war zwar an diesem Tag einige Mal sehr nah, aber noch nicht unterschritten. Nach der Dow-Jones-Theorie müßten nämlich die Kurse, wenn die letzte Verteidigungslinie bei 180 durchbrochen ist, in die Tiefe stürzen; so behaupten jedenfalls die Chartleser. Und das war mit dem Ausbruch des Japanisch-Chinesischen Krieges zu befürchten, eine anhaltende Baissetendenz begann sich abzuzeichnen. Deshalb meine Sorgen. Ich besaß ein ganzes Sortiment amerikanischer Aktien, und sie drohten meinen Genuß an den »Meistersingern« zu verderben. Wie sollte ich mich mit US-Steel- und General-Motors-Kursen im Kopf den Melodien der »Meistersinger« hingeben? (Damals waren US-Steel und GM die Primadonnen der Börse.) Während ich mich umzog, dachte ich hin und her: Wozu die Börse, die Kurse, das ganze Treiben um Geld und Gewinn, wenn sie mich daran hindern, völlig in Kunst und Musik aufzugehen? Die einzige Lösung schien mir, meine Aktien zu verkaufen, auch auf das Risiko hin, daß die Kurse wieder hochschnellen sollten.

Bevor ich zur Oper fuhr, rief ich meinen Broker in Paris, *J. S. Bache & Co,* an und stieß, einige Minuten vor Börsenschluß, alle meine Werte ab. Es war eine Angelegenheit von wenigen Minuten, aber ich fuhr als ein anderer Mensch in die Oper. Ohne Börsenengagement in einer gefährdeten Zeit konnte ich den Opernabend voll genießen. US-Steel und General Motors schienen mir auf einen anderen Planeten entrückt.

In den nächsten Tagen war die Börse beständig. Am vierten Tag aber stürzte der Dow-Jones-Index von 180 auf 120 steil ab. Die Verluste der Börsianer und des Publikums waren erschreckend. Ich aber hatte mein Schäfchen im Trockenen. Meine Musikbegeisterung hatte mich vor dem Schlimmsten bewahrt. Hans Sachs war ein Schuhmacher und ein Poet dazu. Von mir könnte man sagen: »Ein Börsianer und ein Musikus dazu.«

# »Geld ist vergänglich – Kunst ist ewig«

»Ihre Schäfchen im Trockenen« hat auch die Dynastie Wildenstein in Paris, aber in ganz anderen Dimensionen.

Sie verdankt dies allerdings nicht der Liebe zu einer Kunstgattung, zu deren Aufnahme ein empfindsames Gehör, sondern vielmehr empfindsame Augen erforderlich sind.

Und ein Mann mit empfindsamen Augen, Spürsinn und noch ein geschickter Kaufmann dazu war *Nathan Wildenstein der Weise*, der Gründer der Dynastie Wildenstein in Paris, die heute den Kunsthandel der Welt regiert. Dieser Nathan Wildenstein hatte eine Grundphilosophie, und die faßte er in folgenden Worten zusammen: »Waghalsigkeit beim Kauf, Geduld beim Verkaufen; die Zeit spielt keine Rolle.« Dieses Grundgesetz brachte ihm und seinen Nachkommen (heute die vierte Generation) ein Vermögen, das heute in der Welt zu den größten zählt. Es ist in Ziffern schlecht auszudrücken; für Bilder kann man keinen präzisen Buchwert in die Bilanz einsetzen, aber aufgrund der Preise, die bei Versteigerungen gang und gäbe sind, könnte es Milliarden betragen.

Die Firma, das heißt die »Stiftung Wildenstein« mit Sitz in Paris besitzt vier Galerien, in denen sie überall Warenlager hat: In New York, London, Buenos Aires, Tokio. In diesen legendären Schatzkammern befinden sich unter anderem über tausend Bilder der Impressionisten, 500 der italienischen Primitiven und der Renaissance, Spanier, Deutsche, Holländer. Im Lager befinden sich zum Beispiel 30 Seurat (20 Prozent der 150 existierenden Seurats), 50 Cézanne, 60 Renoir, 60 Claude Monet, 3 El Greco, 5 Rubens, 3 Tizian, sogar 1 Leonardo da Vinci, und mehr Rembrandt als in einem der großen Museen. Es ist nicht zu fassen! Tutti quanti ein Lager von über 3000 Gemälden, aus allen Zeiten und erster Qualität. (Das Bild, das seit längster Zeit im Familienbesitz ist, ist ein Männerporträt von Pierre Mignard, erworben von Nathan 1885).

## Die Wildenstein-Saga

Die »Saga Wildenstein« beginnt 1870, als die preußische Armee das Elsaß besetzte. Nathan Wildenstein (nach seiner Herkunft aus der kleinen Gemeinde Wildenstein) zieht nach Frankreich. Er fängt seine Laufbahn als

Gehilfe eines kleinen Schneiders an. Eine Bekannte seines Chefs bietet ihm ein Bild für 200 Francs an, das der junge Nathan einige Jahre später, nachdem man entdeckt hatte, daß es von Boucher stammt, für 20 000 Francs veräußern kann. Eine solche Marge lockt die Phantasie und läßt die Chancen ahnen, die im Bilderhandel liegen.

Nathan etabliert sich bald in einem kleinen Laden an der Rue Laffitte, nur einige Schritte von dem Bankhaus Rothschild entfernt. Aber er treibt keine Geldgeschäfte; er handelt mit Tuch und später nur mit Bildern. Gemälde entsprechen mehr seinem Geschmack, als Stoffe mit der Elle zu messen, und der Beweis, daß sein Geschmack gut ist, sind seine spektakulären Erfolge. Nach einer Zwischenstation kauft Wildenstein 1882 das kleine Palais aus dem 18. Jahrhundert (57, rue de la Boëtie), in dem die Stiftung Wildenstein noch heute ihren Sitz hat.

Um die Jahrhundertwende gehört Nathan zu den fünf größten Bilderhändlern von Paris. Sein Geschmack und Spürsinn entdecken eine Kategorie von Bildern, die damals noch nicht populär war: die französischen Meister des 18. Jahrhunderts, Watteau, Boucher, Fragonard usw. Er spürt, daß diese Gemälde besser in die französischen Palais und zu den französischen Möbeln passen als düstere Holländer oder Flamen. Sie haben auch mehr Licht und werden von den neuen reichen Bürgern, Handelsherren und Bankiers mehr gesucht. Diese kaufen sich mit einem Hauch von Snobismus auch Porträts, um ihre Wände zu schmücken. Sie sagen es zwar nicht, aber die Gäste könnten glauben, daß diese eleganten Damen und Herren die Vorfahren der Familie sind.

Vor 1917 verkaufte Wildenstein viele Gemälde auch an russische Sammler. Interessanterweise kaufte er dann, nach der russischen Revolution, eine große Anzahl von der Sowjetregierung, die damals viele enteignete Meisterstücke im Westen veräußert hat. Heute trachtet die Sowjetregierung danach, die damals verkauften Stücke zurückzuerwerben. Eine schwierige Angelegenheit, denn diese Bilder haben ihre Plätze dank Wildenstein und anderer in den großen Museen und Sammlungen gefunden.

»Das ist ja das Merkwürdige und Einmalige im Bilderhandel« erklärt Enkelsohn *Daniel Wildenstein* (60), »daß es in der Welt immer mehr Käufer gibt, die gesuchte Ware aber, das heißt die Bilder, seit 100 Jahren dieselben bleiben.« 1900 gab es 2000 Museen in der Welt, heute sind es 40 000. Und Gemälde, die einmal im Museum hängen, sind für den Handel endgültig verloren. Die amerikanischen Sammler verschenken aus Steuergründen ihre Sammlungen an Museen, und die nächste Generation fängt eine neue Sammlung an. (In Europa ist die Lage anders – die Sammlungen bleiben für Generationen in der Familie). Die Ware wird also seltener und seltener, aber nicht im Hause Wildenstein. Die Philosophie des Weisen Nathan hat sich als richtig erwiesen: Geduld beim Verkauf. Nichtsdestoweniger klammern sich die Wildensteins nicht an Bilder. Das Lager muß ständig erneuert werden. Das Prinzip der Familie ist: »Ein Händler darf kein Sammler sein.« Der Sammler verliebt sich in seine Ware und will sich nicht mehr von ihr trennen. Wenn man nichts verkauft, kann man keine Gewinne machen, und wenn man keine Gewinne macht, das Lager nicht vergrößern.

Als man einmal Nathans Sohn, *Georges Wildenstein*, befragte, warum er sich ein so großes Lager halte, war seine Antwort einfach, aber logisch: »Hat vielleicht ein Schuhgeschäft nicht alle Farben, Modelle und Sorten?« Und die Firma Wildenstein hat heute tatsächlich Ware nach jedem Geschmack, sei es für Museen, Sammler oder Anleger. Wenn einem Milliardär plötzlich einfallen sollte, Sammler zu werden (wie es häufig vorkommt), braucht er sich nur an Wildenstein zu wenden, der ihm in einer halben Stunde ein Privatmuseum von internationaler Bedeutung vorzaubert. *Bernard Berenson*, der größte Kunsthistoriker des Jahrhunderts, sagte einmal: Georges Wildenstein ist der letzte echte Bilderhändler, die, die nach ihm kommen, sind nur Makler.

Dieses einmalige Warenlager ist die große Stärke der Firma. Das Geheimnis des spektakulären Erfolgs ist die Vereinigung von drei Faktoren:

1. Der unfehlbare Geschmack der Wildensteins und ihr Spürsinn, das Urteil über die Qualität des Bildes und die Dokumentation.
2. Die internationale Organisation: Korrespondenten, Agenten, und wenn es sein muß, Spione, melden aus aller Welt, wo ein Bild eventuell auf dem Markt auftauchen könnte.
3. Ungeheure Bargeldliquidität, denn Monsieur Wildenstein legt auch heute 10 bis 20 Millionen DM cash auf den Tisch, um ein gewünschtes Bild zu erwerben.

Das Wichtigste sind Geschmack und Urteil. Man kauft keinen Namen, sondern Kunst, das heißt ein schönes Bild, und nachher recherchiert man, von wem es gemacht wurde. Dazu dient auch eine einmalige Dokumentation: 150 000 Fotografien, 150 000 Kataloge usw. (Die Wildensteins kauften und kaufen jede Bibliothek, jede Fotosammlung, sofern sie zur Identifikation von Bildern dienen können.) In Minuten können sie feststellen, woher das Bild stammt, ob davon mehrere Exemplare existieren, durch welche Hände es gegangen ist, usw.

Das Bargeld muß da sein zum waghalsigen und schnellen Kauf, denn die Konkurrenz der Wildensteins sind nicht andere Verkäufer, sondern Käufer, und besonders diejenigen Händler, die schon Wind davon haben, daß Wildenstein für ein Bild Interesse hat. »Was hält Georges von dem Bild?« war eine ständige Frage, die kleine und große Händler sich gestellt haben, denn das Bild, das Georges haben will, wollen sie auch haben. Diese Händler kaufen viel mehr mit den Ohren als mit den Augen. Die Augen hatte Georges Wildenstein schon dank seines Vaters, der ihn mit 7 Jahren täglich in Museen und Ausstellungen geschleppt und ihn gefragt hatte: »Ist das Bild schön?« So wurde Sohn Georges erzogen. Nathan hatte keine Kunstgeschichte studiert, sein Spürsinn war alles. Seine Nachkommen Georges, Daniel und seine Söhne (vier Generationen) sind schon Gelehrte in Kunstgeschichte, abgesehen von dem Urteilsvermögen, das sie von Kindesbeinen an mit der Erziehung mitbekommen haben. Daniel Wildenstein ist sogar als Experte Mitglied der Akademie der schönen Künste, eine besondere Ehre für einen »Händler«.

Der Verkauf, das heißt Kunden zu finden, ist für Wildenstein kein Problem. Wenn für ein Bild die Faktura von Wildenstein ausgestellt wird, bedeute das zweierlei: das Bild ist in jeder Beziehung einwandfrei und hat zudem das Prestige, dem Wildensteinschen Geschmack zu entsprechen. Die Wildenstein handeln nicht mit Bildern, die ihnen selbst nicht gefallen, denn ›die Wildensteins sind zwar Händler‹ – sagt Daniel – ›aber an erster Stelle Experten.‹ So geschah es, daß Georges eines Tages 250 Picassos veräußerte, weil sie seinem Geschmack nicht mehr entsprachen. Dabei hatte die Galerie Wildenstein mit Picasso von 1914 bis 1930 einen Vertrag. Picasso war mit der Familie eng befreundet, von der er einige Mitglieder porträtiert hat. Von abstrakten Bildern hielt die Familie gar nichts, und daher war auch kein Interesse dafür vorhanden. Das Wort »kein Interesse« kam häufig von den Lippen Georges Wildensteins, wenn man ihm ein Gemälde präsentierte. Aber genauso häufig war auch das Wort, das er seinen Kaufagenten sagte: »Sie können bis eine Million gehen.« Er war manchmal bereit, jeden Preis für ein Bild zu bezahlen.

Eine typische Geschichte à la Wildenstein erzählte mir lächelnd Daniel (dritte Generation): »Es war Anfang der vierziger Jahre, als wir in New York waren, daß eine deutsche Dame, *Frau Hirschland* – aus der berühmten Bankiersfamilie – aus Essen, die damals auch in New York wohnte, meinen Vater anrief, ob er für einen van Gogh – ›Weiße Rosen‹ – Interesse hätte. Sie verlangte dafür 100 000 Dollar (entspricht heute einer Kaufkraft von 2 Millionen DM). ›Ja‹, sagte er, ›ich schicke gleich meinen Sohn herüber, um das Bild zu besichtigen‹. Er gab mir den Auftrag, das Bild, wenn ich es für schön hielte, sofort zu kaufen und zu bezahlen.« Das Bild gefiel Daniel, aber es war ein kleiner Haken dabei. Frau Hirschland hatte schon vorher dem kalifornischen Millionär *Albert Lasker* eine Option auf das Bild gegeben, und es fehlten noch drei Tage bis zum Ablauf dieser Frist. Die Dame rief also Lasker an und sagte, daß Wildenstein sich auch für das Bild interessiere, und bat ihn nun zu sagen, ob er seine Option wahrnehmen wolle. Lasker antwortete, er wäre nicht mehr interessiert, sie solle ruhig das Bild der Galerie Wildenstein verkaufen. Daniel legte den Scheck auf den Tisch, nahm die »Weißen Rosen« unter den Arm und brachte so das Bild gleich in die Familiengalerie mit. Am nächsten Tag rief Lasker aus Kalifornien Wildenstein an und sagte, daß er ihm das van-Gogh-Bild nun abkaufen möchte. Wildenstein war perplex, entschuldigte sich, daß er ohne Zwischengewinn das Bild nicht verkaufen könne und verlangte 130 000 Dollar dafür. »Ok«, lautete die Antwort aus Kalifornien. Nun juckte aber Wildenstein die Neugierde, was denn die Hintergründe von Laskers Handeln waren. Er hatte bald die Erklärung von seinem Kunden: »Ich zahle lieber 30 000 Dollar mehr für das Bild, aber mit Ihrer Garantie.« Derselbe van Gogh wurde übrigens vor ein paar Jahren für 12 Millionen DM versteigert. Und so ist es auf der ganzen Linie. In dem Moment, wo ein Bild durch die Hände von Wildenstein geht, ist es nicht nur 30 Prozent, sondern auch 100 und 200 Prozent mehr wert, immer mit dem Gedanken: Geld ist vergänglich, Kunst ist ewig. – Sie sind die Fürsten der Bilderhändler und die Bilderhändler der Fürsten, auch wenn es oft nur Geldfürsten sind. Es ist also kein Wunder, daß das Verkaufen für die Galerie Wildenstein kein Problem ist, da die Kunden hauptsächlich Museen, Stiftungen, Millionäre, Banken und sogar Gewerkschaften sind. Jawohl, Gewerkschaften! Es ist zum Beispiel bekannt, daß auf dem

Bildermarkt heute einer der größten Käufer die Pensionskasse der britischen Eisenbahnarbeiter ist, die jährlich für etwa 15 Millionen Dollar erstklassige Bilder zur Geldanlage kauft.

In diesem zoologischen Garten der Sammler tummeln sich auch viele skurrile Figuren. Einer der größten Sammler der USA war vor einigen Jahren *Mr. Kress,* der »Five-and-ten-cent-stores-Millionär«. Er dachte, der Handel mit Bildern sei wie mit Drogerieware oder Hemden. Er wollte immer en gros kaufen: 20, 30 Bilder auf einmal, damit er Rabatt bekommt.

Wenn Wildenstein das gewährte, kaufte Kress sofort. *Paul Getty,* der größte Multimilliardär seiner Zeit, war im Bilderankauf dagegen der Kleinlichste. Er kam zu Wildenstein und fragte: »Was ist das billigste Bild, das Sie jetzt am Lager haben?«

Der größte Sammler von heute und wahrscheinlich der größte Kunde von Wildenstein ist *Norton Simon,* der amerikanische Lebensmittel- und Kosmetikmilliardär. Wildenstein schätzt, daß Simon seit 15 Jahren für 200 Millionen DM Bilder gekauft habe. Die Bedeutung von Wildenstein auf dem Bildermarkt könnte man am besten mit der der Rothschilds in der Finanzwelt vergleichen. Die Glanzzeit der Firmen Rothschilds ist heute jedoch schon vorbei, während die Wildensteins nach wie vor den Kunstmarkt souverän beherrschen.

Auch die Tradition spielt bei beiden eine große Rolle. Die Kunden wollen wissen, wer die Erben der Firma sein werden, von der sie eine so delikate Ware wie »Kunst« für Millionen kaufen. Und noch ein Phänomen, das beiden Dynastien gemeinsam ist: Die Liebe zu den Pferden. Die Farben von Wildenstein (dunkelblau bis hellblau) gehören zu den populärsten der großen Rennplätze. Der Stall Wildenstein hat heute 150 erstklassige Pferde im Training und 150 weitere vielversprechende im Nachwuchs. 1975 haben sie die vier höchsten Preise gewonnen, darunter den Prix de l'Arc de Triomphe und den Prix de Diane, eine einmalig Performance in der Geschichte des Turfs. Es ist also fast natürlich, daß Daniel Wildenstein ein wunderbarer Reiter und sein Sohn Polospieler ist.

Und übrigens baute die Familie Wildenstein seit Generationen eine Sammlung von alten Möbeln auf, die sie vor zwei Jahren in einem Block für 70 Millionen DM an den saudiarabischen Millionär *Akkram Jjeh* verkauft hat.

# Börse und Leidenschaft

## Liebe im Vorübergehen ...

Ich hatte also schon ziemlich früh in meinem Leben den Götzen Geld von seinem Postament heruntergeholt. Das gleiche konnte ich aber nicht von meinen Kollegen, den Spekulanten, Maklern und so weiter sagen.

Es gab da einen, an den ich mich immer erinnern werde: In seiner Art war er ein ziemlich ungewöhnlicher Mensch, der sich ganz mit der Börse identifizierte. Er schien mir eine bessere Verkörperung der Spekulation als jede allegorische Figur. Er wohnte in Wien, aber er hätte auch in jeder anderen Stadt der Welt leben können, vorausgesetzt, daß es dort eine Börse, Telex und Telefone, gibt. Sein Einsiedlerdasein war ausgefüllt mit Fernschreibern, allen möglichen Jahrbüchern, sämtlichen Kurszetteln der Welt und Finanzzeitschriften, die sich in seinem Büro häuften. Dieses wurde nur dann von einem Lächeln erhellt, wenn er gewonnen hatte. Für ihn gab es nur die Charts an den Wänden, seine Zahlen im Kopf – alles andere war für ihn belanglos. Selbst seine Zeiteinteilung war von der Börse bestimmt. Mit abwesendem Blick und großen Schritten ging er durch die Straßen, ohne das Geringste wahrzunehmen. Er sah nicht die Pelzmäntel in den Schaufenstern, nicht die Diamantenkolliers bei den Juwelieren oder die hübschen Mädchen auf den Plakaten, welche das Publikum zu wundervollen Urlaubsreisen aufforderten. Er trug Scheuklappen wie ein Rennpferd. Nur eines sah er immer direkt vor sich: die Börse. Es konnte regnen, donnern, die Sonne scheinen, ihm war nur ein Klima wichtig, das der Börse. Er rannte, um vor dem ersten Klingelzeichen dort zu sein. Das zweite Klingeln bei Börsenschluß erschien ihm wie ein Totenglöckchen.

Glücklicherweise konnte er sein Vergnügen verlängern, wenn er wieder nach Hause zurückkehrte. Von seinem Büro aus setzte er sich mit Fernschreibern und Telefonen mit Auslandsplätzen in Verbindung. Aktien, Obligationen, Devisen, Rohstoffe – das war die Welt, in der er lebte und in der er sich glücklich glaubte.

Er war, wie man so sagt, von der Spekulationswut besessen. Alles hing damit zusammen, und alles lief darauf hinaus. Wenn er sich rasierte, dachte er »Gillette«, wenn er Maschine schrieb, »Remington«, wenn er eine Erfrischung bestellte, »Coca-Cola«. Jeder Artikel des täglichen Lebens war für ihn zugleich ein Börsenwert: die Baumwolle seines Hemdes, die Seide seiner Krawatte, der Zucker in seinem Kaffee, alles Rohstoffe, mit denen man spekulieren kann. Vom Frühling wußte er nichts als die Kurse des Pariser Warenhauses gleichen Namens (Au Printemps), von Monte Carlo kannte er nur die Aktien der »Seebäder-Gesellschaft Monaco«.

Eines Morgens eilte er mit noch mehr Eifer als gewöhnlich zur Börse. Das Radio hatte ein ungünstige Nachricht über eine Gesellschaft durchgegeben, bei der er auf Baisse spekuliert hatte. Für ihn war dies also eine gute Nachricht. Er freute sich schon, nicht so sehr über den Gewinn als vielmehr über die Genugtuung. Immer vier Stufen auf einmal nehmend eilte er die Börsentreppe hinauf und vernahm bereits die Musik der Baisse. Seine Ohren waren nicht geschult für Mozart oder Bach, aber sie konnten unfehlbar das Dur der Hausse vom Moll der Baisse unterscheiden.

### Mona Lisa in der Börse

»Was macht denn die Leiter da auf dem Flur? Ich will lieber das Schicksal nicht herausfordern und darunter durchgehen. Ich könnte meinen großen Auftritt verpatzen!«

Plötzlich durchfuhr ihn ein Schreck, als hätte er einen Faustschlag vor die Brust bekommen. Von der Höhe der Leiter lächelt ihm ein blondes Mädchen zu, und er steht da und schaut sie an, mustert sie von Kopf bis Fuß. »Das ist ja Unfug, ich werde verrückt«, denkt er, »sie lächelt doch nicht etwa mich an?« Dann verschwindet er im Börsensaal. Aber das Lächeln verfolgt ihn. Er nimmt kaum die für ihn so ausgezeichneten Kurse wahr, seine Hand zittert ein wenig. Er hört nicht die Glückwünsche seiner Kollegen, das merkwürdige Lächeln ist immer noch da. Er glaubt es links, rechts, überall, beharrlich und fragend zu sehen. Schließlich läutet die Glocke zum zweitenmal. An diesem Tag nahmen die Börsenstunden kein Ende. Ob er sie beim Hinausgehen noch einmal sehen würde? Nein, sie war nicht da, nicht einmal die Leiter war mehr da... als ob er alles geträumt hätte. Und auf der Straße geht er etwas weniger schnell. Jedes Ding bekommt seinen Sinn. In den Modepuppen der Schaufenster erkennt er das blonde Mädchen. Diamanten tanzen um ein Lächeln: das junge Mädchen, und von den Plakaten herab lädt ihn dasselbe Lächeln zur Reise ein.

Zu Hause klingelt das Telefon, aber er nimmt den Hörer nicht ab. Der Fernschreiber klappert, aber er rührt sich nicht, um nachzusehen. An diesem Abend gingen weniger Telegramme von seinem Büro hinaus – und die eintreffenden öffnete er erst gar nicht. Er kümmerte sich nicht um die Schlußkurse der Auslandsbörsen. New York, Chikago, Buenos Aires existierten für ihn nicht mehr. Als die Nacht kam, konnte er nicht schlafen. Sein Leben zog vor seinen Augen vorbei, leere Jahre ohne Lächeln, reich an Abenteuern, aber nur an Spekulationsabenteuern, ohne menschliche Gegenwart. Bis zum Morgen machte er Bilanz, gab sich der unsinnigen Idee hin, daß er sie wiedersehen würde und sich alles ändern könnte. Die Zeit schien stillzustehen. Mit doppelter Ungeduld wartete er auf die Stunde, um zur Börse zu gehen.

Das junge Mädchen war jedoch nicht da. Er war enttäuscht. Seinen Kollegen fiel auf, daß er zum erstenmal in seiner Laufbahn als Börsianer mit etwas anderem als den Kursen beschäftigt schien. Nervös, zerstreut verschwand er, sobald die Schlußglocke läutete . . .

Da war sie, in der Aufseherloge ihres Vaters! Durch das offene Fenster sah er, wie sie sich vor einem Spiegel ihre langen blonden Haare kämmte. In einem plötzlichen Aufleuchten trafen sich ihre Blicke – ein Funken, als hätte er zu ihr gesagt: »Warte auf mich!« und ihre Antwort wäre gewesen: »Ja!«

Auf dem Nachhauseweg durchlebte er ein echtes Drama. Als er zu Hause ankam, war die Entscheidung getroffen. Er machte sich unverzüglich an die Arbeit. Da war das Leben, zum Greifen nahe, und er wollte endlich zufassen. Mehrere Tage lang sandte er Telegramme ab, gab Aufträge, aber diesmal nicht, um neue Spekulationen einzuleiten. Im Gegenteil, er löste all seine Verpflichtungen, er deckte seine Baisse-Positionen, verkaufte seine Hausse-Engagements. In einer Woche liquidierte er alle seine Geschäfte. Dann reiste er ins Ausland, besuchte seine Geschäftsfreunde, saldierte seine Konten, kassierte, löste auf und schloß endlich ab.

Am letzten Abend seiner Reise saldierte er endgültig sein Konto, packte seinen Koffer und nahm sein Rückreisebillet. Jetzt würde das wirkliche Leben beginnen. Er würde sein Geld auf die Sparkasse legen und nie mehr an die Börse denken. Er würde noch einmal zur Börse gehen, aber nur, um beim Aufseher stehenzubleiben. Er würde das Mädchen an der Hand nehmen und mit ihm fortgehen, und wie im Märchen würden sie lange Zeit glücklich miteinander leben. Er träumte . . . »Endlich finde ich Sie! Seit einer Woche habe ich Sie überall telefonisch gesucht!«

Es war einer seiner alten Freunde, ein Makler und Spekulant, der zufällig im gleichen Zug saß.

»Stellen Sie sich vor«, fuhr jener fort, »ich habe die Spekulation des Jahrhunderts entdeckt, eine ganz außerordentliche Sache.« »Das interessiert mich nicht mehr, ich ziehe mich von der Börse zurück.«

»Sind Sie verrückt? Das ist wohl ein schlechter Witz. Man darf keine Zeit verlieren. Hören Sie, es handelt sich um ...«

»Es ist zwecklos. Ich sagte doch eben, ich gebe alles auf. Ich habe genug vom Spekulieren.«

»Aber hören Sie doch. Sie werden gleich sehen ...«

Er versuchte zu protestieren, aber der andere war schon in voller Fahrt.

»Man muß Häute kaufen, Rohhäute an der New Yorker Börse. Das ist ein todsicherer Tip. Die Kurse sind zwar schon gestiegen, aber sie steigen und sie werden noch viel mehr steigen. Die Russen kaufen, soviel sie nur bekommen können, sie raffen alles an sich. Auf allen Märkten der Welt, in Argentinien, in Kanada stößt man auf ihre Agenten. Sie verursachen eine Warenknappheit, die Schuhfabriken in Deutschland müssen wegen Ledermangel schon die Arbeit einstellen.« Der Makler hatte sich in seinen Enthusiasmus hineingeredet. Er gehörte zu jenen Leuten, die sich für eine Idee begeistern können, sie bis auf den Grund ausschöpfen und anderen ihre Begeisterung übermitteln.

»Verstehen Sie mich richtig«, fuhr er fort, »die Preisentwicklung bei Häuten hat nichts mit anderen Produkten zu tun. Leder ist ein Nebenprodukt, man schlachtet keine Ochsen wegen des Leders, sondern wegen des Fleisches. Gewöhnlich wird die Produktion angeregt, wenn der Preis eines Rohstoffes steigt. Dies war zum Beispiel so beim Kupfer. Als vor einigen Jahren die Preise stiegen hat man die lange stillgelegten Kupferminen wieder in Betrieb genommen. Ebenso war es beim Kautschuk und kürzlich auch beim Whisky, und wer weiß, ob sich nicht gerade jetzt eine ähnliche Entwicklung beim Nickel anbahnt.

Aber beim Leder ist es absolut nicht das gleiche. Die Preise können in den Himmel steigen – denn die Metzger werden nicht mehr Tiere schlachten, solange der Fleischverbrauch gleichbleibt. Der aber nimmt sogar ab. Es wird mehr Kalbfleisch gegessen, und in Amerika mehr und mehr Schweinefleisch, Fisch und Geflügel, ganz zu schweigen von der steigenden Zahl von Vegetariern. Sie werden also einsehen, daß wenig Aussicht für eine erhebliche Produktionssteigerung für Leder besteht.

Und was findet man auf der anderen Seite? Einen ins Unermeßliche gesteigerten Verbrauch. Was machen die Russen mit den Devisen, die sie für ihren tonnenweise exportierten Kaviar und ihre Krebse aus Kamtschatka bekommen? Sie kaufen damit so viel Häute, wie sie nur kriegen können.

Nehmen Sie zum Beispiel einen Soldaten. Seine Stiefel, seine Sohlen, sein Koppel, seine Patronentaschen, alles ist aus Leder. Es gibt Stiefel für den Winter, Stiefel für den Sommer – und wie viele Soldaten gibt es auf der Welt? Wie viele Armeen, die von Kopf bis Fuß ausgerüstet werden müssen? Wie viele unterentwickelte Länder, wo es noch keine Schuhe gibt? Und die 850 Millionen Chinesen?

Nun werden Sie doch nicht mehr behaupten wollen, daß ich unrecht habe!«

Es regnete Argumente, die Geographie marschierte auf, die Politik mußte herhalten, alles diente zur Begründung einer einzigen These: Man muß Häute kaufen.

»Bei der heutigen internationalen Spannung, lieber Freund, muß man auf Häute spekulieren. Sobald es irgendwo in der Welt nach Pulver riecht, werden Häute gebraucht.«

»Ich bestreite das gar nicht, Sie haben recht, aber ich wiederhole nochmals, ich ziehe mich vom Geschäft zurück.«

»Gut, ich will nicht drängen, aber wenn Sie es sich anders überlegen, hier ist meine Telefonnummer . . .«

Und mit diesen Worten trennte man sich. Unser Freund verbrachte eine schreckliche Nacht in seinem Schlafcoupé. Bis zum Morgengrauen wälzte er sich von einer Seite auf die andere, er träumte von Stiefeln, chinesischen Ochsen, unterentwickelten Vegetariern, von Patronen, Metzgern, die Hähnchen schlachteten, russischen Stiefelsohlen, und dann sah er wieder das Mädchen mit blonden Haaren oben auf der Leiter.

### »Jetzt muß man Schweinebäuche kaufen!«

Als er von seiner Reise zürückkam, eilte er sofort nach Hause. Seine Wohnung sah völlig anders aus als sonst. Es gab keine Statistiken mehr an den Wänden, keine Kurszettel, keinen Fernschreiber, alles war vor seiner Reise abgeholt worden. Als er sich rasierte, dachte er nicht an »Gilette«-Aktien. Beim Anziehen sann er nicht über die Wollkurse nach, und er band seine Krawatte, ohne die Seidennotierungen zu überdenken. Ein neues Leben sollte beginnen. Zum erstenmal sah er sich wirklich im Spiegel.

Einige Falten, viel Müdigkeit. Er begann zu überlegen und mit seinen Spiegelbild zu sprechen.

»Du bist verrückt, du kannst nicht alles von heute auf morgen hinwerfen. So leicht kann man nicht aus seiner Haut, man streift sie nicht ab wie ein Hemd.«

Ohne daß es ihm ganz klar zum Bewußtsein kam, ging er aus alter Gewohnheit zum Telefon und wählte die Nummer seines Maklers. »Kaufen Sie für mich x Häute-Kontrakte an der New Yorker Börse zu allen Terminen.«

Der Auftrag war riesig und reichte an die äußerste Grenze seiner Mittel. Er mußte als Sicherheit die gesamte für die Sparkasse bestimmte Summe hinterlegen.

Ruhig setzte er sich an seinen Schreibtisch und nahm seine Geschäfte wieder auf. Telegramme gingen hinaus, der Fernschreiber wurde wieder installiert und tuckte eifrig. Dann nahm er mit seinen Häute-Kontrakten wieder den täglichen Weg zur Börse auf. Er war glücklich, diese Gelegenheit nicht verpaßt zu haben, und rechnete schon seine künftigen Gewinne aus. In die Richtung der Aufseherloge sah er nie wieder. Er hatte Angst vor sich selbst. Wieder war er der erste, der morgens kam, und der letzte, der abends ging, immer war er an seinem gewohnten Platz in einer Ecke des großen Börsensaals.

Und was wurde aus den Häuten?

*Präsident Dwight Eisenhower* lud den sowjetischen Vorsitzenden *Nikita Chruschtschow* zu einer Reise durch die Vereinigten Staaten ein. Das war der Auftakt zu einer großen Entspannung. Koexistenz und Abrüstung waren an der Tagesordnung. Man versuchte, Stiefel und Patronentaschen zu vergessen. Und die Preise für Leder stürzten.

Mein Freund verlor seinen Einsatz, sein ganzes Vermögen. So kam es, daß freundliche Weltereignisse den Helden dieser unvollendeten Romanze bestraften.

Auch ich verlor einige Federn dabei. Ich konnte ebenfalls der »makellosen« Beweisführung, den Verlockungen des Erfolges nicht widerstehen. Aber ich verdiente keine Strafe mehr, ich hatte meine schon viel früher bezogen. So endeten auch andere Spekulationen des Jahrhunderts mit einem Fiasko.

Es bleibt nur abzuwarten, was die nächste Spekulation des Jahrhunderts sein wird, dachte ich.

(Nachdem ich diese authentische Geschichte schon geschrieben hatte, las ich sie meinem Freund vor, der mir dafür als Modell diente. Aufmerksam hörte er mir zu, stimmte kopfnickend zu, verzog keine Miene und sagte am Ende vielsagend: »Sehr interessant, André. Aber ich werde ihnen etwas sagen: jetzt muß man Schweinebäuche kaufen!«)

# Boulevardkomödie und ihr Corner

Auch Budapest hat seinen Krach gehabt... Das war vor vielen Jahren, aber es ist eine für die Budapester Börse bezeichnende Geschichte, vielleicht wegen der malerischen Umstände, unter denen sie sich abspielte, und auch, weil Spekulation und Humor manchmal Hand in Hand gehen!

Die »Aktiengesellschaft der ungarischen Salami« stellte die berühmten Würste her, Konkurrenzprodukt der Mailänder Salami, die noch heute einen Ehrenplatz im Export des kommunistischen Ungarn einnehmen. Das Geschäft blühte, und man begann mit den Aktien dieser Gesellschaft eifrig an der Börse zu spekulieren. Das ging so lange, bis die Kurse von 50 Kronen auf 300 gestiegen waren. Eine Gruppe von Spekulanten, die den Kurs »lächerlich« hoch fanden, beschloß, ein Baisse-Syndikat zu bilden. Sie waren überzeugt, die steigende Kurve würde sich bald wenden, und die Salami rechtfertigte trotz ihrer guten Qualität, an der zu zweifeln geschmacklos gewesen wäre, einen so hohen Aktienkurs nicht. Das war eine sehr logische Überlegung. Aber an der Börse ist ja zwei mal zwei nicht vier!

## Sie war bezaubernd und kokett...

Kurz, die Baisse kam aus Gründen, die mit Logik überhaupt nichts zu tun haben, aber viel später: weil nämlich die geistigen Väter dieser klugen Spekulation in eine veritable Boulevard-Komödie verwickelt wurden.

Sie war bezaubernd und kokett.

Er, ihr Mann, war ein bekannter Budapester Bankier und ein erfahrener Börsenspieler.

Der Dritte, ihr Liebhaber, ebenfalls ein leidenschaftlicher Spekulant, war zufällig der Chef des Syndikats, das auf die Baisse der Salami wartete.

Sie wollte schrecklich gern das herrliche Kollier haben, das sie schon seit Monaten in den Auslagen eines großen Juweliers in der elegantesten Geschäftsstraße Budapests bewunderte. Der Dritte wollte es ihr gern schenken, aber wie konnte sie ihrem Mann eine solche Erwerbung erklären? Sie beschlossen beide, sich eines Tricks zu bedienen, der, seit die Welt besteht, leichtgläubigen Ehemännern gegenüber angewandt wird.

Bevor sie ihren Mann bat, ihr das begehrte Kollier zu schenken, ging sie heimlich zu dem Juwelier, um den genialen Plan vorzubereiten.

Der Dritte, ihr Liebhaber, wollte drei Viertel des Preises für das Kollier bezahlen, was schon ein großer Betrag war, und dann sollte der Schmuck wieder in die Vitrine zurückkehren. Dann sollte ein zweiter Käufer kommen, der Ehemann, und für ihn ein anderer Preis gelten: das letzte Viertel des ursprünglichen Preises, eine relativ unbedeutende Summe. Bei einem solchen Gelegenheitskauf würde er bestimmt nicht zögern, das Kollier für seine Frau zu erstehen.

Sie machte Andeutungen auf ihren kommenden Geburtstag und auf die Gelegenheit beim Juwelier.

Der Ehemann fand das alles ein wenig komisch.

»Ein so billiges Kollier, ich mag keine Ladenhüter. Es ist nicht meine Art, deine Geburtstagsgeschenke zu herabgesetzten Preisen zu kaufen!«

Trotzdem ging er zu dem Juwelier und fand sowohl das Kollier als auch den Preis sehr nach seinem Geschmack. Er bezahlte bar und ging vergnügt von dannen, das Schmuckstück in der Tasche. »Alles verlief nach Wunsch«, meldete der Juwelier sofort seiner Kundin telefonisch.

Die Tage vergingen. Der Ehemann summte fröhlich vor sich hin. Sie wartete auf das Kollier, das einfach nicht kam. Schließlich konnte sie sich nicht länger beherrschen und begann auf eigene Faust eine kleine Nachforschung. Das Kollier hatte die Stadt nicht verlassen, nur schimmerte es am Hals einer anderen: der hübschesten Primadonna von Budapest, die zarte Bande zu dem liebenswürdigen Ehemann unterhielt.

### Der Triumph: vom Winde verweht!

Die Geschichte kam heraus, und die ganze Stadt machte sich darüber lustig. Zu dieser Qual kam noch, daß der Ehemann beschloß, seine ungetreue Frau zu bestrafen, die vor Ärger und Zorn unleidlich geworden war. Er mußte seine Ehre rächen und seinen Nebenbuhler töten! Zu diesem Behufe wählte er eine viel sicherere Waffe als den Duelldegen oder die Pistole. Er wollte sich mit Börsen-Manipulationen schlagen ... Die Achillesferse seines Gegners war nämlich die »Salami«, bei der letzterer groß auf Baisse spekuliert hatte. Die in einem solchen Fall gegen Baissespekulanten an der Börse häufig angewandte Strategie heißt »corner«.

Bei Termingeschäften kaufen die Haussiers, ohne die Lieferung sofort abzunehmen. Die Baissiers verkaufen, ohne sofort zu liefern. Wenn es den Haussiers gelingt, mehr Aktien auf Termin zu kaufen, als tatsächlich vorhanden sind, dann geht den Baissiers die Luft aus, weil sie nicht rechtzeitig begriffen haben, daß sie mehr Papiere verkauft haben, als es gibt. Am Termintag können sie also nicht liefern und müssen die ihnen fehlenden Papiere bei den halsabschneiderischen Haussiers kaufen, die ihnen den Preis diktieren: das ist der »corner«, zu deutsch Ring.

Der betrogene Ehemann raffte alle verfügbaren »Salami« zusammen. Die Kurse stiegen von 300 auf 1000, dann auf 2000 und schließlich auf 3000 und mehr. Als keine Aktien mehr zu finden waren, fuhr er zu seinen Geldgebern nach Deutschland, um neues Kapital aufzunehmen und seine Käufe fortzusetzen.

Am Termintag mußten sich die Baissiers den Bedingungen des Gegners beugen, die sehr kostspielig waren.

Der Triumph des Ehemannes dauerte nur kurz. Er und seine Bank verloren um so mehr, weil sie die Unvorsichtigkeit begangen hatten, bei einer simplen »Strafexpedition« unmäßige Summen für ein Papier zu bezahlen, das nicht ein Zehntel dieses Preises wert war. Und als es ihnen nicht gelang, dieses enorme Paket von »Salami«-Aktien wieder abzustoßen, das niemand wollte, mußten sie ihre Schalter schließen. Der Dritte geriet natürlich durch seine immensen Verluste auch in Schwierigkeiten.

Diese Geschichte ist ein Beispiel dafür, daß bei ein und derselben Transaktion Haussier und Baissier das gleiche Schicksal erleiden können: den Ruin!

Die Ereignisse der vergangenen Jahrzehnte haben die Helden unserer Geschichte in alle Winde verstreut. Der Juwelier verkaufte noch jahrelang in New York in seinem Laden auf der Madison Avenue wieder Kolliers. Dem großzügigen Liebhaber bin ich vor rund 20 Jahren in Sao Paulo begegnet, und damals spekulierte er immer noch. Der durch eigene Schuld ruinierte Bankier hat in Paris Selbstmord begangen, und seine Frau ist in Italien gestorben. Die Primadonna lebt vielleicht noch in Hollywood; sie hat ihre Stimme verloren. Und das Kollier? Vom Winde verweht!

## Was Frauen von der Börse wissen müssen

Natürlich spielten Frauen nicht immer eine so fatale Rolle bei Spekulationen wie bei der Geschichte des vorangegangenen Kapitels. Sie können manchmal ihren Männern oder Freunden hilfreich zur Seite stehen.

*Was Frauen von der Börse wissen müssen*, wurde ich oft von Damen gefragt. Eigentlich nicht viel. Die Börse ist ein Kampffeld für Männer. Um so mehr aber sollten die Frauen über die Männer wissen, die an der Börse spielen. Die Männer profitieren von der Börse, und die Frauen profitieren von diesem Profit.

Die Börsianer geben das Geld leicht und leichtsinnig aus, denn das Geldverdienen an der Börse ist manchmal (nie sehr oft) leicht, so leicht, daß man Lust hat, sich die Zigarre mit einer Banknote anzuzünden. Wenn einem das Glück gewogen ist, dann denkt man nicht einmal daran, daß die so mühelos eingestrichenen Geldsummen oft nur geliehenes Geld sind. Denn beim nächsten Umschwung muß man oft das Ganze wieder zurückzahlen.

Das leicht erworbene (aber nicht verdiente) Geld werden wir Börsianer zum Großteil – da wir ja auch Kavaliere sind – für Frauen ausgeben. Wenn alles gutgeht, wenn die Kurse steigen und wir von der allgemeinen Hausse profitieren, dann geht es den Freundinnen überaus gut. Wenn sich aber das Glücksrad dreht, wenn die Baisse einsetzt und die Kurse fallen, dann leiden zuerst die Ehefrauen darunter.

Was ist eigentlich Hausse und Baisse? Die beste Antwort darauf gab ein alter Freund von mir, als sein kleiner Sohn ihm diese Frage stellte. »Die Hausse, mein Söhnchen, das ist Champagner, Kaviar, Autos und schöne Frauen ..., und die Baisse, mein Liebling, das ist ein Glas Bier, ein Paar Würstchen, die Straßenbahn, deine Mama.« Ich glaube, kein Professor der Volkswirtschaftslehre hat je eine markantere Definition über Hausse und Baisse, über Konjunktur und Wirtschaftskrise gegeben.

Es gibt aber auch einige wenige Börsianer, die auf fallende Kurse, das heißt auf Baisse, spekulieren. Eine kluge Frau sollte also immer einen Baissespekulanten als Liebhaber in Reserve haben. Dann ist ihr Wohlergehen für alle Zeiten gesichert.

Das Börsenglück dreht sich so rasch wie eine Windfahne, und auch der klügste Spekulant weiß nicht immer, wann es sich wendet. Die Frauen tun gut daran, sich dessen bewußt zu sein. Denn die Seelenstimmung entwickelt sich bei den Männern parallel zu den Kursen. In mageren Zeiten müssen die Damen also geduldig warten, die fetten Jahre kommen bestimmt wieder.

Das Verhalten der Frauen ist äußerst wichtig für einen Börsenspieler. Wie viele Spekulanten haben ihre Nerven und damit ihr Geld verloren, nur weil ihre Frauen in einer schwierigen Zeit nicht verständnisvoll waren. – Nein, leicht ist es nicht, die Frau oder Geliebte eines Spekulanten zu sein. Denn die Börse entscheidet selbst über die Stimmung im Alltag. Die Ferien, das neue Auto und der Pelzmantel sind oft in Rauch und Dunst aufgegangen, nur weil die Kurse nicht so ausgefallen waren, wie man sie erhofft hatte.

### Das Herz eines Mannes gewinnt man ganz leicht...

Das Leben mit einem Börsianer ist aber auch aus anderen Gründen schwierig. Der leidenschaftliche Spekulant lebt, träumt und spricht nur von der Börse. Wenn Damen mit Interesse zuhören oder zumindest den Eindruck erwecken, als ob sie Interesse zeigten, wenn ihr Partner von Kursen, Dividenden und dem Geschäftstratsch redet, dann dürfen sie sicher sein, einen Mann fürs Leben gewonnen zu haben.

Es gibt zwar Männer, die nach einem anstrengenden Geschäftstag sich gerne mit halbem Ohr das leichte Geplauder ihrer Frauen anhören. Nicht so die Börsianer. Die wollen argumentieren, diskutieren und überzeugen, als hätten sie nicht ihre Frau vor sich, sondern einen Kunden. Eine kluge Frau sollte deshalb etwa wissen, mit welchen Aktien ihr Mann spekuliert. Er wird sich immer freuen, wenn er die Käsesorte oder das Getränk auf dem Tisch findet, an denen er als Aktionär beteiligt ist. Leicht aber wird er den Appetit verlieren, wenn ihm seine Frau eine Marke vorsetzt, mit der er falsch spekuliert hat. Er kauft einen BMW oder einen Mercedes, je nachdem, ob er Aktionär der einen oder der anderen Firma ist. Ein Volkswagen wäre unter der Würde eines Börsianers, es sei denn, er spekuliert groß in dieser Aktie.

Die Frau oder Freundin eines Börsenspielers ist aber auch eine Werbemarke. Ob er an der Börse Erfolg hat, liest man am Schmuck und an den Toiletten der Frau ab. Eine bezaubernde, elegante Frau mit reichem Schmuck erhöht den Kredit, den ihr Mann oder Freund bei seinen Kunden,

Kollegen oder Bankiers besitzt. Sie ist sozusagen die Inkarnation seines Erfolgs. Die Damen haben jedoch keineswegs nur eine passive Statistenrolle zu erfüllen. Manchmal benötigt der Mann die weibliche Intuition. Was nützen die ganze Finanzwissenschaft und alle technischen Kenntnisse, wenn der göttliche Funke, das heißt die Inspiration, fehlt? Und die kommt häufig bei wichtigen Entschlüssen doch von der geliebten Frau!

# Die »Helden« der Börse

Die Helden der Börse sind nicht immer Financiers und Bankiers, es kann sich auch um Könige und Politiker handeln. Sie glauben manchmal in die Geheimnisse der Götter eingeweiht zu sein und vergessen aber meistens das große I, die Imponderabilien, und daß der sicherste Coup häufig auf das Unkalkulierbare stößt.

Es gibt kein besseres Beispiel dafür, als das ärgerliche Abenteuer eines Regierungschefs. Er hatte geglaubt, mit sicherem Erfolg spekulieren zu können, und endete im Elend. Bis zum heutigen Tag kenne nur *ich* diese Geschichte. Darum können andere nur versuchen, den Ort der Handlung und ihre Darsteller zu erraten; ich glaube, es ist ziemlich leicht.

## Ein Ministerpräsident

Es geschah in irgendeinem europäischen Land Anfang der 50er Jahre. Die finanziellen und politischen Schwierigkeiten, die dort herrschten, waren eine Folge mangelnder politischer Stabilität.

Ein Ministerpräsident, der einer der großen Familien des Landes entstammte, kam an die Macht. Eine Vielzahl blühender Familienunternehmen, die ebenso erfolgreich wie solide waren, waren in seinem Besitz und unterstanden seiner Führung.

Vielleicht aus nationalen Interessen, vielleicht auch, weil seine persönlichen Geschäfte dadurch profitieren würden, wünschte der Ministerpräsident eine Währungsabwertung und arbeitete insgeheim darauf hin. Die Gerüchte einer möglichen Abwertung hielten sich hartnäckig, obwohl die Situation eine solche Maßnahme keineswegs erforderte oder gerechtfertigte. Gut informierte Leute glaubten jedenfalls an diese Absicht der Regierung, und sie täuschten sich auch nicht ganz.

Der Regierungschef wollte vielleicht die Abwertung, weil er ganz einfach gegen die nationale Währung spekuliert hatte, und zwar mit Hilfe einer sehr genialen Kombination, in die alle Gesellschaften seiner Familie verstrickt waren.

Eine der Familienfirmen des Ministerpräsidenten exportierte große Warenmengen nach Mexiko, und die Mexikaner hatten mit auf Pesos lautenden Tratten bezahlt, also in einer durchaus soliden Währung. Die

Exportfirma brachte natürlich diese Tratten zu ihrer Notenbank zum Diskont in der nationalen Währung. Die Firma war also im Besitz eines Guthabens in mexikanischen Pesos und einer Schuld in inländischer Währung gegenüber ihrer eigenen Notenbank.

Man versteht also leicht, warum der Ministerpräsident und seine Familie an einer Abwertung interessiert waren, zumal es sich bei diesem Geschäft um riesige Summen handelte. Alles war soweit in schönster Ordnung. Da tauchte ein Hindernis auf, das das ganze schöne Spekulationsgebäude zum Einsturz brachte. Das gebieterische Veto des Finanzministers verhinderte die Abwertung. Was aber dann geschah, war noch viel dramatischer. Ohne die geringste Vorwarnung gab die mexikanische Regierung am Samstag vor Ostern eine Blitzabwertung um 35 Prozent bekannt. Für den Ministerpräsidenten und seine Familie verringerte sich das Peso-Guthaben im selben Verhältnis, aber die Schuld in inländischer Währung blieb die gleiche. Das Loch, das gestopft werden mußte, war so groß, daß die Familienreserven, die als unerschöpflich galten, darin verschwanden. Wer hätte an so etwas gedacht? Ein Ministerpräsident, der gegen die Währung seines eigenen Landes spekuliert und die Währung abwerten will, um Profite einzustreichen, ist keine alltägliche Erscheinung. Dies wäre ein sicherer Tip gewesen.

Die Geschichte ist so verblüffend, daß man an ihrer Wahrheit zweifeln könnte, und ich glaube auch nicht, daß viele darüber informiert sind. Ich habe durch ein merkwürdiges Zusammentreffen verschiedener Ereignisse und Indiskretionen Details erfahren und den Rest aufgrund meiner Fachkenntnisse deduktiv feststellen können.

Vor einigen Jahren begegnete ich dem hier erwähnten Finanzminister, den ich an die damalige Finanzpolitik seiner Regierung erinnerte. Er bestätigte mir, daß sein Regierungschef damals tatsächlich abwerten wollte, er aber als Finanzminister sein Veto dagegen eingelegt hatte, da dafür überhaupt keine sachlichen Gründe vorhanden waren. Auf die unglückliche Spekulation seines Regierungschefs wollte ich dann nicht mehr weiter eingehen.

Politik und Börse sind ineinander verstrickt. Und so ist auch nicht erstaunlich, daß diejenigen, die politische Geheimnisse erfahren, versucht sind, sie auszunützen. In Washington zum Beispiel sitzen heutzutage Hunderte von »Kontaktmännern«, die von ihren Firmen hoch dafür bezahlt werden, daß sie von irgendeinem Ministerium oder einer anderen

Zeichnung von Daumier über eine Szene
an der Pariser Börse:
»Pas une corbeille de fleurs
en tout cas!«

staatlichen Stelle Informationen einholen. Auch in den Salons von Washington, bei den gesellschaftlichen Ereignissen spitzen Hunderte von Börsenspielern ihre Ohren, um das kleinste Wort eines hohen Beamten aufzufangen. Am folgenden Morgen laufen sie zum nächsten Börsenbüro, um den Tip auszuspielen. Die Klatsch- und Tratschinformationen sind zahlreich, meistens jedoch irreführend oder falsch. Deswegen mein Kapitel »informiert – ruiniert« in diesem Buch.

Wenn man Geld verdienen will, ist jeder Trick gut. Eine unwiderstehliche Macht treibt den Menschen zum Gewinn. Was scheint einfacher als die Spekulation? Besonders wenn es nur eines leichten Daumendrucks bedarf, um den Lauf des Schicksals zu ändern? Um das Ziel zu erreichen, ist dann jedes Mittel recht. Währungsmanipulationen, Handelsabkommen, Erlasse aller Art, nationale oder sogar internationale Beschlüsse, Salonspionage, Liebesromanzen, ja selbst bewaffnete Konflikte, wenn es nötig ist.

## König Nikita

Es ist allgemein bekannt, daß die Spekulation sogar an Kriegen profitiert. Aber wer stellt sich vor, daß ein Krieg die Folge einer Spekulation sein könnte?

Im Jahre 1912 hat sich auf dem Balkan folgende Geschichte abgespielt. Ein Mosaik von Nationalitäten, Königreichen und Religionen – und alle mußten miteinander koexistieren. Immerhin fanden sich vier Balkanstaaten, die sich gegen ihren gemeinsamen Feind, die Türkei, verbündeten. Ein Militärabkommen vereinte die christlichen Länder Griechenland, Serbien, Montenegro und Bulgarien gegen das Ottomanische Reich. Im Frühjahr 1912 roch es nach Pulver. Montenegro, ein kleines Königreich an der Adria von der Größe eines deutschen Regierungsbezirks, wurde von einem Herrscher regiert, für den das Spekulieren eine Existenzfrage war. Seine Staatskassen waren ständig leer. Es war *König Nikita.*

Um sich ein Taschengeld für seine kleinen Ausgaben zu verschaffen, wandte er eine wenn nicht elegante, so zumindest geniale Methode an. Von einem Land zum anderen gibt es ein Post-Clearing – die internationalen Anweisungen werden zwölf Monate lang verbucht und dann am Ende des Jahres en bloc verrechnet. König Nikita schickte an einige Strohmänner in der ganzen Welt montenegrinische Postanweisungen. Die Post zahlte die angegebenen Summen im Ausland aus und verbuchte sie zu

Lasten von Montenegro. Die Strohmänner Nikitas kassierten das Geld ein. Als dann die Rechnung bei der Post in Cetinje, der damaligen Hauptstadt Montenegros, eintraf, ließ der König durch seinen Postminister erklären, er könne nicht zahlen, und bat um ein Moratorium. Die List war gelungen. Sogar der strenge Kaiser Franz Joseph mußte sich großzügig erweisen und die Schulden seines in Schwierigkeiten geratenen Kollegen, der unter dem Protektorat des Zaren stand, an die k.u.k. Post streichen.

In meiner Jugend erzählte man sich über Nikita Dutzende Anekdoten. Eine davon hat meine Kinderphantasie besonders beschäftigt. Ein bekannter amerikanischer Geschäftsmann und Multimillionär bereiste den Balkan und kam auch nach Montenegro. Er wurde von König Nikita zu einem großen Gastmahl eingeladen. Nach dem Festmahl gingen der König und sein Gast auf den Balkon des königlichen Palais, um sich der Bevölkerung zu zeigen, die sich auf dem kleinen Platz vor dem Palast angesammelt hatte. Beeindruckt von der Szene (mit einem König auf dem Balkon zu stehen und vom Volk gefeiert zu werden), griff der Amerikaner in die Tasche und streute Goldstücke unter das Volk. Er ergötzte sich an dem Schauspiel und wandte sich hierauf an den König, um ein anerkennendes Lächeln zu erhalten. Er drehte sich nach rechts, nach links, aber der König war vom Balkon verschwunden. Nach einigem Suchen entdeckte er Nikita inmitten der Menge und sah, wie auch er eifrig dabei war, die Goldstücke aufzulesen. Sin non è vero, è ben trovato. Jedenfalls spiegelt diese kleine Geschichte die damalige Atmosphäre gut wieder.

Für seine großen Ausgaben wandte der König andere Tricks an. Er spielte an der Börse. Er gab seinen Bankiers, *Gebrüder Reitzes* in Wien und *O. A. Rosenberg,* Paris–London (ich habe sie als Börsenlehrling in den dreißiger Jahren noch persönlich gekannt; beide waren Kunden von uns), »Tips« über Geheimpolitik auf dem Balkan, um gemeinsam mit ihnen von etwaigen Rückwirkungen auf die Weltbörsen zu profitieren.

Eines Morgens im September 1912 traf beim Bankhaus Reitzes in Wien ein Abgesandter König Nikitas ein, *Prinz Danilo,* sein eigener Sohn. (Das Vorbild für den Helden der Wiener Operette »Die lustige Witwe« von Franz Lehár.) Er überbrachte eine sehr dringende Nachricht. Am selben Morgen übermittelte ein anderer Abgesandter dem Bankier O. A. Rosenberg in Paris die gleiche Nachricht.

»Verkaufen Sie alles, und verkaufen Sie auch leer«, schrieb der König, »Der Krieg gegen die Türkei steht unmittelbar bevor.« Rosenberg und

Reitzes verkauften an allen Plätzen auf Rechnung des Königs, auf ihre eigene und der eigener guter Freunde. Sie verkauften leer an den Börsen in Wien, Frankfurt, Paris und London serbische, türkische, bulgarische und andere Renten, eine ganze Palette von Effekten. Auch mit russischen Werten, mit denen zwischen Paris und St. Petersburg ein sehr lebhaftes Geschäft im Gange war, spekulierten die beiden Bankiers in großem Maßstab auf Baisse.

Zunächst bestätigten die Ereignisse die Informationen König Nikitas. Die Türkei zog ihre Truppen an den Grenzen zusammen, und die vier alliierten Balkanstaaten antworteten am 1. Oktober mit einer allgemeinen Mobilmachung. Die Börse reagierte sehr heftig mit einem Kurssturz.

Dann kam der französisch-russische Bündnisvertrag. Die beiden Partner enigten sich darauf, alle Risiken einer Verwicklung auf dem Balkan zu vermeiden. Die Lage war noch nicht reif für eine allgemeine Abrechnung, die dann 1914 kam. Zar *Nikolaus* und der Präsident der französischen Republik, *Poincaré,* legten ihr Veto gegen jedwede Grenzveränderungen auf dem Balkan ein und damit auch gegen einen eventuellen Angriff auf die Türkei, den »kranken Mann am Bosporus«. Präsident Poincaré verbürgte sich persönlich für Reformen in Mazedonien. Man glaubte, der Krieg sei wirklich umgangen. Die Börse reagierte mit einer stürmischen Hausse.

Die Bankiers König Nikitas fühlten sich wenig wohl in ihrer Haut. Sollte sich ihr königlicher Kunde getäuscht haben?

Die Intervention von Präsident Poincaré hatte tatsächlich den Markt wieder in die Höhe gebracht und den Baissespekulanten erhebliche Verluste zugefügt. Bei Rosenberg und bei Reitzes trafen diesmal Telegramme mit folgendem Text ein: »Keine Sorge stop Weiterverkaufen stop Nikita.« Und das taten die Bankiers auch. Sie verkauften auf der ganzen Linie, wobei sie trotz der Versicherung des Königs, der Balkankrieg werde stattfinden, weiterhin recht beunruhigt waren.

Am 18. Oktober 1912 wurde der erste montenegrinische Kanonenschuß auf Skutari, eine kleine türkische Stadt am malerischen Skutarisee, nahe der Adria, abgefeuert. Montenegro hatte sich über die kategorischen Entscheidungen der Großmächte einfach hinweggesetzt und der Türkei den Krieg erklärt. Die Bündnisverpflichtungen wurden wirksam, Serbien, Griechenland und Bulgarien wurden zwangsläufig in die Feindseligkeiten hineingezogen. Alle Börsenwerte begannen abzubröckeln, die russischen, türkischen, serbischen und bulgarischen aber stürzten in die Tiefe. Nikita, Rosenberg, Reitzes und ihre Teilhaber kassierten enorme Gewinne ein ...

Man darf sich die Frage stellen: Hätte der Balkankrieg vermieden werden können, wenn Nikita von Montenegro nicht Feuer ans Pulverfaß gelegt hätte, um seinen Börsenprofit zu sichern? Die Geschichte gibt einige Rätsel auf. Jedenfalls ist sie seit 70 Jahren zwar nicht publiziert, aber von Mund zu Mund überliefert worden.

In meiner Familie wurde über die Geschichte besonders oft gesprochen. Wiederholt habe ich meine Mutter sagen hören: »Wäre der Balkankrieg einige Wochen früher ausgebrochen, wären Onkel Oskar und sein Sohn heute schwere Millionäre (Millionäre von vor dem Ersten Weltkrieg!)«, obwohl gerade sie als die armen Verwandten der Familie galten. Mein Onkel war damals ein internationaler Spekulant an allen Börsen. Er spekulierte auf Baisse in Erwartung des Balkankrieges – und sogar im großen Stil. In den fatalen Wochen, als es so aussah, als ob der Balkankrieg vermieden würde, und die Kurse rapide in die Höhe sausten, mußte er seine Baisse-Engagements mit immensen Verlusten lösen, er war ruiniert.

Es ist immer das gleiche Verhängnis: ein Spekulant, der nicht durchhalten kann, bekommt dann recht, wenn es zu spät ist. $2 \times 2 = 5 - 1$.

## Der Bankier Rosenberg

Der Bankier Rosenberg meiner Geschichte stand zwei Jahre später wieder im Mittelpunkt des Börsentratsches. Als der Erste Weltkrieg 1914 ausbrach, munkelte man, daß Rosenberg ganz groß auf die Baisse der französischen Renten spekuliert hätte. Es gab natürlich einen großen Börsenkrach, und speziell in französischen Renten. Rosenberg hätte also immense Profite eingestrichen. Als er am ersten Tag nach Kriegsausbruch an die Börse kam, wurde er mit faulen Eiern beworfen und beschimpft, um so mehr, als er ja österreichischer Staatsbürger war. (Wie man in Frankreich damals sagte: L'Autrichien – l'autre chien, der andere Hund). Er mußte, von der Polizei protegiert, die Börse sofort verlassen. Ob er aber mit den französischen Renten wirklich viel Geld verdient hat, konnte ich bis heute nicht feststellen.

# Im Wunderland von Geld und Börse

# Präludium zum Heute: Pariser Börsenabenteuer 1939/40

Fünfundzwanzig Jahre später waren die französischen Börsianer in ihren internationalen Gefühlen nicht so empfindlich. Ich erinnere mich noch lebhaft des Unbehagens, quasi eines Schuldbewußtseins, das ich während der ersten sechs Monate des Krieges verspürte, wenn ich als neutraler Ausländer (Ungar) gelassen auf den Champs-Élysees spazierenging, während meine ganze Generation, meine Freunde und Kollegen bereits als Soldaten eingesetzt waren. Anstatt mich täglich in der Kaserne einzufinden, habe ich mich jeden Tag in der Börse aufgehalten. Und anstatt aus den Schützengräben der Maginot-Linie die Siegfriedlinie zu beobachten, habe ich aus meinem Fauteuil bequem die Börsenkurse verfolgt. Trotz des Kriegszustandes – allerdings war es nur eine »drôle de guerre«, ein komischer Krieg (in Deutschland nannte man das Sitzkrieg) – ging die Börse munter weiter, und die Preise kletterten immer höher.

Obwohl ich meinen Lebensstandard keineswegs herunterschrauben wollte, habe ich zumindest die äußerlichen Anzeichen des Wohllebens möglichst eliminiert. So vertauschte ich die Havannazigarre, Symbol des Reichtums, mit der demokratischen Pfeife, die möglichst mit schwarzem Tabak gestopft war. Ich besuchte weiterhin gute Restaurants, verbarg mich aber schamhaft in einer entlegenen Ecke, um dort meinen lukullischen Genüssen zu frönen.

## Der Börsenpatriotismus der Pariser

Eines Tages saß ich wieder in einer meiner Lieblingsweinstuben, dem »Chez Pierre« à la Place Gaillon – in der hintersten Ecke natürlich –, als eine Gesellschaft das Lokal betrat. In ihr befand sich eine sehr charmante und elegante Dame, eine gute Bekannte, die ich in Börsenangelegenheiten oft beraten hatte.

Ich bekam sofort einen Schrecken, da ich wußte, daß sie gerne und viel herumplapperte, speziell über die Börse, und das wäre mir in dieser Umgebung unangenehm gewesen. Vergeblich versuchte ich, mich hinter meiner Zeitung zu verbergen, sie hatte mich bereits entdeckt, und was ich befürchtet hatte, ist eingetroffen; denn sie fragte mich in strahlender Laune: »Also, mein kleiner André, wie steht es mit der Börse, verdienen

Sie viel? Was sind Ihre letzten Tips? Glauben Sie, daß der Krieg lange dauern wird und die Kurse weiter steigen?« Das hatte mir noch gefehlt. Ich wollte in den Erdboden versinken. Das Lokal war vollbesetzt, ich fühlte alle Augen auf mich gerichtet und spürte fast physisch die Gedanken der anderen: »Ach, das ist also auch so ein planqué (ein Drückeberger, ein Ausländer), der gut verdient, während unsere Söhne an der Front verrecken.«

Ich hatte aber unrecht. Mein schlechtes Gewissen war ein Einzelfall. Die Franzosen waren gerade in Geldangelegenheiten keineswegs so zimperlich. Ob Krieg oder Frieden, jeder wollte soviel wie möglich verdienen: die Industriellen mit ihren Lieferungen, die Kaufleute mit der plötzlichen Konjunktur hinter der Front, und wer weder mit dem einen oder anderen verdiente, holte sich seine Profite an der Börse. Heute weiß ich, daß die Gäste damals im Restaurant um mich herum vor allem daran interessiert waren, wer dieser Börsenfachmann in der Ecke wohl wäre. Gerne hätten sie die Tips gehört, um die die Dame mich gebeten hatte.

Mein schlechtes Gewissen war fehl am Platze, denn wie ich später erfuhr, haben meine Freunde in den Kasernen und im Feld eifrig an der Börse weitergespielt und waren über die Kurse und Börsenereignisse besser auf dem laufenden als ich. Und wenn sie nur einen Urlaubstag bekommen konnten, fuhren sie gleich nach Paris, und ihr erster Weg führte sie in den »Tempel«.

Von der Kriegsbörse ist mir noch eine häßliche Erinnerung geblieben. Ich kannte seit Jahren einen sympathischen und intelligenten Journalisten namens *Pecry*. Sein Bruder war zwar Bankier, er kam aber immer zu mir und bat um Ratschläge für seine Börsengeschäfte. Ich gab ihm börsentechnische Aufklärungen, und er hinterbrachte mir gegebenenfalls politische Kulissengeheimnisse. Als Journalist arbeitete er auch beim Radio, und von solchen Leuten, so dachte ich, kann man hier und da politischen Klatsch erfahren.

Während der Wochen vor dem Kriegsausbruch kam er auch des öfteren mit der Information, daß es gewiß zu keinem Krieg kommen werde und daß wir keine Angst zu haben brauchten. Man müsse also kaufen. Die *Regierung Daladier* würde abdanken, und *Pierre Laval*, der nächste Ministerpräsident, werde sich mit den Nazis über Danzig sofort einigen und alles bliebe in bester Ordnung. Es war schon in aller Munde »Sterben für Danzig?«, ein Schlagwort, das die Nazi-Agenten verbreitet haben.

Er hatte sich geirrt. Der Krieg brach aus. Dann kam er fast täglich mit der Nachricht, daß in dem Moment, wo Hitler die Ostfront erledigt hätte (es handelte sich um den Blitzkrieg in Polen), Laval in Frankreich die Regierung übernehmen werden usw. usw. Also nur Geduld, man müsse weiter kaufen, denn der Friede stehe vor der Tür.

Knapp vor Kriegsausbruch glaubten einige, man müsse bei den billigen Preisen kaufen, man gehe kein Risiko ein. Denn entweder komme es nicht zum Krieg, dann werde man eine stürmische Hausse erleben, oder der Krieg komme doch, dann sei sowieso alles egal, das Ende der Welt in Sicht. Dann sei es auch gleichgültig, ob man Geld habe oder nicht.

Mein Gott, wie haben wir uns alle geirrt! Ich selbst hatte mich schon seit längerer Zeit an der Pariser Börse auf Baisse engagiert. Die Preise bröckelten zuerst langsam, später etwas rascher, und ich konnte bereits einen schönen Nutzen verbuchen. Meine Baissespekulation war natürlich ein Termingeschäft, das von Monat zu Monat verlängert wurde. Am Anfang jeden Monats, dem sogenannten Kassatag, konnte ich die Gewinne einstreichen, die durch den Kursrückgang während des vorangegangenen Monats entstanden waren. Beim nächsten Kassatag, dem 6. September, hätte ich einen schönen Börsenprofit einstreichen können.

Nach dem Ribbentrop-Molotow-Abkommen vom 24. August 1939 war ich überzeugt davon, daß der Krieg kommen mußte. Der 6. September war nur mehr 14 Tage entfernt, aber diese Frist schien mir eine Ewigkeit.

Ich verlor aber nicht die Nerven, sondern überlegte, wie ich meine Angelegenheiten in Ordnung bringen sollte. Kommt der Krieg, so mußte es zu einem Zusammenbruch an der Börse kommen. Doch wird man die Börse vorher schließen. Banken und Bankiers wird die Regierung Moratorien gewähren. Ich würde also nicht nur meine Terminengagements nicht auflösen können, sondern auch meine Bankdepots würden eingefroren, die zur Sicherstellung meiner Börsenoperationen dienten. Mein Entschluß war schnell gefaßt. Ich mußte zumindest meine Depots retten. Um sie abheben zu können, mußte ich aber meine Baisse-Engagements lösen. Dies war gar nicht nach meinem Geschmack, denn ich war überzeugt, die Kurse würden weiter fallen.

Aber derlei Überlegungen waren inzwischen unwichtig geworden. Mir war es jetzt kein Anliegen mehr, weitere Profite einzustreichen. Ich war überzeugt, daß die Börsen und Banken geschlossen würden. Also rette sich, wer kann! Nachdem ich meine Baisse-Engagements glattgestellt hatte, überwies ich meine Depots nach Amerika. Mein Vater pflegte zu sagen: »Es gibt Menschen, die gescheit reden und dumm handeln, und solche, die dumm reden und gescheit handeln.« Wir gehörten damals zu den letzteren. Es kam nämlich alles völlig anders, als wir erwarteten.

Ich hatte die Ereignisse falsch beurteilt und trotzdem Glück gehabt. Der Krieg brach aus, die Börse wurde überhaupt nicht geschlossen, sogar der Terminhandel ging weiter, es gab keine Moratorien, nicht einmal Devisenkontrollen wurden eingeführt. Am 6. September hob ich meine letzten Baisseprofite ab und konnte sie nach Amerika überweisen. Das war mein Glück, denn was geschah? Die Kurse stiegen in stürmischer Hausse sprunghaft an. Alle diejenigen, die gekauft hatten, und ich, der mein Baisse-Engagement gedeckt hatte, hatten phantastisches Glück.

Geirrt haben sich auch diejenigen, die dachten, der Kriegsausbruch bedeute das Ende der Welt und es sei dann gleichgültig, ob man Geld habe oder nicht. Denn gerade in den folgenden Monaten und Jahren konnten viele Menschen ihr Leben retten, wenn sie Geld hatten, und viele sind zugrunde gegangen, weil sie keines besaßen.

Am meisten aber hat sich mein Freund, der Journalist, geirrt, und zwar unverzeihlich. Wochenlang wiederholte er immer wieder: Daladier wird abdanken und Laval die Regierung übernehmen und mit Hitler Frieden machen, man muß kaufen. Polen lag bereits am Boden: dann kam der Blitzkrieg gegen Westen, Holland wurde besetzt, Belgien streckte die Waffen. Es kamen aufregende Tage, ich sah meinen Freund einige Wochen nicht. Doch eines Tages kam er atemlos im Laufschritt zu mir, direkt in die Börse. Er zog mich beiseite, damit uns niemand hören konnte, und flüsterte mir mit einem zufriedenen Lächeln zu: »Jetzt helfen Sie mir, lieber Freund, sagen Sie mir, was ich schnell kaufen soll, da ich von einer stürmischen Hausse profitieren möchte.«

## Für mich war eine Welt zu Ende

Ich war ganz aufgeregt. »Ist Hitler vielleicht tot«, fragte ich. »Aber nein, im Gegenteil, die Nazis stehen dreißig Kilometer vor Paris, in zwei Tagen sind sie hier, der Krieg ist praktisch zu Ende, die Kurse werden in die Höhe schnellen. Was muß man kaufen . . .?«

Was konnte ich darauf antworten? Für mich war eine Welt zu Ende. Die Börsenangestellten liefen herum, als wäre alles in bester Ordnung; aber ich wußte, daß übermorgen die Nazis und die Gestapo in Paris sein würden. Mir war, als hätte man mir mit einem schweren Hammer auf den Kopf geschlagen, alles begann sich zu drehen.

Mein Freund bedrängte mich weiter, welche Papiere er kaufen solle. Ja, für ihn war alles in bester Ordnung. Hitler war da mit all dem, was das bedeutete. Nur seine Vorstellungen waren andere als die meinen. Selbst wenn ich ihm hätte antworten wollen, ich hätte es nicht gekonnt. Ich spürte einen eisigen Krampf im Herzen und lief schnell aus der Börse, sprang in ein Taxi und fuhr nach Hause. Ich sah mich in meiner Wohnung um, streichelte zum Abschied die mir besonders lieben Gegenstände, die ich zurücklassen mußte. Ich dachte, ich würde Paris nie wiedersehen, die Menschen, die ich liebgewonnen hatte, meine Freunde, meine Kollegen, die vertrauten Straßen und Boulevards und vieles andere, was mir in meinem Leben etwas bedeutete.

Während dieser Zeit suchte mein Freund mich noch immer an der Börse, damit ich ihm die Papiere auswählte, mit denen er von Hitlers Sieg profitieren wollte. Ich weiß nicht, welche Aktien er schließlich ausgewählt hat, ich weiß nur, daß sein Irrtum, gemessen an unserem, monumental war. Er hat recht bekommen, Laval ist tatsächlich Ministerpräsident des von den Nazis besetzten Frankreich geworden. Aber dann stiegen die Kurse nicht mehr. Im Gegenteil. Diesmal wurde die Börse tatsächlich geschlossen, die Papiere blieben lange Zeit unverkäuflich, und später, als sich wieder ein ganz kleiner Markt entwickelte, waren die Francs, die man für die Papiere erhielt, wertlos.

Sein Hauptirrtum aber bestand darin, daß er sein Schicksal an das der Nazis gebunden hatte. Nach dem Krieg, als ich wieder in Paris war, erkundigte ich mich nach ihm und erfuhr, daß er wegen seiner Nazi-Kollaboration zu einer zehnjährigen Kerkerstrafe verurteilt worden war.

Mein Vater hat recht gehabt: Es gibt Menschen, die gescheit reden und dumm handeln...

Ich habe diese Geschichte in derselben Weise einmal in Frankreich geschrieben, sie wurde mir jedoch vom Verleger gestrichen.

# Gewitterwolken über dem Wunderland

## Hysterie I – Inflation

Der Kapitalismus ist vielleicht im Schwinden, aber Kapitalisten – große und kleine – sind noch da, und in größerer Zahl denn je. Und wie die Bienen (die typischen Sparer der Tierwelt) in Panik herumschwirren, wenn ihr Bienenkorb zerstört wird, so rasen auch die Sparer hysterisch umher, um ihr Kapital zu retten, zu verstecken oder zu vergrößern. Dieser Wunsch läßt sie wagemutige Spekulationen (auch in Rohstoffen) unternehmen, über deren Gefahren sie sich nicht im klaren sind. Sie sind für die anderen Sparer genauso gefährlich wie die verrückt gewordenen Bienen für sich und für jeden, der in ihrer Nähe ist. Sie werfen sich an einem Tag auf irgendeine Ware, nur weil die anderen sie kaufen und der Preis dadurch steigt. Mit ihren Angstkäufen treiben sie die Preise weiter in die Höhe. Am nächsten Tag kaufen sie etwas anderes und so weiter, und um so mehr, als an jeder Straßenecke ein gerissener Makler, Broker oder Geschäftemacher lauert, der seinen Opfern unter dem Vorwand »Schutz gegen Inflation« alles andreht. Das sind diejenigen, die das Wasser noch trüber machen, als es schon ist, um dann im ganz Trüben zu fischen.

Ist diese Hysterie berechtigt? Nein! Nur eine überlegte und sachliche Anlage bringt Nutzen. Denn die Hysterie ist immer ein schlechter Berater und kann die Börsenkurse sehr negativ beeinflussen. Aber eine permanente schleichende Inflation ist jedoch aus binnen- und außenwirtschaftlichen Gründen oft unvermeidbar. Solange die schleichende Inflation unter Kontrolle bleibt, ist sie noch immer einer Deflation vorzuziehen: Eine galoppierende Inflation endet immer in einer Katastrophe, aber eine Inflation unter fünf Prozent ist ein kleineres Übel als eine Deflation von fünf Prozent. Die erste ist Stimulanz, die zweite paralysiert. Wirtschaft und Finanzen lassen sich sowieso nicht genau nach Wunsch steuern, damit so die Preise völlig stabil bleiben. Bundeskanzler Schmidt hatte vor Jahren also durchaus recht, als er sagte: Lieber 5 Prozent Inflation als 5 Prozent Arbeitslosigkeit.

Die schleichende Inflation muß jedoch im gegebenen Moment radikal gebremst werden, auch wenn dies Opfer verlangt; denn mit der Inflation ist es so wie mit einem warmen Bad, es ist angenehm darin zu sitzen, aber man muß aufpassen, daß das Wasser nicht zu heiß wird.

Die Panikmache mit der Inflation wurde und wird in unseren Tagen dramatisch übertrieben. Viele denken an die zwanziger Jahre, aber die damals galoppierende Inflation war etwas völlig anderes. Die Staatskasse war leer und die Produktion gleich Null. Die Banknotenpresse brachte Milliarden Reichsmark auf den Markt. Es war überhaupt keine Ware da, um so größer waren die Schlangen derer, die nach Brot anstanden. Es wunderte niemand, daß der Preis einer Hose an einem Tag von 10 000 auf 30 000 stieg. Und natürlich ist die heute gegebene Situation damit keinesfalls zu vergleichen.

## Hysterie II: Antikes

Heute stürzt sich das Publikum, schon wenn es die Inflationsgefahr auch nur ahnt, nicht auf Konsumgüter oder Lebensmittel, die in jeder Quantität und Qualität erhältlich sind, sondern auf Ladenhüter. Die Leute bezahlen jeden Preis für Kunstgegenstände, alte Lampen, Kaffeemühlen oder Sodawasserflaschen, nur aus der Überlegung heraus, daß sie alt sind und immer seltener werden. In Sammelobjekten und Kunst aber waren nur diejenigen glückliche Anleger, die diese nicht aus finanziellen Erwägungen, sondern ausschließlich als Hobby erwarben.

Selbst unmittelbar vor und während des Zweiten Weltkriegs herrschte nicht eine solche Hysterie, obwohl heute ein Dritter Weltkrieg fast ausgeschlossen ist. Die Angst um Hab und Gut und die Spekulationswut sind auf ungeahnte Höhen gestiegen und haben zu einer Vertrauenskrise geführt; denn viele bezahlten während der Jahre 1979 bis 1981 Gold und Silber hoch über den Tageskursen, wenn die Ware sofort in der Schweiz lieferbar war. Aber wäre die Schweiz im Falle eines Weltkriegs sicherer als die USA? Ich zweifle daran.

Und die alten Kaffeemühlen und Sodaflaschen, wem wird man sie verkaufen können, wenn es wirklich zum Weltkrieg käme? Zu viel heißes und unverantwortliches Geld befindet sich in Händen, die damit nicht umgehen können und die nicht nur sich selber, sondern auch den anderen im Endergebnis keinen Gefallen tun.

Das Ende dabei kann nur sein, daß die meisten Sparer ihr Geld mit sinnlosen Anlagen verlieren und noch nicht einmal durch die Inflation. Ganz wie Molière sagte: »Die meisten Menschen sterben an der Arznei und nicht an ihrer Krankheit.«

## Kann man die Inflation überlisten?

Oft werde ich gefragt, ob man in Zeiten der Inflation noch sparen kann und soll. Meine Antwort lautet dann grundsätzlich Ja!

Sparen soll man also grundsätzlich schon. Aber wie? Das ist natürlich die Gretchenfrage.

Da es sich um eine *weltweite* Inflation handelt, die nicht einmal vor den kommunistischen Ländern Halt macht, ist das Problem schwieriger denn je. Vor den guten alten regionalen Inflationen konnte man sich noch retten, indem man andere Währungen, vielleicht sogar die des Nachbarlandes, kaufte. Während die Reichsmark auf praktisch Null gesunken war, hatten die vorsichtigen Deutschen gute Hollandgulden gekauft, die schlauen Franzosen versteckten ihr Geld in der Schweiz, während der Franc flöten ging, die Südamerikaner sammelten US-Dollars, um der permanenten Inflation auszuweichen, die US-Bürger dagegen suchten Rettung in Sachwerten wie Aktien und Immobilien während der Inflation des Zweiten Weltkrieges. Das sind nun alles »tempi passati«. Ob Dollar, Schweizer Franken oder DM, alle sind den gleichen sozialen und politischen Bedingungen und Risiken unterworfen. Die einzige Valuta, die der Sparer kaufen sollte, ist „Preisindex". Da diese aber vorläufig nicht existiert, muß jeder seine eigene preisindizierte Anlage finden. Ich betone willkürlich »vorläufig«, weil ich der Ansicht bin, daß man zum Schluß nach einer jahrelangen Entwicklung bei Anleihen ankommen wird, die auf Lebenshaltungskosten indiziert sind.

Man muß sich auch die Frage stellen: Wie weit wird dieser ominöse Zustand gehen? Gibt es überhaupt eine Rettung und woher? Die Inflation hat *statistische, politische und psychologische Gründe.* Die drei stehen in einer Wechselbeziehung zueinander und bilden einen Circulus vitiosus. Die statistischen Gründe kann ich am besten in einem Satz ausdrücken, den ich von einem ungarischen Dichter von vor mehr als hundert Jahren übernehme: »Es gibt zuviel Eskimos und zuwenig Seehunde!« Hunderte Millionen mehr Verbraucher in Afrika, Asien, Südamerika, ein höherer Lebensstandard in den Ostländern, der künstlich gesteigerte Verbrauch und die Verschwendung in den hochentwickelten, sogenannten kapitalistischen Ländern stehen einer nicht genügend steigenden Produktion in anderen Ländern, vor allem der Dritten Welt, gegenüber.

Diese Diskrepanz wird scheinbar durch die weitere Emanzipation der Völker immer größer. Man könnte sie vielleicht dank der modernen Wissenschaften vermindern oder sogar überbrücken, aber dazu müßte man die Produktionskapazität erhöhen, die ihrerseits neue gigantische Investitionen verlangt mit allen inflationistischen Auswirkungen. Während der Zeit, in der die Investitionen getätigt werden, müßte man den Konsum radikal drosseln. Und da taucht das *politische* Problem auf: Welche Regierung, die einem demokratischen Parlament Rechenschaft ablegen muß, und die sich alle fünf Jahre zur Neuwahl stellen muß, wird bereit sein, die nötigen Maßnahmen zu treffen? Keine! Mit Wahlen, alle zwei, vier oder fünf Jahre, lebt die sogenannte »freie Welt« in einer permanenten Diktatur, der Diktatur *der Demagogie*. Ob eine konservative oder linksorientierte Regierung an der Macht ist, die nötigen Maßnahmen werden aus demagogischen Gründen nie auf lange Sicht durchführbar sein.

Vor einigen Jahren habe ich einige Stunden mit Herrn Professor *Milton Friedman* verbracht, mit dem prominentesten Wirtschaftsexperten Amerikas aus der liberalen Schule. Er behauptet, es gibt Mittel, um die Inflation zu stoppen oder zumindest zu bremsen, aber die seien aus »politischen Gründen« unmöglich. Er sagt *»politische«*, ich behaupte *»demagogische«*.

Unter solchen Bedingungen kann die Lohn-Preis-Spirale weitergehen. Aber je mehr sich das Publikum dieses unlösbaren Zustandes bewußt wird, desto mehr wird es von der Inflationspsychose ergriffen, und dies ist der dritte Grund, der *psychologische* und der gefährlichste. Fazit: Es gibt keine Lösung, denn Inflation ist der Preis für die Demokratie.

Wie kann nun der kleine oder mittlere Sparer diese Elementarkatastrophen überlisten oder sich vor ihnen schützen? Es gibt verschiedene Möglichkeiten für ihn, aber darunter auch einige, die er vermeiden sollte.

Auf keinen Fall soll Bargeld im Sparstrumpf schlafen oder auf dem Girokonto zinslos liegenbleiben. Wenn man zu ängstlich oder zu alt ist (und vor Sachwerten aller Art zurückscheut), kann man sein Geld als Festgeld mit hohen Zinsen für ein oder mehrere Jahre bei den Banken und Sparkassen lassen. Diese hohen Zinsen waren aber oft eine optische Täuschung, die Zinserträge waren niedriger als die permanente Inflationsrate, und nach Abzug der Steuer war die Anlage praktisch negativ. Dieselbe Kritik konnte man auch gegen die festverzinslichen Wertpapiere erheben, die außerdem einem Kursrisiko unterliegen, denn selbst mündelsichere Anleihen, Pfandbriefe usw. können zurückgehen, wenn der Zinsfuß auf dem Kapitalmarkt steigt.

Man kann natürlich auch spekulieren, d. h. das Geld manipulieren, indem man je nach der Konjunktur von einem Sektor in den anderen wechselt. Dies ist aber unser Jagdrevier, das heißt das Jagdrevier der Börsenprofis mit jahrelangen Erfahrungen.

## Hölle der Sparer – Paradies der Schuldner

Eines ist sicher: Man muß den Mut haben, auf Zinsen manchmal auch zu verzichten. Von Zinsen ist noch keiner reich geworden. Und das ist auch logisch. Unser kapitalistisches System gibt keine Geschenke. Mit einem Wort: Die Inflation ist die Hölle der Sparer und das Paradies der Schuldner. In der Inflation der zwanziger Jahre konnten Spekulanten ganze Häuserblocks und Fabriken auf Kredit kaufen, die sie dann mit entwerteten Reichsmark aus der Westentasche bezahlten. Ich glaube nicht, daß Zeiten mit solchen Extremen noch einmal wiederkehren werden; solche Gewinne würden die heutigen Regierungen nicht zulassen, aber in bescheidenem Maße kann der Sparer auch heute *von Verschuldung profitieren.* Soll man sich also verschulden? Die Frage ist: Wer, wie und wofür? Diese Fragen muß man schon deshalb stellen, weil es Perioden gibt, in welchen die Regierungen – wenn auch nur vorübergehend – Maßnahmen treffen, die den Schuldnern den Hals brechen können.

Man muß natürlich auch Sachwerte besitzen. Das gilt für alle mittleren und großen Sparer. Aber auch die Palette der Sachwerte wird durch die politischen, sozialen und psychologischen Risiken immer kleiner. (Unter psychologischen Risiken verstehe ich eine nicht existierende Gefahr, die aber von dem Publikum befürchtet wird, und dadurch im gegebenen Falle, gerade dann, wenn man den Gegenwert benötigen sollte, gewisse Anlagen nicht realisierbar macht.) Man kann nicht abstreiten, daß die Sachwertbesitzer seit den letzten 30 Jahren einen beträchtlichen Kapitalzuwachs verbuchen können, um so mehr, als die Gewinne von keiner Steuer belastet werden (bis auf die USA, wo ein Kapitalgewinn für jede Anlage auch nach sechs Monaten einer gewissen Steuer unterliegt).

Viel hat zu der bereits ausführlich geschilderten Inflationshysterie die Goldpreis-Manipulation beigetragen. Denn der Wert des Goldes hat die merkwürdige Eigenschaft, einerseits durch die Inflation zu steigen, andererseits aber, wenn er steigt – und auch falls er künstlich in die Höhe manipuliert wird – die Inflation weiter anzuheizen. Das ist ein Teufelskreis. Verglichen mit einem Schlachtfeld ist das Gold die Flagge und die Musik, hinter der alle anderen Rohstoffe herziehen.

Es ist zwar eine Tatsache, daß Gold seit uralten Zeiten eine fast hypnotische Anziehungskraft auf Menschen ausübt, wie es tausende von Zitaten und auch die Mythologie beweisen. Als Anlage würde ich es jedoch unter die marginalen Werte einreihen. In unserem kapitalistischen System können wir den Wert einer Anlage nur durch ihre Rendite oder durch ihre zukünftige Rendite einschätzen. Gold wie auch Diamanten oder Kunstwerke und Sammlerobjekte können nur aufgrund des jeweiligen Marktes, das heißt durch Angebot und Nachfrage bewertet werden.

Angebot und Nachfrage haben aber ausschließlich psychologische Motivationen. Der Preis eines Kunstwerkes ist jene Summe, die man von Dritten, seien es nun ein Museum, Sammler, Händler oder Spekulanten – dafür erhalten kann. Dies wird jedoch durchaus auch eine Frage der Mode sein; denn selbst in Zeiten, in denen man Kunstgegenstände nicht aus Anlagegründen, sondern zum Vergnügen erwarb, änderten sich die Preise durch Einflüsse der Mode in großem Rahmen. Der Wert eines Kunstobjektes, der eventuell astronomisch hoch war, konnte auf einen Bruchteil zurückfallen, wenn der Stil oder der Meister die Gunst des Publikums oder der Sammler verloren hatte. Aber die Mode selbst wiederum wird von all jenen manipuliert, die daran irgendein Interesse haben. Dazu tragen auch die Massenmedien und Versteigerungen bei, wo von den Insidern die Preise in die Höhe getrieben werden. Das bezieht sich auf alle Kunstgegenstände: Möbel, Porzellan, Bronze und die verschiedensten anderen Sammelobjekte. Und ebenso geschieht es mit Gold, mit dem einen Unterschied, daß der Goldpreis im Grunde am leichtesten zu manipulieren ist. Kriege, Revolution, Bürgerkrieg, Geldentwertung: dies alles sind Argumente, mit denen man bei einem ängstlichen, um sein Hab und Gut zitternden Publikum leicht Panik machen kann.

Herr *Janos Fekete*, der Chef der ungarischen Nationalbank, sagte einmal geistreich, daß 300 Volkswirte in der Welt gegen Gold seien; aber drei Milliarden Menschen seien dafür. Nur vergaß er, daß der größte Teil dieser drei Milliarden leicht manipulierbar ist, abgesehen davon, daß die meisten von ihnen keine Dollar besitzen, um Gold zu kaufen. Und diese Manipulation fand in den vergangenen Jahren in großem Umfang seitens der Goldlobby statt: der Allianz zwischen Südafrika, der Sowjetregierung und einigen schweizerischen und deutschen Geldinstituten, die daraus ein großes Geschäft machen konnten. Aber darauf komme ich noch ausführlich zu sprechen.

Ich kenne die Theorie der Goldfanatiker: »Gold ist ewig, unvergänglich und so weiter.« Diese Qualität kann man jedoch nicht in Mark und Pfennig ausdrücken. Ist die Qualität »ewig« 100, 500 oder gar 1000 Dollar pro Unze wert? Mit 100 Dollar ist es sicher genauso ewig wie mit 1000. Gold als Ware hat einen Selbstkostenwert, der jedoch kein absolutes Maß ist. Zunächst weil die Qualität der Minen verschieden ist. Außerdem ändern sich die Kosten mit der Zeit, und selbst diese sind keine Garantie dafür, daß der Verkaufspreis nicht fallen könnte, wie es schon in den dreißiger Jahren bei verschiedenen Rohstoffen der Fall war.

Gold ist sicherlich ein Fetisch für Millionen, nicht jedoch für reiche und hyperentwickelte Nationen wie Amerika, Japan, Großbritannien usw; denn kaufen diese Völker in geringem Maße auch Gold, geschieht dies nicht aus Fetischismus, sondern in der Hoffnung, es zu einem höheren Preis wieder zu verkaufen. Natürlich wird es immer Goldbesitzer geben, die das gelbe Metall besonders schätzen, zeitweise sogar dafür schwärmen, es jedoch bei einem bestimmten Preis abstoßen, um es wieder günstiger zu verkaufen.

Welches Verhalten sollte daher der Sparer dem Gold gegenüber einnehmen, angenommen, daß er damit nicht spekulieren will und auch schon andere Anlagewerte besitzt?

Ich möchte diesbezüglich eine kleine Geschichte aus dem wilden Westen zitieren: Die prominenten Bürger einer kleinen amerikanischen Stadt lunchten jeden Tag in ihrem exklusiven Club und verbaten den Dienern strengstens jede Störung, es sei denn bei Überschwemmung, Feuer oder falls die Indianer aus dem Westen kämen.

Für solche Fälle hatten sie sich dann gut vorbereitet, indem sie im Schrank oder anderswo ein Paar Goldmünzen oder gar Goldbarren versteckt hatten.

Nun gut, alles kann ja passieren, auch heute noch – zum Beispiel könnten die »Rot-Häutigen« auch heute noch kommen. Nur dieses Mal bestimmt nicht aus dem Westen, sondern wohl eher aus dem Osten. Und für diesen Fall wäre natürlich wiederum alles Versteckbare, auch das Gold, die beste Anlage. Diese kleine Polemik sei mir an dieser Stelle gestattet.

Doch zurück zum Ernst der Sache: Und da muß man natürlich feststellen, daß Gold *unter bestimmten Voraussetzungen* und *in begrenztem Rahmen* durchaus vorübergehend eine notwendige und gute Geldanlage sein kann.

### Gedanken zum Goldstandardsystem

Ein ganz anderes Problem ist natürlich die Abstützung einer Währung durch Gold, kurz *das sogenannte Goldwährungssystem.*

Bei der Analyse der Bedeutung des Goldes und der summarischen Behandlung von Goldfragen scheint es mir einfach unerläßlich, auch hierzu einige Ausführungen zu machen. Hunderttausende sprechen seit Jahren vom *Goldstandard-System,* aber 99 Prozent (*Präsident Reagan* und *General de Gaulle* eingeschlossen) wissen nicht, wovon sie sprechen.

Goldstandardsystem nennt man einen Währungsmechanismus, dessen Aufgabe es ist, Angebot und Nachfrage in der Wirtschaft im Gleichgewicht zu halten – sowohl auf nationaler Ebene als auch im Handel der Staaten untereinander –, um so die Zahlungsbilanzen zwischen den einzelnen Ländern zu regulieren und dadurch feste Devisenparitäten zu sichern.

Wie funktioniert nun dieser Mechanismus? Der Wert jeder Währung wird in Gold festgelegt (ein Dollar ist zum Beispiel × Gramm Gold wert), und dabei ist exakt vorgeschrieben, wieviel Golddeckung die jeweilige Notenbank gegenüber der Geldmenge halten muß. Jede Notenbank muß zu diesem festgelegten Preis Gold kaufen oder verkaufen. Wird etwa eine Währung im Ausland stärker angeboten, muß die betreffende Notenbank diese Währung mit Gold aufkaufen. Ein solches Angebot entsteht, wenn die Handels- und Zahlungsbilanz eines Landes ins Defizit gerät. Um die Handelsbilanz auszugleichen, muß die Regierung gegen die Preisinflation ankämpfen: Sie erhöht die Zinsen, um auch den Kapitalimport zu fördern, kürzt die Kredite, reduziert ihre Ausgaben und erhöht ihre Einnahmen. Mit einem Wort, sie macht eine radikale Deflationspolitik: Sie pumpt Geld aus den Taschen der Verbraucher und Unternehmen, auch wenn das

Arbeitslosigkeit und Konkurse zur Folge hat, nur um ihre Goldreserven intakt zu halten.

Schlägt nun umgekehrt das Handelsdefizit eines Landes in einen Überschuß um, wird die Nachfrage nach der betreffenden Währung im Ausland steigen, und die Notenbank wird diese Währung gegen Gold verkaufen. So fließt wieder Gold ins Land, man kann die Zinsen senken und die Kreditzügel lockern. Und das Ganze nennt man Goldstandard. Und mit diesem schlauen System will man Ordnung in die Staatsfinanzen bringen, »wie sich das der kleine Moritz so vorstellt«, hätte man in Wien gesagt!

Denn auf dem Papier scheint das alles wunderbar logisch zu sein, so logisch, daß der berühmte *Jacques Rueff* (General de Gaulles Währungsexperte mit dem Spitznamen »*Herr Goldstandard*«) dieses System einmal einen »souveränen Monarchen« genannt hat, »der über die Ordnung in der Weltwirtschaft wacht«. »Aber wo hat der Monarch seine Armee«, fragte ich Monsieur Rueff in einer Fernsehdebatte, »die die Regierung dazu zwingen kann, eine radikale Deflation durchzuführen?« Schon 1932 hatte Rueff bei einem Vortrag an der Sorbonne das Goldstandardsystem in den Himmel gerühmt. Er hatte das Beispiel Deutschlands zitiert und die Deflationspolitik der Regierung *Brüning-Luther* gelobt, weil es ihr trotz der Weltwirtschaftskrise gelungen sei, die Goldreserven zu erhöhen. Wie wir wissen, war die Politik Brünings so erfolgreich, daß ein Jahr später *Adolf Hitler* an die Macht kam.

Die Tatsachen nämlich sprechen nun einmal eine andere Sprache als Herr Rueff. Es gibt selten eine demokratisch gewählte Regierung, die sich zu einer Politik zwingen lassen würde, die die Arbeitslosigkeit erhöht, den Lebensstandard drückt und auch noch die Unternehmen in Schwierigkeiten bringt. Und wenn eine Regierung es doch wagen sollte, dann braucht sie dazu keinen Goldstandard, und es bleibt auch fraglich, ob ihr dies bei ihrem Bemühen helfen würde.

Auch im umgekehrten Fall folgen die Regierungen dem Goldstandard nicht. So hätten zum Beispiel die Bundesrepublik und die Schweiz in den vergangenen Jahren nach den Regeln dieses Systems keine Interventionspolitik betreiben dürfen, um die Nachfrage in ihren Währungen zu befriedigen. Dies hätte jedoch zu erhöhten Kapital-, also Goldimporten geführt und damit automatisch zu einem Aufblähen der Geldmenge, das heißt zu Inflation. Für die beiden Länder war denn auch der Kampf gegen die Inflation wichtiger als das Anhäufen von Goldreserven; sie reagierten mit Währungsaufwertungen und anderen Maßnahmen. Wenn man aber auf- und abwertet, anstatt dem Kommando des Systems zu folgen, ist der ganze Mechanismus praktisch wertlos.

Seien wir also ehrlich: die Qualität einer Währung hängt doch nicht von ihrer Golddeckung ab, sondern vom *Management der Staatsfinanzen, der Produktivität der Wirtschaft und der Disziplin der Bevölkerung.* Gold fließt in das Land, in dem die Währung gesund ist und verläßt es, wenn die Tugenden schwinden, und das heißt, wenn sich die Laster behaupten.

Die Deutsche Bundesbank hat mit Null-Golddeckung angefangen, und trotzdem ist die Mark innerhalb weniger Jahre zur härtesten Währung geworden. Die Banque der France dagegen hatte 1968 gigantische Goldreserven (von de Gaulle aufgestapelt), die innerhalb von 14 Tagen im Zuge der damaligen politischen Krise dahinschmolzen.

Von all dem abgesehen ist es auch aus praktischen Gründen unmöglich, auf das Goldstandardsystem zurückzukommen. Denn selbst wenn etwa die US-Regierung einen neuen hohen Goldpreis offiziell festlegen würde, könnte die Goldlobby mit Panikmacherei und Hysterie die Spekulation so anheizen, daß der Preis bald wieder erhöht werden müßte. Ohne das Goldstandardsystem aber bleibt das Gold eine »banale« Ware genau wie jedes andere Metall, dessen Kurs auf dem freien Markt schwankt, ohne etwas mit dem Währungssystem zu tun zu haben.

Der Goldstandard kann übrigens im Verhältnis zwischen durchaus befreundeten Nationen zu bösen Konflikten führen, wie *Otto von Bismarck* es einmal sagte, obwohl er kein Wirtschaftsexperte war: Die Goldreserve ist wie eine Decke über zweien, und jeder versucht die Decke über sich zu ziehen.

Die von mir in anderem Zusammenhang zitierte Definition des Goldes durch *Rabindranath Tagore* war zwar poetischer, der hier wiedergegebene Satz von Otto von Bismarck ist hingegen einfach, realistisch und zutreffend.

Vorsicht ist also geboten!

Aber wenn nun Gold eine Währung nicht sichert, was sichert sie dann? Dazu mehr im nächsten Kapitel, dem die hier niedergeschriebenen Überlegungen zugrunde liegen.

# Die Währung: Spiegelbild unserer Tugenden und Laster

Weil ich es für so ungeheuer bedeutend halte, möchte ich es hier noch einmal eindringlichst wiederholen: Die conditio sine qua non für die Qualität einer Währung ist die *Qualität des Managements der Staatsfinanzen* und *die Qualität des Managements in der gesamten Wirtschaft* eines Volkes. Beide wiederum hängen von den *Tugenden und den Lastern* aller Bürger ihres Landes unabdingbar ab.

Welche Tugenden, Eigenschaften und Ressourcen in den einzelnen Ländern sind es nun, die nach meinen Beobachtungen die jeweiligen Landeswährungen decken?

Hier eine Zusammenstellung:

*Dollar:* politische Sicherheit, absoluter Respekt vor dem Privateigentum in den USA sowie die äußerst hoch entwickelte Technologie, der Reichtum an Rohstoffen und die Dynamik der Unternehmer.

*D-Mark:* politische Stabilität (jedenfalls bis jetzt), Arbeitsfleiß, Sinn zum Sparen und Disziplin des deutschen Volkes.

*Pfund:* die Überbleibsel des Vermögens eines ehemaligen Weltimperiums, der Welthandel und die »City of London«, noch immer das Zentrum des internationalen Bank- und Versicherungswesens, sowie die Schiffahrt und als Draufgabe das Nordseeöl.

*Schweizer Franken:* jahrhundertelange Neutralität und das gesetzlich geschützte, wenn auch nicht absolute Bankgeheimnis.

*Französischer Franc:* seit Jahrzehnten gehortete internationale Anlage, französischer Lebensstil und Geschmack, sowie die Findigkeit der Franzosen – sie haben zwar kein Öl, aber sie haben Ideen.

*Yen:* Robotisierung der Industrie und Bescheidenheit der Arbeitnehmer.

*Lire:* Kirchen, Museen und Palazzi. Rom, Venedig, Florenz.

*Gulden:* Erbschaft eines Kolonialreiches, große Handelsflotte, Sinn zum sturen Sparen und etwas Erdgas.

*Norwegische Krone:* Nordseeöl und Öltransportflotte.

*Österreichischer Schilling:* Wiener Schmäh und die Ausgaben vieler traditionshungriger Amerikaner mit ihrer Nostalgie nach den k.u.k.-Zeiten.

*Ungarischer Forint:* die Pfiffigkeit der Ungarn; der Forint hat relativ den besten Kurs unter allen Ostblockdevisen, 15 Prozent unter der offiziellen Notierung, dank des genialen Geldmanagements des Direktoriums der Notenbank.

*Rubel:* Angst vor Sibirien, die Diktatur und viel Gold (das alles nützt freilich nichts, denn auf dem grauen Markt ist er zu 20 Prozent des amtlichen Kurses erhältlich).

*Israelisches Pfund:* Spenden aus der Diaspora (Israel ist das einzige Land, das seine wichtigsten Steuerzahler im Ausland hat).

Kurz und gut, das sind all jene Eigenschaften, Tugenden und Gegebenheiten eines Landes, die den Rang der Währungen bestimmen. Behaupten sich die Tugenden, wird die Währung mehr wert, lassen sie nach, verliert sie an Bedeutung.

Nicht die Golddeckung stützt auf lange Sicht die Währung, sondern das Gold fließt in das Land mit der besseren Währung und verläßt jenes, in dem die Tugenden schwinden oder die Laster sich behaupten. Natürlich spielen auch die Gegebenheiten des Schicksals eine große Rolle: Ölfunde etwa oder militärisch-strategisch günstige Lage. Massenhysterien, angeheizt von Spekulanten, Manipulationen und Massenmedien haben eine zwar große, aber lediglich kurzfristige Wirkung auf die Kurse.

Am Ende kommt immer die Stunde der Wahrheit. Die Golddeckung ist nur eine Illusion, die leicht verschwindet, wenn das Management versagt. Eine Rückkehr zum Goldstandard können nur Spinner wünschen, die über das Gold zwar alles wissen, jedoch die Zusammenhänge nicht verstehen.

Ich halte den Gedanken, daß die Golddeckung den Wert einer Währung bestimmt, für einen solchen Unsinn, daß es für mich ein wahrhaftiger Test ist, den wirtschaftlichen Scharfsinn eines jeden Volkswirts und Fachmanns danach zu beurteilen, ob er für oder gegen den Goldstandard plädiert.

# Spekulationen zum Schutz des Vermögens

Heute wissen wir alle, daß derjenige, der nicht spekuliert oder sein Geld nicht zumindest phantasievoll anlegt, eines Tages auf dem Trockenen sitzen wird. Eine gewisse Art von spekulieren, ich meine nicht das Spielen, ist ein Schutz des Vermögens, selbst wenn man dazu keine Kredite in Anspruch nimmt und wer es nicht tut, läuft Gefahr, daß ihm sein Bankkonto unter den Händen zusammenschmilzt.

Die Geschichte der vergangenen Jahrzehnte ist reich an warnenden Beispielen. Ganze Familien sahen sich von heute auf morgen dem Nichts gegenüber, denn die sichersten Einkünfte lösten sich plötzlich in Dunst und Rauch auf. Millionen Flüchtlinge mußten sich im Ausland ein neues Leben aufbauen und standen vor dem Problem, ob sie in dem neuen Land auch die Mittel dafür zur Verfügung hätten. Der Krieg und die militärischen Besetzungen, die Ausbreitung des Kommunismus, die Verstaatlichungen haben Kapitalien im Werte von vielen Milliarden unwiederbringlich hinweggefegt.

Einen absoluten Schutz gibt es gewiß nicht, aber man kann wenigstens versuchen, durch Risikoverteilung die Gefahren einzuengen. Dazu braucht man natürlich Fachkenntnisse und eine gute Portion Erfahrung. Eine theoretisch erlernbare Wissenschaft des Geldanlegens gibt es nicht.

## Die Kunst, ein Vermögen zu vergrößern

Der fortschrittlich eingestellte Staatsbürger sollte also heute wenigstens ein Minimum an Kenntnissen über Finanzangelegenheiten und Börse, mit einem Wort, über Spekulation, besitzen. Genauso wie man unsere Großmütter schon als junge Mädchen zu hausfraulichen Tugenden erzog. Diese Weisheit ist gar nicht so neu. Schon Xenophon sagte vor 2300 Jahren, es genüge nicht, gesund zu sein und seine körperlichen Kräfte für den Krieg zu bewahren, die Kunst, sein Vermögen zu vergrößern, verdiene ebensoviel Bewunderung und Hochachtung.

Auf welche Art man sein Geld anlegt, bleibt natürlich eine individuelle Angelegenheit. Jeder Sparer hat seine eigenen Probleme, und keine zwei Situationen gleichen sich völlig. Je nach Lebensanschauung wird jeder Sparer andere Anlageformen vorziehen. Einem Junggesellen, der sein

Kapital genießen will, würde ich nicht zu den gleichen Anlagen raten wie einem Familienvater, der an die Erziehung und die Zukunft seiner Kinder denkt. Bei einem Kaufmann muß man wiederum daran denken, daß er jederzeit flüssiges Kapital benötigt. Anders ein Arzt oder ein Anwalt, der seine Reserven länger stillegen kann. Wenn man Vermögensberater für einen Globetrotter ist, kann es einem passieren, daß man ihn vielleicht monatelang nicht erreicht. Dagegen ist ein Börsenstammgast mit den letzten Entwicklungen vertraut, und man ist in der Lage, mit ihm in jedem Moment die Verbindung wegen neuer Dispositionen aufzunehmen.

Bevor man einem Sparer einen Rat gibt, muß man genau wissen, über welche Vermögenswerte er verfügt. Hat er nur Sachwerte oder nur flüssige Mittel? Um bildlich zu sprechen, man befindet sich in der Rolle eines praktischen Arztes, der einer Diagnose entsprechend seinen Patienten zum Facharzt schickt, das heißt zum Wertpapierspezialisten oder Immobilienexperten oder zu einem anderen Branchenfachmann.

Beruf, Alter, Gesundheitszustand, Charakter (gütig oder bösartig), Temperament (nervös oder phlegmatisch), die Familiensituation (Junggeselle oder Großvater), ja sogar Laster und Hobbys des Sparers muß man kennen, um ihm in Geldangelegenheiten ein richtiges Verhalten anraten zu können.

In der Praxis muß man auch feststellen, daß Steuer- und Erbschaftsprobleme eine ganz besondere Rolle spielen. Diesbezüglich erzählte man in Frankreich eine gleichzeitig amüsante und makabre Geschichte, die sich um die sogenannte *Pinay-Tante* abspielte. Letztere war nämlich frei von jeglicher Erbschaftssteuer. Wenn nun irgendwo eine reiche, alte Tante im Sterben lag, wurde sofort ihr gesamtes Vermögen in Pinay-Renten umgewandelt. »Wenn du glaubst, du mußt bald sterben, sollst schnell die Pinay dir erwerben«, lautet das Sprüchlein, das ich für einige meiner Freunde gedichtet habe. Und wenn an gewissen Börsentagen der Umsatz an Pinay-Renten überraschend stieg, wußte man, daß sich irgendwo ein Millionär seinem Ende näherte.

Man muß die verschiedenen Faktoren analysieren und sie gleichzeitig in den Rahmen der Weltereignisse stellen, die außen- und innenpolitische Entwicklung, die wirtschaftliche, finanzielle und fiskalische Situation ganz genau verfolgen. Erst dann ist man ein Spekulant im echten Sinne des Wortes.

Ich würde sagen, die Spekulation beginnt mit der instinktiven Absicht, dem eigenen Hab und Gut die Kaufkraft zu bewahren. Zwischen dieser Absicht und der Leidenschaft, sich ein Vermögen zu schaffen, ist eigentlich nur ein gradueller Unterschied. (Der Appetit kommt beim Essen!) Heute wird jeder, nolens volens, zu einem Spekulanten. Man ist Spekulant aus Freude am Gewinn und auch aus dem Sport, die mit dem gesunden Menschenverstand ausgedachten Prognosen verwirklicht sehen zu wollen.

Viele Makler und Bankiers unterscheiden in ihrem Urteil über Wertpapiere zwischen Spekulations- und Anlagewerten. Ich halte diese Unterscheidung für oberflächlich und im Grunde sogar für falsch. Der Unterschied liegt nicht in der Qualität der angelegten Werte, sondern in der Quantität. Wenn ein Großkapitalist eine relativ zweifelhafte Minen- oder Ölaktie für einen minimalen Betrag erwirbt, so ist das keine Spekulation, sondern eine Anlage mit kalkuliertem Risiko. Wenn aber ein kleiner Mann mit Beträgen, die seine Mittel weit übersteigen, das heißt auf Kredit, die »sichersten« Werte (Anleihen, Immobilien oder irgendwelche mündelsicheren Werte) kauft, so stürzt er sich in eine waghalsige Spekulation. Man muß sich immer vor Augen halten, daß der Unterschied zwischen Spekulation und Anlage nur eine Frage der Proportion ist, die Grenzen verschwimmen. Eine richtige Anlage ist eine gute Spekulation, und eine erfolgreiche Spekulation ist eine gute Anlage. Man hört oft Börsenleute protzen, sie hätten gut spekuliert, wenn sie eine Aktie um 100 gekauft und um 110 verkauft haben. Wenn aber dieselbe Aktien von 100 auf 60 stürzt und sie diese nicht mit Verlust abstoßen wollen, dann behaupten sie, sie hätten eine Anlage getätigt, und der vorübergehende Kurs interessiere sie nicht. Das ist natürlich eine Selbsttäuschung. Aber menschliche Schwächen haben wir ja alle, besonders wir Spekulanten.

## Womit man spekulieren kann

Spekulieren kann man mit allem. In allen Arten von Immobilien, von Familienhäusern bis zu Erschließungsgebieten, in allen Rohstoffen, worüber ich schon ausführlich geschrieben habe. Rohstoffe sind vor allem für diejenigen geeignet, die aus professionellen Gründen damit zu tun haben, da sie diese später für ihre eigenen Betriebe verwenden können. Ein Müller legt etwa einen Teil seines Vermögens in Getreide an, ein Schokoladefabrikant kauft Kakao oder Zucker, ein Textilindustrieller lagert Wolle oder Baumwolle ein, ein Goldschmied deckt sich mit Gold und Silber ein und so fort. Ich kannte einen französischen Perückenmacher, der in der Inflationszeit in Frankreich Frauenhaare, das heißt chinesische Zöpfe kaufte, um sich so gegen die Geldentwertung zu schützen.

Die Welt der Sparer gleicht einer Demokratie mit einem Zwei-Parteien-System. Die eine Partei ist die der Immobilien-Anhänger, die andere die der Freunde von Mobilwerten, das heißt Wertpapieren. Es handelt sich fast um zwei verschiedene Bekenntnisse, so tief sind die Prinzipien verankert. Eine jede Partei führt gute Argumente ins Treffen, von den Nachteilen der beiden Anlageformen sprechen sie indessen seltener.

## Anlagewerte: Aktien, Immobilien

Ein Nachteil der *Aktien-Anlage* ist, daß der Anleger die Kurse seiner Aktien täglich verfolgen kann und es zu seinem größten Schaden auch tut. Auch wenn er gar nicht hinsehen will, reibt ihm die Tagespresse die Kurse unter die Nase. Ganz davon zu schweigen, daß im Falle eines größeren Rückschlages die Headlines schon dafür sorgen. So macht der Sparer – nolens volens – jeden Tag Bilanz. Und das reizt zu unüberlegten Entscheidungen.

Bei den *Immobilien-Anlagen* besteht diese Spannung nicht. Es gibt da keine sichtbaren Kursschwankungen, die mit den Nerven wie auf den Saiten einer Harfe spielen könnten. Und doch ist der effektive und erzielbare Wert eines Hauses oder eines Grundstückes im Laufe der Zeit großen Schwankungen unterworfen. Wenn Sie zum Beispiel eine Immobilien-Beteiligung für 100 000 Mark erworben haben, ist es sehr fraglich, ob Sie diesen Besitz in einigen Monaten oder Jahren ohne Verlust loswerden können. Ganz zu schweigen von den Spesen, die einen hohen Prozentsatz ausmachen. Nicht aus dem Kursblatt, sondern in der eigenen Tasche erfährt man dann, was die Anlage tatsächlich wert ist.

Ein Vorteil der Aktienanlagen ist die absolute Liquidität. Die Aktien purzeln und klettern, aber jeden Tag können sie an der Börse wieder zu Geld gemacht werden. Mit dem Abstoßen einer Immobilien-Anlage muß man sich schon länger gedulden. Der Aktienbesitzer kann überdies schon mit relativ kleinen Beträgen sein Risiko verringern: Seine Anlagen kann er international und nach Branchen streuen. Bei Immobilien ist das nur mit ganz hohen Summen möglich. Das politische Risiko ist bei Immobilienwerten relativ groß, denn unter den Wählern sind stets mehr Mieter als

Hausbesitzer. Welche Regierung würde nicht die Mieter schützen und dies zum großen Ärgernis der Hausherren? In allen Ländern der Welt gibt es einen recht populären Mieterschutz, der aber auf den Immobilien-Markt jahrelang gedrückt hat.

Es ist wahr, daß in den vergangenen Jahren Aktien-Besitzer manchmal heftig gerupft wurden, wogegen Immobilien-Besitzer von den stetig steigenden Preisen reichlich profitierten. Das ist jedoch keine Garantie, daß es auch in der Zukunft so sein wird. Oft haben in den vergangenen 50 Jahren auch Immobilien-Spekulanten ihr letztes Hemd verloren, in den USA, Frankreich, Spanien und – »horribile dictu« – sogar in der Schweiz. In Deutschland herrschte in den fünfziger, sechziger und Anfang der siebziger Jahre ein außerordentlicher Immobilienboom. Das muß nicht immer so bleiben. Trotzdem bin ich der Überzeugung, daß für den kleinen Sparer das erste Gebot für die Geldanlage der Ankauf einer Eigentumswohnung ist, die er selbst bewohnt. Damit hat er seine ersten Ersparnisse inflationssicher angelegt.

Mein Vater sagte häufig: »Ich bin nicht reich genug, um billige Sachen zu kaufen.« Diese Worte klingen zwar widersprüchlich, enthalten aber ein Körnchen Wahrheit. Denn ein Paar Schuhe oder ein Wintermantel, die scheinbar billig sind, halten wegen der minderen Qualität nicht sehr lange. Auf Anlagewerte kann ich diesen Spruch nicht anwenden. Anlagewerte stehen, objektiv gesehen, einmal zu hoch, einmal zu tief, weil ihr Kurs der Massenhysterie unterworfen ist. Das Publikum mißachtet jede logische Überlegung; es neigt zu Werten, die gestiegen, und meidet jene, die gefallen sind. So darf aber nur ein Spieler denken und handeln, der tägliche Kursgewinne einstreichen will und daher mit der Masse geht. Aber hat die Masse auf lange Sicht recht? Fast nie!

## Anlagewerte: Waren, Rohstoffe

Neben den bereits erwähnten Möglichkeiten der Anlage von Spargeld in Aktien und Immobilien sowie der Börsenspekulation gibt es natürlich, was ich bereits andeutete, für jeden Kaufmann und Industriellen die Möglichkeit, die Ware aufzustapeln, die er in seiner Branche verwertet.

*Rohstoffe* gelten als eine mögliche Geldanlage. Jeder kann sich die wichtigsten Rohstoffe an den Warenbörsen zu offiziell notierten Preisen erwerben. Aber hier muß ich eine große Warnung aussprechen, die ich gar nicht oft genug wiederholen kann: Wenn ich von einer Rohstoffanlage schreibe, meine ich nicht Warenterminspekulationen, bei denen man eine relativ kleine Summe einschießen muß, um ein Riesenquantum Kupfer, Weizen oder ähnliches zu kaufen, denn in diesem Fall ist die eingezahlte Summe keine Kapitalanlage, sondern nur ein Garantiedepot für eventuelle Kursschwankungen. Wenn der Kurs der gekauften Ware auch nur einige Prozente zurückgeht, muß der Kunde weitere Beträge zuzahlen, und für den Fall, daß er dies nicht tut, wird seine Ware sofort verkauft, was eventuell den gesamten Verlust seiner bereits gezahlten Gelder nach sich zieht. Diese Art von Anlagen in Rohstoffen ist somit das Verbot Nr. 1 für jeden Sparer. Wenn ein Kapitalist dagegen irgendeine Ware an der Warenbörse kauft, deren Gegenwert genau der Summe entspricht, die er anlegen möchte, dann ist Rohstoff auch für den Außenstehenden eine Anlagemöglichkeit.

Weitere Anlagemedien, die sich in Inflationen als relativ günstig erwiesen haben, waren *Bilder, alte Möbel, Porzellan, Diamanten, Münzen, Briefmarken* und viele *andere Liebhaber- und Sammlerobjekte*. Aber in diesen Sektoren muß man mit größter Vorsicht vorgehen. An jeder Ecke lauert ein gerissener Berater, der dem ungeschulten Kunden nicht zu der Anlage raten wird, die ihm gerecht wird, sondern vielmehr zu jener, bei der er die größte Provision einstreichen kann. Es ist wahr, daß Kunst, wie Bilder, altes Silber, alte Möbel, Porzellan usw., im erzielbaren Preis in den letzten 30 Jahren raketenartig gestiegen sind, aber das soll kein Vorbild für kleine Sparer sein.

### Anlagewert: Bilder

Bilder sind, nach Meinung der Experten, seit den fünfziger Jahren um das Acht- bis Zwanzigfache gestiegen. Aber nur Spitzenwerke sind marktgängig, und auch diese sind stark der Mode unterworfen. Es gab Jahre, in denen französische Impressionisten des XIX. Jahrhunderts raketenartig gestiegen sind, während alte Meister nur bescheidene Preise erzielt haben. Die Themen der Bilder spielen ebenfalls eine große Rolle. Die Tendenz von heute und wahrscheinlich für die kommenden Jahre ist folgende: Helle Bilder gut – düstere schlecht; Seelandschaften mit ruhigem Meer gut – mit stürmischem Meer schlecht; Stilleben mit Blumen, Früchten oder Austern gut – Wild mit Blut schlecht; Winterlandschaften mit Schlittschuhläufern besonders gut – religiöse Themen und Kampfszenen mit Toten besonders schlecht... Und so kann die Liste fortgesetzt werden. Man muß feststellen, daß der Geschmack der Sammler äußerst nuanciert ist.

Verschiedene Bildersammlungen in privaten Händen repräsentier heute gigantische Werte, die aber immer dank einer Liebhaberei aufgeba wurden und nicht aus Kapitalanlagegründen. Die Sammlungen von viel reichen Familien bestehen seit mehr als hundert Jahren, die groß amerikanischen Sammlungen seit Jahrzehnten, und viele von ihne befinden sich schon heute in Museen (wie die *Mellon- oder die Frick-Sammlung* in den USA oder *die Bührle-* oder *die Reinhardt-Sammlung* in Zürich und Winterthur usw.).

In der Preisentwicklung der meist geschätzten Bilder habe ich in der Zeitspanne meiner Generation die größten Extreme erlebt. Ich erinnere mich noch genau an zwei große Pleiten der berühmtesten Bildersammler und -händler (das ging oft zusammen) ihrer Zeit: Die *Sammlung Marcel von Nemes* (München) – ich bin ihm noch persönlich begegnet – wurde nach dem ersten Weltkrieg versteigert, aber der Betrag reichte nicht einmal zur Schuldendeckung. Heute wäre diese Sammlung unschätzbar, so wie auch die Sammlung des klügsten Bilderhändlers aller Zeiten – *Sir Joseph Duveen* (später *Lord Millbrook*) –, der unmittelbar vor dem Zweiten Weltkrieg in die größten Zahlungsschwierigkeiten geraten war. Dagegen ist *Daniel Wildenstein*, über den ich schon berichtet habe, der dritte einer Bilderhändlerdynastie, einer der reichsten Männer Frankreichs dank des von seinem Großvater geerbten Lagers hervorragender Gemälde.

### Anlagewerte: alte Möbel, Porzellan

In den fünfziger Jahren waren unter den alten Möbeln in den USA nur die englischen gesucht, die französischen dagegen vernachlässigt, weil sie starker Zentralheizung nicht standhalten. Erst seitdem das Ehepaar Kennedy das Weiße Haus mit französischen Möbeln ausstattete, sind diese wieder populär geworden und erreichen seither astronomische Preise, aber natürlich wieder nur Spitzenstücke.

*Altes chinesisches Porzellan* hat sich wertmäßig in den letzten Jahren verfünfzigfacht, weil die japanischen Sammler – die Bürger eines Landes mit dem größten Wirtschaftswunder – auf den Markt gekommen sind. Als die Ölkrise in Japans Währungssituation eine Störung verursacht hat, trat in der Preisentwicklung eine Pause ein. Seitdem blieb sie erratisch. Die Ölsituation kann auch bei anderen Werten große Verschiebungen hervorrufen. Denn wenn die Araber lachen, müssen die anderen weinen.

Ein plötzlicher Sprung der Gold-, Silber- und Diamantenpreise war fast die direkte Konsequenz. Die Neigung der arabischen Kapitalisten tendiert bestimmt viel mehr zu Diamanten und anderen Edelsteinen als zu französischen Impressionisten. Die großen europäischen Juweliere wurden schon von Kunden in Saudi-Arabien und Kuwait aufgefordert, Vertreter mit Juwelenkollektionen zu ihnen zu schicken. Es ist bekannt, daß auch seltene, echte Orientteppiche und andere Objekte orientalischer Kunst und religiöse Reliquien des Islam stark gesucht wurden. Aber in einer Hochzinsperiode und infolge des Kampfes gegen die Inflation können auch solche Werte radikale Einbußen erleiden.

### Anlagewerte: Juwelen, Diamanten

Auch Juwelen sind stark der Mode unterworfen. *Echte Perlen*, die noch vor 50 Jahren besonders wertvoll und sehr begehrt waren, wurden im Laufe der Jahrzehnte durch die Konkurrenz der japanischen Zuchtperlen stark entwertet. Ich habe viele Emigranten aus den sozialistischen Ländern gekannt, die ihre Juwelen mitbrachten, die in der Familie als Kleinod galten, und die sie hier zu ihrer größten Enttäuschung nur zu einem Bruchteil des von ihnen geschätzten Wertes veräußern konnten.

*Diamanten* erfreuen sich erst seit einigen Jahren wieder ihrer Popularität. Die Preise zogen bis 1968 sehr langsam an, dann stiegen sie während der Währungskrisen um 50 Prozent und Ende der siebziger Jahre explodierten sie, in manchen Fällen um mehr als 100 Prozent. Einst waren die großen Steine die teuersten (per Karat natürlich), heute sind die Steine zwischen 3 und 4 Karat die gesuchtesten. Der Grund war, daß 91 Prozent der amerikanischen Ehefrauen und 19 Prozent der Japanerinnen einen Diamantenring tragen. Die Preise wurden lange Zeit hindurch von der De Beers-Gesellschaft (dem größten Produzenten) kontrolliert. Der Diamantenmarkt reagierte, global betrachtet, immer äußerst sensitiv auf hohe Zinsen und insgesamt auf die Geldpolitik, so daß eine einheitliche Preisentwicklung immer nur unter großen Schwierigkeiten zu erzielen war. Erschwerend kommt inzwischen hinzu, daß die De Beers-Gesellschaft seit Anfang des Jahres 1981 nicht mehr in der Lage ist, den Markt zu steuern und so die Preise zu kontrollieren. Von diesem Zeitpunkt ab ergab sich auf dem Markt eine durchaus hektische Preisentwicklung; denn von 1980 bis 1982 sind die Preise bis zu 50 Prozent gefallen.

Zusammenfassung: Der Diamantenkauf kann eine gute, aber auch stets nur langfristige Anlage sein. Und wichtig: Diamanten sind stark der Mode unterworfen, der Schliff, die Form (rund, viereckig oder oval) und an erster Stelle Farbe und Schimmer sind die wichtigsten Elemente des Preises. Außerdem ist der Einkauf eines Diamanten stets eine delikate Angelegenheit, denn – ein kleiner schwarzer Punkt in einem glitzernden Stein –, und er ist zu 80 Prozent entwertet.

Die Preise *farbiger Edelsteine* dagegen hinken nur langsam hinter denen der Diamanten her, und farbige Edelsteine zu bewerten ist äußerst heikel. Es gibt *Smaragde*, die einen Wert von $ 100 pro Karat haben, und andere, bei denen der Wert auf $ 10000 pro Karat geschätzt wird. Man braucht schon jahrzehntelange Erfahrung, um sich auf diesem schwierigen Gebiet auszukennen.

Nichtsdestoweniger würde ich keinem Mann davon abraten, seiner Frau einen Diamantenring zu schenken, denn die Freude, die jede Frau empfindet, wenn sie ihren Ring trägt und ihren Bekannten zeigt, entschädigt reichlich für die verlorenen Zinsen.

### Anlagewerte: alte Münzen, Briefmarken

*Alte Münzen* und *Briefmarken* haben auch ihre Anhänger. Fachleute, die immer als Sammler angefangen haben, bevor sie Händler geworden sind, haben ihr Kapital dank ihres Hobbys vervielfacht. Einer meiner Jugendfreunde, ein ganz bekannter Numismat, nahm nur eine alte griechische Goldmünze mit, als er 1937 aus Wien fliehen mußte. Diese eine Münze ernährte ihn während der langen Jahre der Emigration in der Schweiz. Ein anderer alter Freund von mir *(L. Varga)*, besitzt eine sagenhafte Sammlung von alten russischen Briefmarken, die ihm die Sowjetregierung zu einem Top-Preis abkaufen möchte. Aber er ist ein weltbekannter Philatelie-Experte, Herausgeber eines Katalogs und Spezialberater des französischen Postministeriums, und er verkauft sie nicht, weil Briefmarken ihm die Welt bedeuten.

Zur gleichen Zeit kenne ich Dutzende von Sparern, die Münzen oder Briefmarken als Anlage gekauft haben und die ihre Ware ohne Verlust bestimmt nicht loswerden könnten. (Und dieses Phänomen wiederholt sich auf allen Gebieten.)

Mein Nachbar, Kapitalist (obwohl Cellovirtuose), erzählte mir jüngstens, daß unter allen seinen vielfältigen Anlagen prozentual drei Cellobogen die besten waren, die von der Hand des Beethoven-Freundes *François Tourte* hergestellt worden waren. Die Bogen, die er seinerzeit zu $ 500 pro Stück gekauft hat, könnte er jederzeit zu je $ 50 000 an interessierte Museen verkaufen. Nicht einmal sein von Stradivari gebautes Cello hat eine solche Wertsteigerung erreicht, wie diese drei Bogen. Trotzdem würde ich keinem kleinen Sparer empfehlen, seine Ersparnisse in Cellobogen anzulegen.

Dagegen bedauere ich noch heute, daß ich von einem Angebot während des Krieges in Amerika keinen Gebrauch machte. Es wurde mir das Manuskript der Partitur von *Gustav Mahlers »Lied von der Erde«* für $ 9000 angeboten, was natürlich damals eine relativ größere Summe als heute war, aber dennoch nicht unerschwinglich. Nach der Meinung eines Experten könnte man diese Partitur heutzutage für 1 Million Dollar veräußern. Gleich nach dem Krieg hätte ich wiederum ein kleines *Goethe-Manuskript »Die Journalisten«* (ein Epigramm) für nur $ 200 kaufen können, was ich nicht tat. Es schmerzt mich noch heute, diese Gelegenheit versäumt zu haben. (Denn für Manuskripte habe ich schon immer ein Faible gehabt. Man spürt die Radioaktivität, die von ihnen ausgeht, wenn man sie in der Hand hält.) Man kann aber auch Enttäuschungen erleben. Ein Schweizer Bekannter besitzt ein *Manuskript von Adenauer: Seinen Schwur auf die Verfassung*. In Geldnöten, wollte er dieses veräußern, und bat mich, in New York eine Offerte dafür einzuholen. Diese war so lächerlich klein, daß es mir peinlich war, sie weiterzuleiten und ihm eine so bittere Überraschung zu bereiten.

Alle diese Objekte sind nur für Liebhaber geeignet, und unter keinen Umständen kann man sie als Standardanlagewerte hinstellen, trotz aller anderen Vorteile wie Steuerfreiheit (weder Kapitalzuwachs- noch Einkommen- noch Erbschaftsteuer), Mobilität usw. Fast immer wurden die spektakulären Wertsteigerungen nur bei solchen Objekten erreicht, die man nicht als Anlage, sondern als Hobby, kaufte.

## Zum Schluß ein guter Rat

Zum Schluß möchte ich für den kleinen Mann und seine Sparpfennige noch eine Anlage empfehlen, die sicherste und die edelste: *Die Erziehung und Ausbildung seiner Kinder.* Sie werden in der Zukunft hohe Zinsen tragen, und er kann seinen Kindern kein größeres Geschenk machen und ihnen keinen größeren Schatz hinterlassen. Das wie, wo und wann überlasse ich den Pädagogen. Doch eines steht fest: Von allem, was sie gelernt und studiert haben, wie Fremdsprachen, Musik, Allgemeinbildung, Reisen, Sport usw., werden sie im Leben Profit ziehen können. Und diese Sachen kann man sich nur als Kind aneignen. Meine eigenen Erfahrungen sind für mich der beste Beweis. Kinder habe ich zwar keine, aber ich bin selbst das Kind von Eltern, die durch die Inflation alles verloren haben, und denen ich dank ihres »Investments« (meine Ausbildung) noch einen schönen Lebensabend sichern konnte. Für jede Stunde und jeden Pfennig, die meine Eltern für meine Erziehung und Schulung geopfert haben, bleibe ich ihnen ewig dankbar.

## Wenn aus Banken wieder Kaffeehäuser werden ...

»Der Bankier wird von Gott verachtet, weil er nach hohen Zinsen trachtet.« Jesus hat auch die Geldwechsler aus dem Tempel gejagt und ihre Tische zerstört. Bis heute blieben die bösen Banker und Banken ein heißes Thema. Man hat es schwierig mit ihnen, aber ohne sie schafft man's auch nicht. Sie wickeln Geschäfte über Tausende von Milliarden ab und oft in so kleinen Beträgen gestückelt, daß ohne Computer die halbe Bevölkerung der Welt Bankangestellte sein müßte. Ihre Tätigkeit ist trotzdem sehr lukrativ, denn es gibt kein Unternehmen, das im Verhältnis zu seinem Eigenkapital über so bedeutende Beträge verfügen könnte wie die Banken.

Ein Industriebetrieb bringt 10 bis 40 oder auch 50 Prozent seines Finanzbedarfs durch Eigenkapital auf, Banken aber nur drei, vier oder fünf Prozent. Selbst wenn alle ihre Schuldner eines Tages faul würden, müßten sie ihre Schalter nicht schließen, denn die Notenbanken stehen in jedem Land mit unbegrenzten Mitteln hinter ihren Geldinstituten. Pleite kann – von wenigen Sonderfällen abgesehen – keines werden, und kein Einleger würde auch nur einen Pfennig verlieren. Die Wahrheit ist, daß die Passiva der Banken praktisch schon verstaatlicht sind, die Aktiva dagegen privatisiert bleiben. Alexandre Dumas der Jüngere hatte recht: »Geschäfte? Das ist sehr einfach, das bedeutet anderer Leute Geld.«

Unter den Finanzmagnaten der amerikanischen Geschichte war bestimmt der Banker J. P. Morgan der kleinste Millionär. Er wurde aber immer an erster Stelle zitiert, dank der Potenz von Milliarden fremder Gelder, die er unter Kontrolle hatte. Im Europa des 19. Jahrhunderts waren die Rothschilds das Symbol des Reichtums, obwohl sie nur kleine Fische unter den Superreichen waren. Ihren Ruf verdanken sie ebenfalls nur dem Kapital der anderen, das sie verwalteten.

Heute kontrollieren die Geldinstitute mit ihrem riesigen Filialnetz und Tausenden von Schaltern einen großen Teil der Wirtschaft. Ihre Macht ist dank der bei ihnen aufbewahrten Kundendepots (Bargeld und Aktien mit Stimmrecht) so groß, daß sie für den Staat gefährlich werden könnten. Das hängt von ihrer Geschäftsphilosophie ab. Es gibt unter ihnen gute Seelen und auch schwarze Schafe. Ich ziehe es vor, meinen persönlichen Katalog nicht zu veröffentlichen. Eines ist jedoch sicher: Eine Großbank darf nicht ausschließlich ein gewinnmachendes Unternehmen, sondern sie sollte fast

Das neue Haus des New York Stock Exchange
an der Broad Street

ein Versorgungsunternehmen sein. Unter keinen Umständen darf sie – egal, welche Profite dabei herausspringen können – gegen die Interessen der Allgemeinheit handeln.

## Amerikanische Banken

Da man auch bei einer vornehmen Bank oft mit einfältigen Mitarbeitern konfrontiert wird, empfiehlt sich umsichtiges Vorgehen. Meine Erfahrung zum Beispiel mit den amerikanischen Banken war, daß es diplomatischer ist, sich dumm zu stellen. Zu clevere Kunden sind bei einer amerikanischen Bank nicht beliebt. Ich hatte einmal bei einer amerikanischen Großbank eine kleinere Reklamation. Ich erwartete die Einlösung von einigen Staatspapieren, die sich jedoch in die Länge gezogen hatte. Die Antwort des Direktors war so kindisch und naiv, daß ich ihm am liebsten ins Gesicht gelacht hätte. Aber ich kontrollierte mich und bemerkte mit seriöser Miene: »Ist das wirklich so? Dann muß ich halt warten.« Die Antwort war dann auch beruhigend: »Jawohl, aber ich werde sehen, was wir für Sie tun können.«

Hätte ich mich auf Gesetz X und Paragraph Y berufen, wäre sicherlich nichts geschehen. Denn ein Mann, der zuviel weiß, ist in den Augen eines amerikanischen Bankmanagers sofort verdächtig. Und so war die Angelegenheit im Handumdrehen erledigt.

## Europäische Banken

Bei den europäischen Banken dagegen muß man hart und zäh bleiben, sich sogar viel stärker geben, als man ist (ein wenig von oben herab). Dann bekommt man die günstigsten Bedingungen. Die europäischen Banken ziehen als Kundschaft die kleinen Krämerseelen den fantasievollen Unternehmern großen Stils vor. Die Bank schaut nur auf die Sicherheit der gewährten Kredite; der Unternehmer braucht seinen Kredit, um höhere Gewinne und Wachstum zu erzielen.

Wie alle Berufe stellte sich auch das Bankgewerbe im Laufe des vergangenen halben Jahrhunderts völlig um. An der Stelle der Privatbankiers stehen heute große Geldinstitute, die ihre Mitarbeiter direkt von der Schulbank in die Geldbank holen, wo sie ihre standardisierten Ratschläge erteilen. Alles ist computerisiert, uniformiert; individuelle, persönliche

Beratung nach Maß ist schwierig zu bekommen. Zur selben Zeit machte man aus den Banken Gemischtwarengeschäfte. Sie sind fast »Sehhändler« geworden. Sie handeln mit allem, was sie sehen: Immobilien, Diamanten, Kunstobjekten, Container, Beteiligungen an Schiffen, Flugzeugen, Ölbohrungen, Waldbesitzen und so weiter. Die Geldgier, vielleicht auch die hohen Kosten, treiben sie in alle Sparten, wo man auch nur ein Glas Wasser verdienen kann.

Inflation ist im allgemeinen für die Banken ebenfalls ein gutes Geschäft. Sie haben fixe Schulden und dagegen Sachwerte in ihrem Besitz. Selbst das Kreditgeschäft wird risikoloser. Der Wert der Sicherheiten steigt, und so wird ihr Risiko kleiner. Viele Banken in der Bundesrepublik haben ihren Kunden für den Hausbau großzügig Hypotheken gegeben in der Erwartung, daß solche Pfandobjekte im Wert ebenso steigen wie das Einkommen eines solchen Schuldners. Auch die Zinsspanne ist bei Inflation größer, denn bei steigenden Raten werden die Schuldzinsen sofort erhöht, die Guthabenzinsen hinken dagegen nach. Kein Wunder, daß in solchen Perioden immer mehr Banken und Bankfilialen gegründet werden. In meiner Jugendzeit, während der großen Inflation im Budapest der Zwanziger, öffnete jeden Tag anstelle eines neuen Kaffeehauses eine neue Bank. Mit Recht seufzte man: »Die schönen, ruhigen Zeiten kommen erst dann, wenn aus den Banken wieder Kaffeehäuser werden.«

## Wer schützt wen vor wem?

Ganz ruhige Zeiten haben wir immer noch nicht. Insbesondere nicht so ruhige und gemächliche Zeiten, wie sie sich manche Sparer wünschen. So manchen beunruhigt zum Beispiel die Frage, wie weit ihn eigentlich das Bankgeheimnis schützt.

Was ist nun das Bankgeheimnis? Wer hält was geheim vor wem? Hält die Bank das Konto des Kunden geheim vor seinen Geschäftsfreunden, seinen Konkurrenten oder an erster Stelle vor dem Finanzamt? Hält vielleicht die Bank ihre faulen Forderungen und Verluste vor ihren Kunden, vor ihren Aktionären oder vor der Bankenaufsicht geheim? Über dieses »Wer und Warum« sind zahlreiche Variationen möglich. Auf den ersten Blick wäre das Bankgeheimnis nicht mehr als das übliche Berufsgeheimnis in allen Ländern und allen Berufen. Der Industrielle hält das Herstellungsverfahren der geplanten Produkte geheim, der Kaufmann seine Märkte und seine Kundenliste, der Börsenagent die Namen seiner Opfer, damit nicht andere sie ihm wegschnappen und ihnen Ölbohrungsbeteiligungen oder Warentermingeschäfte andrehen. Die Verletzung aller dieser Geheimnisse ist illegal. Es gibt Wirte, die die Rezepte ihrer einmaligen Spezialitäten geheimhalten, und auch Hausfrauen würden um nichts in der Welt ihre kulinarischen Geheimnisse verraten – so wie die Tante Jolesch in Friedrich Tolbergs vergnüglichem Roman, die das Geheimnis ihrer Krautfleckerln mit ins Grab nahm.

Das Bankgeheimnis ist jedoch etwas ganz speziell Empfindliches, wie auch das Geheimnis des Priesters, des Arztes oder des Rechtsanwaltes. Das Bankgeschäft ist im Altertum ein wenig in der Magie des Tempels entstanden, und diese Herkunft schenkte ihm etwas Mysteriöses und »Heiligeres« als den anderen Berufen. Man behandelt seine Geldverhältnisse diskreter als die eigene Gesundheit. Wir fragen nach der Gesundheit eines Freundes, aber nie nach dem Stand seines Bankkontos. Ich habe Freunde aus der älteren Generation, speziell Franzosen, die ihren Reichtum mit einer fast krankhaften Hysterie verheimlichen. Es liegt oft in der Natur der Menschen, daß er seine wahren Geldangelegenheiten nur seinem Bankier anvertraut, auch wenn sie illegal oder sogar strafbar sind. Dadurch ist der Bankier wie ein Beichtvater zu strengster Diskretion verpflichtet. Schon im 15. Jahrhundert empfahl der Gelehrte *Leon*

*Alberti:* »Der Bankier muß die Geldangelegenheiten seiner Kunden vor seiner Familie und besonders vor seiner Frau geheimhalten.«

Das ist auch heute noch (jedenfalls in Europa) ein ungeschriebenes Gesetz zwischen Bankier und Kunden. Der Bankier muß alles sehen, alles hören und – alles verschweigen. Wir wissen aus Erfahrung, daß die kleinste Indiskretion, ja schon ein falsch interpretiertes Wort für einen Kunden den größten Schaden, vielleicht sogar den Ruin bedeuten kann. (Der israelische Premier *Itzhak Rabin* und seine Partei stürzten über eine Bankindiskretion.)

Viele Menschen sind aus purer Neugierde an den Geldangelegenheiten ihrer Freunde interessiert. Das Bankkonto ist in manchen Kreisen auch ein Statussymbol und spielt deshalb in der gesellschaftlichen Hierarchie eine große Rolle. Der eine will hier sein Bankkonto vor den Freunden geheimhalten, weil es zu klein, der andere vor dem Finanzamt, weil es zu groß ist. Doch darf man Bankgeheimnis nicht mit geheimem Bankkonto verwechseln; diese beiden Begriffe sind nicht identisch. In der Schweiz zum Beispiel ist das Bankgeheimnis gesetzlich geschützt, aber ein anonymes Konto existiert nicht.

## Das Schweizer Nummernkonto

Ich möchte nun endlich eine Sage zerstören: Das Nummernkonto in der Schweiz ist nur ein Werbegag, wenn auch ein sehr attraktiver.

Will der Leser aber ein absolut anonymes Bankkonto einrichten, so muß er es in Österreich eröffnen, aber auch in Budapest oder Prag ist es der Bank strengstens verboten, bei Einzahlungen und Abhebungen nach dem Namen des Kunden oder der Herkunft des Geldes zu fragen. Das gibt es in keinem Land des Westens. Die geheimen Nummernkonten in der Schweiz sind keineswegs völlig anonym. Sie können es nicht sein. Deshalb: anonyme Nummernkonten nein, Bankgeheimnis ja! Das Nummernkonto hat immer einen Namen (den des Inhabers), wie jedes Namenkonto auch eine Nummer hat. Der Vorteil besteht lediglich darin, daß nur eine begrenzte Zahl der Bankangestellten den Namen des Inhabers kennt. Dadurch ist der Kunde gegen Indiskretion besser geschützt. Selbst wenn ein Brief oder Kontoauszug ohne Namen, lediglich mit einer Nummer, in falsche Hände fallen sollte, können diese Dokumente nicht mißbraucht werden.

Grundsätzlich ist das Bankgeheimnis in der Schweiz und im Libanon garantiert, und jede Verletzung wird strafrechtlich (sogar mit Freiheitsentzug) verfolgt, auch wenn der Delinquent nicht dem Geldinstitut angehört.

Das Bankgeheimnis schließt zwar alle Nummern- oder Namenskonten ein, ist jedoch in gewisser Hinsicht auch begrenzt; bei Kriminalfällen, Erbschaftsangelegenheiten, Konkursen oder Schuldeneintreibungen. Und selbst hier bedarf es eines Schweizer Gerichtsurteils.

Regierungen, den Steuerbehörden, der Devisenpolizei und so weiter wird dagegen jede Auskunft strengstens verweigert. Steuerhinterziehung, Devisenverstöße und ähnliches sind in der Schweiz kein Vergehen oder »Sünde«. In diesen Fällen ist das Bankgeheimnis ein »kategorischer Imperativ«.

Das Asylrecht der Schweiz ist historisch. Nach dem Aufheben des Edikts von Nantes (1685) haben es die französischen Protestanten genossen. Seit 150 Jahren waren politische Flüchtlinge aller Tendenzen von Napoleon III. bis Lenin dort willkommen. Und für die Schweizer Verfassung sind persönliche Freiheit und Privateigentum untrennbar und genießen denselben Schutz.

Besonders zimperlich ist das Verhalten der Schweizer bei Nachforschungen in Steuerangelegenheiten. *Wilhelm Tell* ist nicht dank des Apfels und seines Bogens zum legendären Helden der Schweizer Geschichte geworden, sondern weil er den Aufstand gegen die übertriebenen Steuerforderungen des Tyrannen *Rudolf von Habsburg* angeführt hat. Das Bankgeheimnis – eventuell auch ohne Nummernkonto – wird existieren, solange die Helvetia Schweiz heißt. Unabhängig von der Devisensituation in der Welt und der Kursentwicklung des Schweizer Franken werden die Schweizer Banken ihre Popularität bei allen Sparern in allen Ländern behalten, weil sie ihre Kunden wie die Gäste vornehmer Sanatorien behandeln.

Nach dem Zweiten Weltkrieg hat der Schweizer Minister und Sonderdelegierte Walter Stucki in Washington die Rolle eines modernen Wilhelm Tell gespielt, als er den zähesten und uneigennützigsten Widerstand geleistet hat (trotz des Drucks Schweizer Exporteure) gegen USA-Forderungen, einen Einblick in amerikanische und europäische Konten zu erlangen. Die Hartnäckigkeit der Schweizer war unverständlich für Amerika, ein Land, in dem jeder Bankangestellte einem jeden über jedes Konto Auskunft geben kann.

Es ist paradox, daß in dem freiesten Land der Welt die T-Männer (Agenten der Steuerverwaltung) quasi inquisitorische Macht über die Steuerzahler haben.

## Bankindiskretion in Amerika

In Amerika existiert anstelle des Bankgeheimnisses die Bank-Indiskretion. Auf einen einfachen Telefonanruf hin gibt die Bank den Kontostand eines jeden Kunden preis.

Viele Privatbankiers und Broker berichten sogar, über Transaktionen (Gewinne und Verluste) ihrer Kunden, um mit ihren Tips prahlen zu können: »Mr. Smith hat mit meinem Tip soundsoviel verdient, Johns wollte mir nicht folgen, Adams hat zu früh verkauft.«

Ein typischer Charakterzug des Amerikaners ist eine Neigung zum Protzen, und wenn er nicht mit dem eigenen Geld protzen kann, dann tut er es halt mit dem seiner Kunden. Ich kannte Broker, deren bester Werbetrick die Indiskretion war, denn viele sind ihre Kunden geworden, nur um hören zu können, wer was gekauft oder verkauft hat.

Dieses Bloßstellen der Geldangelegenheiten hat vielleicht seine Vorteile. Denn wenn es mit der Geheimnistuerei aus ist, gewöhnt man sich langsam daran, daß jeder über jeden alles weiß. Geheimnisse nämlich können auch gefährlich werden. Schon François de La Rochefoucauld wußte: »Wem Du ein großes Geheimnis anvertraust, der wird zum Herren Deiner Freiheit!«

## Oasenländer – Schlaraffenländer

Das vollkommene Bankgeheimnis ist jedoch nur in den Steueroasen zu verwirklichen, die ich einmal Schlaraffenländer genannt habe.

Oft grübelt ja der brave Bürger, wenn es um Steuern geht: »Soll ich zahlen, soll ich nicht zahlen«? Und zweifelsohne wird er eine Möglichkeit suchen, das Finanzamt zu überlisten.

Ein Ausweg liegt in der Ferne: Es sind winzige Länder oder Inseln, von den Angelsachsen »Tax-haven«, von den Franzosen »Paradis fiscaux« und von den Deutschen »Steueroasen« genannt. Schlicht, ein Asyl für Steuerzahler.

Wenn Sie das Finanzamt an Ihre Pflichten erinnert, können Sie von diesen schönen Ländern, die von Bergen umgeben sind oder mit ewig blauem Himmel locken, wo man seinem Steuerbeamten nicht begegnet, allenfalls träumen. Die Steueroase lohnt sich nicht für jedermann, selbst für Vermögende nicht immer.

Denn alle Länder des Westens sind heute in Steuersachen eng miteinander verbunden. Sie halten sich an zwei Prinzipien:

- Jeder Bürger muß irgendwo Steuern zahlen;
- kein Einkommen wird doppelt besteuert, sofern zwischenstaatliche Abmachungen bestehen.

Hohe Steuern sind schmerzhaft, aber eine Steueroase zu suchen und dort eine Firma zu gründen, würde die Einkommenssteuerpflicht zwar geringhalten, solange man nicht beim Finanzamt daheim mit der Differenz zum deutschen Steuersatz zur Kasse gebeten würde. Doch es gibt mehr als ein Aber.

### Unglückliches Steueropfer, was brauchst Du noch mehr?

Man zählt heute etwa 35 geographische Punkte in der Welt, die man als Steueroasen bezeichnen kann. Ihre Zahl steigt weiter, weil mehr und mehr Mini-Inseln entdecken, daß sie aus der Steuerflucht eine »Industrie« mit ganz vernünftigen Erträgen machen können.

Die meisten dieser Oasen kann man sogar schwer auf der Landkarte finden. Jedoch so klein sie auch sind, sie können tausende Firmen registriert haben, manchmal sogar mehr als Einwohner. Denn woraus besteht schon eine solche Firma in der Steueroase? Aus einem Firmennamen, legal eingetragen, und einem Briefkasten. Ein einziger Briefkasten kann sogar für Dutzende von Firmen dienen.

Die Tatsache, daß auf einer solchen Insel kein Flughafen existiert, daß sie mit dem Boot nur an Wochenenden und telefonisch oder per Telex überhaupt nicht zu erreichen ist, bildet kein Hindernis. Hauptsache, die Steuergesetzgebung der Regierung ist souverän, und es darf keine oder fast keine Einkommen-, Kapitalertrag- oder Erbschaftsteuer verlangt werden. Und: Ihre Buchführung muß garantiert geheim sein.

Unglückliches Steueropfer, was brauchst Du noch mehr? Man soll sich trotzdem nicht einbilden, daß ein Kaufmann oder Unternehmer dank einer Mini-Insel im Stillen Ozean alle seine Steuern ersparen kann. Briefkastenfirmen können nur in begrenztem Rahmen schützen.

Wenn ein Millionär sein liquides Kapital vor dem Finanzamt seiner Heimat verheimlichen will, so ist ihm das möglich. Er hält sein Wertpapierdepot, Bargeld und seine Beteiligungen unter dem Namen einer Oasenfirma in einer Großbank eines x-beliebigen Landes. Nur, erwischen lassen darf er sich nicht. Die Gefahr ist indes nicht sonderlich groß, wenn er sich nicht selbst verplappert, denn es ist kaum anzunehmen, daß die Steuerfahndung einen ihrer Beamten auf Dienstreise in den Stillen Ozean entsendet.

## Aus schwarzem Geld weißes machen

Will er ganz und gar keine Steuern zahlen, muß er Resident des Oasenlandes werden. Und selbst dann hält ihn die liebe Heimat am Rock fest. Nach deutschem Recht bleibt er in der Bundesrepublik weiter für zehn Jahre steuerpflichtig, und dort hält sich das Finanzamt an die Kasse seines Unternehmens, das er nicht mitnehmen konnte.

Also, die Gewinne seines Unternehmens oder seine Immobilien werden schon vorher in der Heimat versteuert. Ist er zehn Jahre draußen, dann endlich hat der deutsche Staat ihm nichts mehr zu sagen.

Gleichwohl gibt es Winkel und Kniffe, dem deutschen Finanzamt zu entkommen. Auf die genaue Position des Steuerzahlers und den Charakter seines Einommens kommt es dabei an. Dann findet sich auch die richtige Konstruktion der Geldanlage.

Nicht unpraktisch wären noch in Europa die winzigen Kanal-Inseln Jersey und Guernsey, besonders angenehm für einige Ferienwochen, dank ihrem Charme und Klima, Monaco kann nur für Residenten mit Wohnsitz in Frage kommen, doch wäre dieser Wohnsitz auch nicht der unangenehmste.

In Amerika sind durch die Lage (eine Flugstunde von Miami) die Cayman-Inseln besonders populär, in Asien gibt es Hongkong und im südlichen Pazifik die Neuen Hebriden-Inseln, ein französisch-englisches Kondominium, in Afrika ist die Republik Liberia die bekannteste Oase.

Jedes Steuerasyl hat seine speziellen Vor- und Nachteile, aber eines haben alle gemeinsam, daß sie aus Illegalem Legales machen, aus schwarzem Geld weißes. Und: Was in der Heimat als Sünde gewertet wird, in der Oase ist es Tugend.

## Über die »Seh«-Händler: Mein Gott, wieviel Mühe!

Seit 50 Jahren lebe ich in einem Zoo der verschiedensten Menschenspezies. Ich hatte viele Freunde: Uradlige, Intellektuelle, kleine Schieber und große Diebe, Reiche wie Krösus, Arme wie Kirchenmäuse und natürlich »Seh-Händler« und »Überseh-Händler«. Die Definition dieser beiden Berufe findet sich in keinem Wirtschaftslexikon. Deshalb möchte ich die Fachliteratur damit bereichern.

Denn vor allem die »Seh-Händler« haben ganze Wirtschaftsepochen mitgeprägt. Es sind Menschen, die mit allem handeln, was sie sehen. Sobald eine Ware knapp wird und an den üblichen Quellen nicht mehr erhältlich ist, beginnen die »Seh-Händler« ihr Spiel. Sie erlebten ihre Glanzzeiten während der beiden Weltkriege und unmittelbar danach. Ich kenne noch einige aus diesen Zeiten.

Sie rühmen sich, es existiere keine Ware, die sie noch nicht gehandelt hätten. Das ist keine Übertreibung. An einem Tag kauften sie 100000 Herrenhemden, am nächsten zehn Waggons Pflaumenmarmelade, eine Million Zahnbürsten, Sonnenbrillen oder alte Autos. Bei all diesen Artikeln entwickelte sich ein »Kettenhandel« (wieder ein Wort fürs Wörterbuch). Das ging so: A verkauft einen Waggon Sardinen an B, dieser veräußert den Posten weiter an C und verdient daran zehn Prozent. C wiederum schlägt einige Prozente drauf und so weiter, bis schließlich die Sardinen wieder bei A landen, freilich zu entsprechend höherem Preis.

Das Spiel beginnt neu. Der Waggon geht von Hand zu Hand, ohne je geöffnet zu werden. Dann aber – horribile dictu – gerät er an einen Zwischenhändler, der die Ware ausnahmsweise an Normalverbraucher verkaufen will. Und da – oh Jammer – entdeckt man, daß sie längst verdorben ist. Beanstandung, Diskussion, Reklamation. Aber die Antwort des letzten Verkäufers war kurz und logisch: »Das sind nicht Sardinen, die man essen, sondern mit denen man handeln soll.«

Natürlich paßten sich auch die »Seh-Händler« den Zeiten an. In den vierziger Jahren beispielsweise blühte der »Seh-Handel« mit Nylonstrümpfen und -höschen, mit Whisky, Zigaretten und Hunderten von Luxusartikeln. Dann aber kam der »Seh-Handel« langsam aus der Mode. Nur während des Korea-Kriegs flackerte er noch ein letztes Mal auf.

Ich kenne mehrere »Seh-Händler«, die damals Millionen verdienten mit Waren, die von den Chinesen heiß begehrt wurden, die aber auf der amerikanischen Verbotsliste standen. Umschlagplatz war damals Ost-Berlin. Dort empfing die chinesische Handelsdelegation »Seh-Händler« aus dem Westen, die Rohgummi, Chemikalien und Metalle anzubieten hatten.

Trotz der chinesischen Amtshilfe benötigten die West-Ost-Händler aber einen wenig kaufmännischen Trick. Bei einem entgegenkommenden Konsul in Antwerpen besorgten sie sich für die Ware nicht ganz einwandfreie Frachtpapiere, damit Schiffsladungen auf hoher See in Ostblockhäfen umgeleitet werden konnten.

Diese leichten Geschäfte sind fast verschwunden. Mächtigere haben den Platz der »Seh-Händler« besetzt. Wenn heute nämlich bei irgendeiner Ware ein akuter Mangel entsteht, sind sofort die großen – oft multinationalen – Unternehmen da, die den Markt beherrschen. Die herkömmlichen »Seh-Händler« können mit ihnen nicht konkurrieren.

Sie haben es dennoch in den siebziger Jahren mehrfach versucht, mit Erdöl, Kohle und Stahl. In Rotterdam hat sich sogar ein riesiger grauer Markt in Erdöl, nicht gegen das Gesetz, aber gegen Konventionen, entwickelt, und sogar die Tagespresse informierte über die Kursschwankungen, die sehr oft einen psychologischen Effekt auf viele andere Preisentwicklungen hatten. Und dann probierten sie es mit Zement und Papier. Aber es blieb bei »Luftgeschäften«, das heißt, es wird hin und her diskutiert, telefoniert und herumgereist, und nichts kommt dabei heraus. Die Zeit der »Seh-Händler« ist hoffentlich für lange Zeit vorbei, denn sie sind fast immer das Produkt einer militärischen Auseinandersetzung.

Neben den Seh-Händlern gibt es auch die Überseh-Händler, die mit allem handeln, was die anderen über-sehen. Dazu gehören auch die erfolgreichen Börsenspekulanten.

## Der Weg zum Minikapitalisten: Beteiligung am Investment-Trust

Bei den Trusts müssen wir die horizontalen von den vertikalen unterscheiden. Den Investment Trust kann man manchmal als *horizontalen* Trust bezeichnet finden. Er bildet keine Gruppe von sich ergänzenden Betrieben. Die Gelder werden in möglichst viele Richtungen verteilt, wobei keine funktionelle Verbindung zwischen den Produktionen der einzelnen Anlagen besteht. An Stelle der Konzentration ist eher eine Zersplitterung getreten. Dagegen sind bei dem vertikalen Trust einander ergänzende und miteinander verwandte Gesellschaften unter einer einheitlichen Leistung fusioniert.

Wenn die Beteiligungsgesellschaft – Investment-Trust – zum Beispiel über hundert Kapitaleinheiten verfügt, dann können die Gelder wie folgt in Aktien angelegt werden: Zwei Prozent in Eisenbahnen, zwei Prozent in Nahrungsmittelindustrie, fünf Prozent in der Metallindustrie, fünf Prozent in der chemischen Industrie, drei Prozent in der Erdölförderung, vier Prozent in rhodesischen Kupferminen, vier Prozent in peruanischen Kupferminen und so weiter und so weiter... Diese Gesellschaft erstrebt vor allem eine Aufteilung in eine möglichst große Zahl von Positionen. Sie will dadurch die geographischen, politischen, industriellen, sozialen, klimatischen und sonstigen Risiken verteilen und damit ihren Aktionären durch eine weitgefächerte Streuung des Unternehmens ein Mehr an Sicherheit bieten.

Der *vertikale* Trust verfolgt ganz andere Ziele. Ein Beispiel für den Entstehungsprozeß eines vertikalen Trust: Eine Gesellschaft, die ursprünglich chemische Erzeugnisse und Lacke herstellt, versucht nun so viele Aktien einer Autofirma an sich zu bringen, daß sie die Kontrolle über diese Firma ausübt. Auf diese Weise kann sie bestimmen, daß der Gesamtbedarf an Autolacken von ihr geliefert wird. Umgekehrt wird eine Autofabrik versuchen, Unternehmen für Autoreifen, Hersteller von Windschutzscheiben, Ledergarnituren, Chromteilen, Plastikartikeln, kurz alle Arten von Zulieferanten oder Kunden in ihre Einflußsphäre zu ziehen. Ob der Kunde den Lieferanten oder der Lieferant den Kunden kontrolliert, ist eine Frage ihrer Kapitalpotenz.

Zu Anfang unseres Jahrhunderts bildeten die vertikalen Trusts wahre industrielle und finanzielle Imperien innerhalb des kapitalistischen Systems. Sie konnten so Preise und Tarife diktieren und haben Publikum und Verbraucher ausgebeutet. Zu gewissen Zeiten waren sie die Herren, manchmal auch die Ausbeuter eines Landes. All das gehört der Vergangenheit an. Die Gesetzgebung vieler Länder hat den vertikalen Trusts die Flügel gestutzt und unterwirft sie einer mehr oder weniger drakonischen Kontrolle.

## Kapital und Arbeit als Bundesgenossen

Auf keinen Fall darf man einen Trust und einen Investment Trust miteinander verwechseln. *Der Investment Trust* ist seit dem letzten Krieg sehr beliebt geworden. Durch ihn kann jeder kleine Sparer an der Entwicklung seines Landes teilhaben. Es reicht aus, ein oder zwei Aktien einer solchen Beteiligungsgesellschaft zu kaufen und auf diese Weise selbst mit bescheidenen Mitteln den industriellen Sprung nach vorne mitzumachen. Ich sehe darin auch das beste Mittel gegen die marxistische Propaganda. Jeder Bürger wird durch seine Mini-Geldanlagen zu einem Mini-Kapitalisten, *und damit werden Kapital und Arbeit zu Bundesgenossen.* Die kleinen Aktienbesitzer stellen die beste Bastion gegen den Kommunismus dar, denn sie setzen den demokratischen und liberalen Kapitalismus bei der breiten Masse in die Praxis um. Die westlichen Regierungen betrachten deshalb die Entwicklung der Investment Trusts mit Wohlwollen. Und in der Tat hat die Tätigkeit dieser Gesellschaften inzwischen einen solchen Umfang angenommen, daß sie tatsächlich die Basis der heutigen Börse bildet. Die Investment Trusts und in diesem Zusammenhang auch die Börse werden meiner Ansicht nach auch in der zukünftigen Entwicklung Europas eine bedeutende Rolle spielen, auch wenn in manchen Ländern gewisse Unternehmen verstaatlicht werden sollten wie jetzt schon in Frankreich.

Heute spannt sich ein dichtes Netz internationaler Verpflichtungen über die Landesgrenzen hinweg von einer Börse zur anderen. Es wird zum Beispiel ein wachsender Prozentsatz von Anteilen französischer Gesellschaften von deutschen Sparern erworben. Ebenso kauft das französische Börsenpublikum immer mehr Aktien deutscher Gesellschaften. So kann einmal der Zeitpunkt kommen, wo ein großer Aktienanteil einer französischen Firma in deutschen Händen ist, oder eine deutsche Industriefirma überwiegend in der Hand französischer Aktionäre.

Gleichzeitig können die beiden Gesellschaften einen Austausch von Patenten und Fabrikationsverfahren vornehmen und Vereinbarungen über die Rationalisierung der Produktion treffen. Dies kommt ja durchaus den Verbrauchern wie den Aktionären zugute, und von hier bis zu einer juristischen Fusion der beiden Gesellschaften ist es dann nur noch ein kleiner Schritt.

### Multinationale Unternehmen: Werkstätten Europas

Ich möchte mich hier durchaus keinen utopischen Ideen und Vorstellungen hingeben. Aber warum sollte es eigentlich eines Tages keine ausschließlich deutschen und keine ausschließlich französischen Unternehmen mehr geben, sondern eben nur noch multinationale? Eines Tages könnte auf diese Weise eine ganz neue Art von Firmen entstehen: die *europäischen!* Und so betrachtet scheinen mir die Zukunftsaussichten Westeuropas durchaus noch gegeben zu sein, wenn die verantwortlichen Politiker und die Völker dieser Staaten sich die Kraft zutrauen, die Freiheit und als ihre Voraussetzung eine freie Wirtschaftsordnung zu bewahren, und wenn sie dies auch *wirklich wollen.* Ich werde dies noch ausführlich in dem Kapitel »Wird das Wunderland überleben?« behandeln, aber ich möchte es auch in diesem Zusammenhang betonen: Voraussetzung dafür ist allerdings, daß Europa sein Heil nicht in einem Neutralitätskurs sieht, der in Wahrheit die Unterwerfung unter den Willen Moskaus, die Unterwerfung unter die Wirtschaftsdiktatur des Rubelkurses und eine Regierung Westeuropas durch die Statthalter Moskaus bedeuten würde.

Und wie werden die Börsen in diesem von mir als möglich geschilderten Europa mit *europäischen* und das heißt ja auch »multinationalen« Unternehmen aussehen? Die Börsen eines Europa, das gegen jede Drohung und Verlockung seine Freiheit und seine Unabhängigkeit bewahrt hat? Gewiß werden sie kein »Monte Carlo« sein. Und das ist gut so. Nein, sie werden Werkstätten harten Wettbewerbs und soliden Könnens sein, in denen das tragende Gerüst für das Europa der Zukunft geschmiedet wird!

## Lacht der Fondsmanager, dann weinen die Kunden

Es gibt zwei Arten von Investment Trusts: die geschlossenen und die offenen Investmentgesellschaften.

Eine *geschlossene* Investmentgesellschaft mit einem bestimmten Aktienkapital legt ihre Mittel in den verschiedensten Wertpapieren an, wie ich es schon beschrieben habe. Die Anteile dieser Investmentgesellschaften werden an der Börse gehandelt, zu einem variablen Kurs, wie jede andere Aktie. Die Gesellschaft ist aber nicht verpflichtet, die Aktien zu irgendeinem Kurs einzulösen. Der Sparer, der sein Kapital in Anteilen dieser geschlossenen Investmentgesellschaft anlegt, muß diese Aktien an der Börse kaufen und kann sie auch nur an der Börse wieder verkaufen. Der Börsenkurs entspricht nicht immer dem theoretischen Geldwert der Anteile. Bei gewissen Gesellschaften liegt der Kurs der Aktien tiefer, bei anderen höher als ihr theoretischer Wert. Der Börsenkurs ist ja das Resultat von Angebot und Nachfrage.

Die Anteile der *offenen* Investmentgesellschaften heißen in Amerika »Mutual Funds« und werden im Gegensatz zu den Zertifikaten der geschlossenen Investmentgesellschaften nicht an der Börse gehandelt. Die Gesellschaft verkauft sie ihren Kunden selbst (und kauft sie gegebenenfalls wieder zurück) zu Kursen, die sich jeweils aus den täglichen Börsenkursen der in den Fonds enthaltenen Wertpapiere errechnen. Jedoch berechnen diese Gesellschaften bei jedem Verkauf automatisch eine zwischen vier und neun Prozent variierende Provision zu Lasten des Käufers. Zwischen Kauf- und Verkaufspreis besteht infolgedessen immer eine Differenz von ungefähr vier bis neun Prozent. Diese Differenz fließt in die Taschen der Verkäufer oder der Verkaufsorganisation.

Meine Einstellung gegenüber Investmentgesellschaften und offenen Investmentfonds (Mutual Funds) war im Prinzip unbedingt positiv, und zwar aus sozialen, politischen und wirtschaftlichen Gründen. Schon in den dreißiger Jahren befaßte ich mich mit Problemen der Mutual Funds, als einer meiner Jugendfreunde, *Imre de Vegh*, in der damaligen Börsen- und Wirtschaftskrise als einer der Pioniere der Mutual Funds in den USA auftrat. Auch heute noch gehören seine Fonds zu den besten. Und wenn mich vor vielen Jahren Freunde mit relativ kleinem Sparvermögen, das nicht zum Aufbau eines eigenen Protefolios reichte, um Anlageratschläge baten, empfahl ich ihnen mit gutem Gewissen den Ankauf von Mutual Funds.

Mit um so größerem Horror riet ich jedoch seit 1967 davon ab. Seit dieser Zeit entwickelte sich leider eine wahre Fondsmanie, die bis zum heutigen Tag die Sparer – insbesondere in Deutschland – viele Milliarden gekostet hat.

»Ach so«, sagte der Broker, »auch nicht schlecht!«

Von den Erfolgen eines jungen chinesischen Börsianers in New York wurden Tausende von Börsenabenteurern angelockt. Während einiger Jahre galt *Gerald Tsai* als das größte Börsengenie der Wall Street, denn er hatte während der leichten Jahre des Bullmarkets, der 1963 anfing, für den Fidelity Fund gut »spekuliert« oder sagen wir lieber gut »gespielt«. Ermutigt durch den Erfolg, gründete er seinen eigenen Manhattan Fund. Ausschließlich aufgrund seines Rufes als genialer Fondsmanager vertraute ihm das Publikum (in den USA) innerhalb weniger Tage 420 Millionen Dollar an. Außerdem wurde sein Ruf von einer der größten Firmen der Wall Street hochgespielt, die auch dank ihres großen Verkaufsnetzes seine Fondsanteile gut anbringen konnte. Damit war Gerald Tsai aber ein Gefangener dieser Firma, und ich nehme fast sicher an, daß er sich in irgendeiner Form verpflichtet fühlte, bei der Firma für die Rechnung der Manhattan Fund jährlich einen bestimmten Umsatz zu tätigen. Denn welches Interesse hätte sonst die Brokerfirma gehabt, die Millionen Dollars ihrer Kundschaft Gerald Tsai zu überlassen und sie damit in seinem Fonds festzunageln. Wenn die Brokerfirma diese Hunderte von Millionen für die Rechnung ihrer Kunden auf der Börse direkt umsetzte (und sogar öfters im Jahr umsetzte), würde sie damit Millionen von Dollars an Provisionen verdienen. Anstatt direkt für die Kunden, mußten die Millionen also für die Rechnung des Fonds umgesetzt werden. In Wall Street macht man keine Geschenke. Was die Broker in Wall Street interessiert, ist einzig und allein der Umsatz, das heißt Provisionen. Wenn Broker untereinander über die Börse sprechen, dann steht an erster Stelle der Umsatz und erst an zweiter Stelle die Börsentendenz.

Man erzählte sich folgende Geschichte: Ein Kunde kam zu seinem Broker, um nach Rat zu fragen. Dieser riet ihm leidenschaftlich zu US-Steel-Aktien. Als er mit seiner Rede zu Ende war, bemerkte der Kunde, daß er eigentlich seine US-Steel abstoßen und anstatt deren GM kaufen wolle. »Ach so«, sagte der Broker, »auch nicht schlecht!«

Kein Wunder, daß bei dem so sensationellen Werbeerfolg des Herrn Tsai Hunderte von waghalsigen Abenteurern Blut rochen, Hunderte eigener Fonds gründeten, um Milliarden von Dollars mit oder ohne Fachkenntnis zu verwalten. Für so junge Leute – das Durchschnittsalter betrug fünfundzwanzig Jahre – muß es ein wahres Rauschgefühl gewesen sein, über fast unbegrenzte Geldmittel unkontrolliert und unbeschränkt zu verfügen, ohne auch nur jemals die geringste Rechenschaft für ihr Tun und Treiben ablegen zu müssen.

### Das Zauberwort »Performance«

Dem Wunderknaben Tsai gelang es dann, innerhalb weniger Jahre 70 Prozent des ihm anvertrauten Geldes zu verlieren. Der große Irrtum, der ihn und alle anderen Börsenrekruten ins Verderben gelockt hatte, war das neue Zauberwort für Börsenerfolge: »Performance.« Aus der kurzen Karriere Gerald Tsai zog man folgenden Schluß: man muß kaufen, verkaufen, kaufen, verkaufen, je öfter desto besser. Dabei betrieb man das wilde Spiel nicht einmal mit Aktien mit Standing und reellen Zuwachschancen. Man stürzte sich in leichtsinnigster Weise auf jedwede Emission kleiner unbekannter Gesellschaften, mit der fast messianischen Überzeugung, daß aus jedem Unternehmen, in dessen Firmennamen das Wort Computer vorkam, eine zweite IBM oder eine zweite Xerox werden würde. Sie kauften die Aktien, wie man ein Lotterielos erwirbt. Von dieser Atmosphäre wurde ganz Wall Street angesteckt, und allmählich haben diese jungen Leute aus der Börse ein gigantisches Spielkasino gemacht.

All dies war der Unwissenheit und Unerfahrenheit der Fondsmanager zuzuschreiben. Dazu kamen völlig neue Methoden der Bilanzierung, sogar mit betrügerischen Mißbräuchen. In welchem Ausmaß sie das amerikanische Publikum schädigten, ist heute schon allgemein bekannt.

Seither kann ich nicht einmal mehr den alten, einstmals zuverlässigen US-Fonds mein Vertrauen schenken, da sie im Fieber der Performance-Manie und unter dem Druck der Konkurrenz ihre alten, zuverlässigen Manager gegen neue, unerfahrenere ausgetauscht haben.

Gegen diese verschiedensten Mißbräuche war die amerikanische Gesetzgebung machtlos. Einer meiner alten Freunde, ein hoher Beamter in der amerikanischen Verwaltung, die für die Überwachung der Investmentfonds verantwortlich ist (SEC), beklagte sich stets bitter, wie sehr ihm die Hände gebunden seien. Die US-Behörden können nicht weitergehen, als es der Rahmen der alten Investment-Gesetze zuläßt. Wie locker diese alten Gesetze sind, sieht man schon daran, daß mehrere Präsidenten schon einen neuen Gesetzentwurf verlangten, dieser jedoch, wenn er nicht nach dem Geschmack der Fonds-Herren war, durch die Machenschaften der Mutual-Fund-Lobby im Kongreß hintertrieben wurde. Lacht der Fondsmanager, dann weinen die Kunden! So sieht nämlich die Wirklichkeit aus.

## Börsenschwindel mit Mischkonzernen

Eine besondere Art von Financiers entstand in den 60er Jahren, und zwar der *Conglomerat-Financier*. Was ist aber ein sogenanntes Conglomerat, deutsch Mischkonzern genannt? Meine Meinung darüber deckt sich ungefähr mit der über Investment Trusts. Das Prinzip ist gesund und fair, und es gibt juristische und wirtschaftliche Gründe, die für eine solche Konstruktion sprechen. Aber wie immer: auch das gesündeste Prinzip kann entarten, besonders wenn es sich um Geld und, wie hier, um viel Geld handelt. Der Boom der sechziger Jahre hat in Amerika parallel mit den jungen Investment-Managern eine neue Rasse von jungen Financiers herangezüchtet, den Typ des Corporate-Financiers, eine Mischung aus gerissenem Anwalt und waghalsigem Financier. Sie haben diese »Mißgeburten«, die Mischkonzerne, erfunden, zumindest in dem Sinne, wie sie in der Wall Street ihre Blüte und ihren Niedergang erlebten.

Das amerikanische Antitrust- und Kartellgesetz wacht streng darüber, daß gewisse Unternehmen keine verwandten oder komplementären Industrien aufkaufen und mit ihnen fusionieren, wenn sie dadurch eine Monopolstellung erreichen und die echte Konkurrenz ausschalten. Zum Beispiel darf eine große Autofirma keine kleineren auffressen oder mit Kunden oder Lieferanten fusionieren – wie diese die horizontalen Trusts praktizieren. Das alles verstieße – grosso modo – gegen das Gesetz. Jedenfalls muß das Gericht gegebenenfalls beurteilen, ob eine solche Gefahr besteht oder nicht.

### Tollkühne Konstruktionen

Große Industriefirmen haben nun in den vergangenen Jahren zuweilen über umfangreiche Barmittel verfügt, die sie unbedingt anlegen wollten. Das Einfachste wäre nun gewesen, das Geld in verwandte Industriefirmen zu investieren, aber das verbietet nun einmal das Gesetz – übrigens aus gutem Grund. Dagegen können sie ihr Geld für den Aufkauf ganz branchenfremder Industrien verwenden. Wenn nun mehrere solcher nicht miteinander verwandte Industriefirmen fusionieren, nennt man dies einen Mischkonzern oder ein Conglomerat. So wie ich das beschrieben habe, würde das neue Gebilde ein Conglomerat im idealen Sinne sein, und dagegen ist auch nichts einzuwenden, denn so würde es sich um eine Konstruktion handeln, die einer Investmentgesellschaft sehr nahekommt. Aber die meisten Mischkonzerne, über die in den vergangenen Jahren so viel gesprochen wurde, waren nicht aus einem Überschuß an Bargeld entstanden, sondern um einen erfolgreichen Börsencoup durchzuführen. Die Gesellschaft, die sich zu einem Konglomerat entwickeln wollte, hatte kein Bargeld zur Verfügung und kaufte deshalb andere Gesellschaften mit ihren eigenen Aktien oder mit Wandelanleihen, die zu diesem Zweck ausgegeben wurden, auf.

Nehmen wir an, daß eine Brauerei, von der zehn Millionen Aktien existieren, die zu je zehn Dollar an der Börse gehandelt wurden, fünf Millionen Dollar im Jahr verdient, das heißt fünfzig Cent pro Aktie. Diese an der Börse notierte Gesellschaft schlägt nun einer Papierfabrik, deren Aktien an der Börse nicht gehandelt werden und die jährlich drei Millionen verdient, eine Fusion vor. Die Brauerei bietet der Papierfabrik als Kaufpreis für die ganze Gesellschaft 30 Millionen Dollar, aber nicht in bar, sondern in Form ihrer eigenen Wandelanleihen. Diese Wandelanleihen würden 6 Prozent Jahreszinsen bringen und dem Besitzer eine Option geben, sie zu einem x-beliebigen Kurs gegen die Stammaktien derselben Brauerei einzutauschen. Der Profit der Papierfabrik wird später dem Profit der Brauerei hinzuaddiert. Der Jahresgewinn pro Aktie steigt dann von 50 auf 72 Cent brutto. Übrigens muß man noch die Steuerabschreibung für die Zinsen der Wandelanleihen berücksichtigen, so daß der Nettogewinn im Endergebnis noch höher ist. Dieses Brauerei-Papier-Unternehmen wiederholt dann ähnliche Transaktionen, indem es mit Wandelanleihen eine Kinogesellschaft aufkauft und später eine Schiffahrtslinie.

Was wurde dadurch erreicht? Durch Fusionen ist der Gewinn der Brauerei, des neuen Mischkonzerns (Bier-Papier-Kino-Schiffahrt), pro Aktie jährlich um eine beträchtliche Rate permanent gestiegen. Der Wertzuwachs der Aktien resultiert aber *nicht* aus einer Produktionssteigerung, sondern nur aus *finanziellen Operationen.* Also eine wunderbare optische Täuschung für das naive Publikum und die ebenso naiven Fondsmanager!

Börsenanalytiker stellen den theoretischen Wert einer Aktie – wie gesagt – mit Hilfe der sogenannten Preis-Gewinn-Relation fest, indem sie den Jahresgewinn mit einem Koeffizienten multiplizieren, der je nach Branche und Zuwachsrate variiert.

Da nun unsere Brauerei dank den Fusionen in einem Zeitraum von fünf Jahren jährlich einen enormen Gewinnzuwachs pro Aktie aufweisen konnte, setzen die Analytiker für diese Aktie einen sehr hohen Preis-Gewinn-Koeffizienten als Basis fest, mit dem sie den Jahresgewinn multiplizieren. So wird potentiellen Aktionären eine ständig steigende Gewinnchance vorgespiegelt.

Unerfahrene Portefolio-Manager der Investment Funds und anderer Instiutionen fallen auf diese Vorspiegelung herein und kaufen die Aktien. Sie treiben dadurch den Kurs in die Höhe, bis er den von den Analytikern prophezeiten Preis erreicht. Dank der hohen Kurse dieser »Brauerei«-Aktien kann man um so leichter eine neue Fusion ins Auge fassen, ja jetzt sogar eine neue Gesellschaft zu noch besseren Bedingungen erwerben.

### Einsturz des Kartenhauses

Vielleicht wäre alles so weitergelaufen, wenn nicht der Krach von 1970 gekommen wäre. Einer der berühmten Conglomerat-Manager ist in seinem schönen Optimismus sogar so weit gegangen, bei einer Pressekonferenz ohne mit der Wimper zu zucken zu erklären, seine Gesellschaft werde in einigen Jahren größer sein als General Motors. Oft stiegen die Kurse bereits bei den Gerüchten über eine geplante Fusion. Das war genau das, was die Manager der Conglomerate wollten.

Die Folge dieser Operationen war ein wahrer Hexentanz in der Wall Street. Die Aktien der neuen Conglomerate stiegen vertikal bei jeder neuen Fusion.

Aber, wie gesagt, bei dieser Methode war ja überhaupt kein *wirklicher* Wertzuwachs in der Gesellschaft zu verbuchen. Die Transaktionen wurden einzig und allein im Hinblick auf die Börsenspekulationen getätigt, mit Hilfe von Steuertricks und buchhalterischen Manipulationen. Und niemand kam auf die Idee, daß die Rechnung von völlig falschen Voraussetzungen ausging. Man fusionierte zum Beispiel drei Gesellschaften, die je 100 Millionen Dollar wert waren und die dann nach der Fusion an der Börse mit 600 Millionen Dollar kapitalisiert wurden.

Schließlich wurden die Conglomerat-Financiers so frech und aggressiv, in ihren neuen Plänen immer größere und größere Gesellschaften aufzusaugen, die sie mit Wandelanleihen bezahlten, daß der Kongreß aufmerksam wurde und durch eine neue Gesetzgebung die Steuertricks der

New York City. Blick auf die Wall Street
gegenüber der Dreifaltigkeitskirche
auf dem Höhepunkt eines Börsenkrachs

Conglomerat-Financiers unterband. Damit wurde ihnen der Teppich unter den Füßen weggezogen: das Kartenhaus stürzte ein. Durch das neue Gesetz waren weitere Fusionen mit Hilfe von Wandelanleihen unmöglich geworden und damit eine Gewinnsteigerung der Aktie der Muttergesellschaft gestoppt. Der Sex-Appeal der Conglomerat-Aktien war dahin. Selbst ohne den Krach von 1970 wäre die Mystik der Conglomerate endgültig verschwunden. Ich neige sogar zu der Annahme, daß der Zusammenbruch der Conglomerate eine der Hauptursachen des Börsenkrachs von 1970 war. Der Conglomeratumfang der sechziger Jahre war zweifelsohne einer der größten Börsenschwindel der Finanzgeschichte.

## Off-shore-Fonds, made for Germany

Aber selbst die mangelhafte Gesetzgebung entsprach dem Appetit der neuen Fond-Herren nicht. Die letzten schwachen Riegel mußten beiseite geschoben werden. Dazu hatte man einen neuen Trick gefunden, den Off-shore-Fonds.

*Offshore*-Fonds sind Investmentfonds, die in einem exotischen Land registriert werden, wo sie keinerlei Kontrolle durch die Gesetzgebung oder andere Überwachungsorgane unterliegen. Infolgedessen können ihre Leiter auch kaum jemals zur Verantwortung gezogen werden, dem »Diebstahl« sind also Tür und Tor geöffnet! Was ich über Off-shore-Fonds denke, will ich hier nicht erörtern. Vor allem deshalb, weil seit dem IOS-Skandal die deutsche Presse und selbst die illustrierten Zeitschriften ausführlich darüber berichtet haben.

### Neuer König Midas: Bernie Cornfeld

Leider kam diese Entlarvungskampagne zu spät. Jahrelang haben dieselben Presseorgane die Tätigkeit der Investmentfonds in den schönsten Farben geschildert. Ich bin überzeugt, daß gerade die ausführlichen, farbenprächtigen Reportagen über das glanzvolle und luxuriöse Leben der Fondsgründer und -manager dazu beigetragen haben, daß Tausende von kleinen Sparern diesen Abenteurern und ihrem neuen König Midas, alias Bernard Cornfeld, ihr Vertrauen schenkten. Die Tagespresse berichtete ausführlich, objektiv und neutral über die Ereignisse in der Off-shore-Fonds-Industrie. Aber sie hat die Fonds im Grunde nie angegriffen. Diese Tatsache allein war schon die beste Propaganda. Wenn man sich an die marktschreierischen und betrügerischen Versprechungen der Fondsverkäufer erinnert und sie mit den heutigen »Erfolgen« vergleicht, so kann man nur die Frage stellen: Wie konnte das geschehen? Wie konnten die verantwortlichen Behörden in Deutschland diesem betrügerischen Treiben so lange untätig zusehen? Man steht vor der Frage, warum die Off-shore-Fonds-Industrie in Deutschland einen so ungeheuren Erfolg hatte, einmal davon abgesehen, daß die Werbung völlig frei war. Waren Herr Cornfeld & Co Genies? Bestimmt nicht. Der ganze Fondszauber ist ihnen durch eine glückliche Konstellation in den Schoß gefallen. Ich bin davon überzeugt, daß Cornfeld kein Betrüger war. Er war nur unerfahren, ungebildet, primitiv und wußte nicht, was die Börse überhaupt ist; auch von Börsengeschichte hat er nicht die mindeste Ahnung gehabt. Er hat tatsächlich geglaubt, er hätte das Schießpulver erfunden. Er wußte auch nicht, daß man schon im 17. Jahrhundert an der Amsterdamer Börse ebenso lustig herumspekulierte wie heute in Wall Street. Da die Kurse einige Jahre ununterbrochen gestiegen sind, hat er die These aufgestellt, daß die Effekten jährlich an der Börse fünfzehn Prozent eintragen. Und diesen monströsen Irrtum hat er auch dem Publikum eingeredet.

Das Heer seiner Mitarbeiter sah zu ihm auf wie zu einem Apostel. Sein Privatleben, der Luxus, mit dem er sich umgab, hat seinen Nimbus in den Augen dieser jungen Männer nur noch erhöht. Jeder wollte ein zweiter Cornfeld werden. Und die kleinen Leute dachten, wenn sich Herr Cornfeld mit seinen Fonds ein solches Vermögen erwerben konnte, würden auch sie dasselbe erreichen. Sie haben aber nicht daran gedacht, daß Cornfelds Luxusleben mit ihrem Geld finanziert wurde. Um diesen Unfug im ganzen Umfang zu durchschauen, brauchte man nicht einmal über großes Börsenwissen zu verfügen, dafür genügten etwas Lebenserfahrung und Menschenkenntnis.

Der unerwartete Erfolg erklärte sich durch die Diskrepanz zwischen einem plötzlich explosiv anwachsenden Sparkapital auf der einen und einer mangelhaften, fast nicht existenten Infrastruktur für Anlageverwaltung auf der anderen Seite. Und woher sollte diese Infrastruktur auch stammen? Das deutsche Publikum war seit 1930 aus dem internationalen Kapitalstrom ausgeschaltet. Wo sollte also Deutschland echte Fachleute auf dem Anlagengebiet und speziell auf dem internationalen hernehmen?

Kein Wunder also, daß sich der kleine deutsche Sparer glücklich fühlte, wenn nun ein sogenannter »Anlageberater« an seine Tür klopfte. Er war hochwillkommen, wurde ins Haus zu einer Tasse Kaffee eingeladen. Was dann folgte, gehört heute schon zu einem traurigen Kapitel der Finanzgeschichte.

In keinem anderen zivilisierten Land außerhalb der Bundesrepublik wurde dieser Unfug in diesem Maße zugelassen. Deshalb waren die Offshore-Investment- und Immobilienfonds nur auf das Ausplündern des deutschen Publikums aus. Sie trugen alle das Etikett: »Made *for* Germany.« Ich war damals äußerst pessimistisch diesen Fonds gegenüber und habe mündlich und schriftlich versucht, die Sparer davor zu warnen. Und wenn es mir damals gelungen ist, auch nur einen Sparer davon abzubringen, 1000 DM in Fondszertifikaten anzulegen, sehe ich meine Mission als erfüllt an.

## Börse und Aktien, ja!<br>Offshore-Fonds, nein!

Warum war ich also so pessimistisch eingestellt? Die Führung eines Investmentfonds verlangt drei Voraussetzungen: Ehrlichkeit, Verantwortungsgefühl und Erfahrung. Über die *Ehrlichkeit* will ich mich nicht weiter auslassen, zumal ich jeden so lange für ehrlich halte, bis er das Gegenteil bewiesen hat. Ich habe zwar hinsichtlich des Anstands der Fondsmanager meine persönliche Meinung. Da ich aber keinen Einblick in die Bücher habe, kann ich kein sachliches Urteil abgeben. Meine pessimistische Einstellung beruht auf meiner jahrzehntelangen Börsen- und Menschenerfahrung. Was ihr *Verantwortungsgefühl* betrifft, kann ich aber bedenkenlos die schärfste Kritik üben. Man hat kleine Leute, die von Börse und Spekulation keine Ahnung hatten, davon überzeugt, daß sie jährlich einen Gewinn von fünfzehn Prozent einstreichen würden. Diese Art von Börsenphilosophie beruht auf einem optischen Irrtum, ihre Verbreitung ist schlechthin kriminell. Man kann an der Börse verdienen, viel verdienen, eventuell sogar reich werden, man kann aber auch verlieren, viel verlieren und auch zugrunde gehen. Aber nie kann man durch Börsenspiel ein Pro-Jahr-Einkommen in festen Prozentsätzen sicherstellen. Es sei denn, man kauft erstklassige Anleihen und streicht die Zinsen ein.

Ebenso unverantwortlich war die permanente Werbung von Tür zu Tür. Man hat einen ständigen Verkauf von Zertifikaten betrieben, selbst in Zeiten, wo jeder verantwortliche Investmentbanker seinen Kunden geraten hätte, statt Aktien nur flüssige Mittel oder festverzinsliche Wertpapiere zu behalten. Der arme Kunde mußte Fonds kaufen, nicht weil er überzeugt gewesen wäre, sondern weil er überredet wurde. Er kaufte, weil gerade ein Hausierer, der dringend eine Provision brauchte, an seiner Tür geklingelt hatte.

Zum *Thema Erfahrung* möchte ich folgendes feststellen: Die Fondsmanager haben selbst an den jährlichen Zuwachs von fünfzehn Prozent geglaubt und an die Art und Weise, wie sie diesen an der Börse erspielen wollten; dies aber ist ein Beweis für ihre *Unerfahrenheit.* Und da sie unerfahren waren, handelten sie auch unverantwortlich. Sie ahnten nicht, welche Fallen ihnen die Börse stellen würde.

Die Fondsmanager haben versucht, ihr persönliches Fiasko der Börse in die Schuhe zu schieben. Sie seien nicht dafür verantwortlich gewesen, daß die Kurse gefallen seien. Das ist grundfalsch. Erstens notierte der Dow-Jones-Index im Januar 1972 nicht viel tiefer als sein historisch höchster Stand. Hätten die Fondsmanager mit den Sparpfennigen der kleinen Leute erstklassige Werte gekauft, wären überhaupt keine Verluste entstanden, die Zertifikatsbesitzer hätten sogar Profite zu verzeichnen gehabt. Sie haben aber eine Menge von Nonvaleurs und Schwindelpapieren gekauft, und oft haben sie die erworbenen Aktien, die sogenannten letter stocks (Aktien, von denen nur ein kleines Quantum offiziell notiert ist und der Großteil gesperrt bleibt) mit betrügerisch hohen Preisen in ihre Bilanzen eingereiht. Außerdem sind sie verantwortlich dafür, daß sie die kleinen Leute zu diesen wilden Börenspekulationen verführt haben, obwohl jene vorher mit ihren Sparkonten, Pfandbriefen etc. ein bescheidenes, aber sicheres Einkommn besaßen. Ich habe Hunderte von Briefen kleiner Sparer erhalten, die sich darüber beklagten, daß sie sich wegen der Fonds heute in tragischen finanziellen Situationen befinden. Unglücklicherweise waren die Fondsverkäufer (die man Anlageberater nannte) selbst von Cornfelds Theorie überzeugt.

Die Finanzpresse gibt immer Analysen und Kommentare zum Stand der Entwicklung der Investmentfonds. Sie bezeichnen ihn als gut, wenn er mehr als der Dow-Jones-Index gestiegen ist, und für schlecht im umgekehrten Fall. Meiner Ansicht nach ist diese Methode falsch. Das ist ungefähr so, als wollte man die Qualität eines Nahrungsmittels mit der Kunst des Küchenchefs vergleichen. Der Dow-Jones-Index steht für die Qualität der Nahrungsmittel, das heißt hier der Wertpapiere. Das Ergebnis der Behandlung eines Fonds ist aber zu vergleichen mit dem Erfolg eines Küchenchefs, der mehr oder weniger geschickt mit den zur Verfügung stehenden Nahrungsmitteln umgegangen ist. Ein wirklich geschickter Koch in einem kleinen Pariser Bistro wird unter Umständen ein besonders schmackhaftes Gericht zustande bringen, während ein unbegabter Küchenmeister in einem luxuriösen Restaurant in England selbst mit den besten Zutaten ein kaum genießbares Menü herstellen wird. Und selbst ein Chef läßt sich nicht immer mit einem anderen vergleichen. Beide haben zumeist grundverschiedene Aufgaben, grundverschiedene Mittel stehen ihnen zur Verfügung, und sie müssen für grundverschiedene Preise produzieren. Ein chinesischer Koch läßt sich beispielsweise nicht mit dem Küchenmeister eines ungarischen Restaurants vergleichen. Genauso ist es mit den Fonds. Jeder hat sein eigenes Ziel und seinen eigenen Charakter. Nicht jeder Fonds ist für jeden geeignet, selbst wenn die Führungspersönlichkeiten ehrlich und verantwortungsbewußt sind und Erfahrung besitzen.

Kommentare über die Fonds haben stets einen stereotypen Charakter: die wöchentlichen Preisänderungen werden zugrunde gelegt (ganz abgesehen davon, daß viele darunter fiktiv und gefälscht sind). Das Anschwellen oder Abnehmen der Fondssubstanz oder des Kurses besagt, man beschränkt sich auf Ziffern und Quantität, die *qualitative* Seite kommt dabei jedoch absolut zu kurz. Letztere kann man nämlich nur dann beurteilen, wenn man die Transaktionen und die Bücher über *viele* Jahre hinweg studiert. Man muß nämlich nicht nur wissen, wieviel die Fonds verdient haben, sondern auch womit.

Die sogenannte menschliche Verhaltensweise des Managements läßt man leider bei der Beurteilung eines Fonds völlig außer acht. Gerade dies wäre aber so überaus wichtig. »Sag mir, wie Du bist und nicht wer Du bist«, ist meine Frage an die Fondsmanager. Die Off-shore-Fonds-Industrie hat mit klingenden Namen geprotzt. Sie brauchte diese, um Vertrauen zu gewinnen. (Und was diese klingenden Namen eingebracht haben, das kann man heute höchst betrübt feststellen!)

Welche Lehre ich aus der Geschichte des Fondszaubers ziehe? Für jeden, sogar den kleinen Kapitalisten, der über hinreichende Mittel verfügt, um ein kleines Portefolio mit relativ breiter Palette aufzubauen, bleiben Wertpapiere (Aktien, Wandelanleihen etc.), die er mit Hilfe eines erfahrenen Fachmannes auswählt, eine gute Anlage. Für den Minisparer, dessen Mittel zu einer Variierung der Anlagen nicht ausreichen, sind Investmentfonds – aber ausschließlich solche, die von *europäischen Großbanken kontrolliert werden* – eine mögliche Lösung.

Meine Devise bleibt: Börse und Aktien ja – *Off-shore*-Fonds nein!

# Wie das Publikum betrogen wird

Jahrelang diente Deutschland als Mülleimer für die schlechtesten internationalen Anlagen. Viele Agenten, die für die exotischen Fonds arbeiteten, und durch deren Pleite ihren Job verloren, hausieren nun mit wertlosen Aktien aus den verschiedensten Ländern.

Aber auch offiziell wurden ausländische Werte in Deutschland lanciert und sogar an den deutschen Börsen eingeführt, nachdem man zuvor die Kurse dieser Aktien in ihrem Ursprungsland künstlich in die Höhe getrieben hat. Ausländische Geldinstitute machten optimistische Prognosen, setzten Gerüchte in Umlauf, um diese Papiere zu Phantasiepreisen im Schlaraffenland Deutschland zu verkaufen.

Vor 50 Jahren fiel Frankreich diese Rolle eines Mülleimers zu. Alle verdächtigen Aktien, abgebaute Minen und ausgetrocknete Ölquellen, minderwertige Staatsanleihen, konnte man dem französischen Sparer andrehen. Dutzende rücksichtsloser Financiers haben sich daran bereichert. Den erfolgreichsten und vermögendsten unter ihnen habe ich noch persönlich gekannt. An der Börse wurde er *»La Pieuvre«*, der Blutsauger, genannt.

## Methode à la Pieuvre

Die Methode à la Pieuvre funktionierte folgendermaßen: Nehmen wir als Beispiel an, irgendeine Londoner Finanzgesellschaft wollte eine Minenaktie in Paris abladen. La Pieuvre kaufte 300 000 Aktien zu einem niedrigen Preis, etwa 20 Shilling, und erhielt eine Option für weitere 100 000 Aktien zu 22, eine weitere zu 24, und so fort, um je 2 Shilling mehr pro 100 000 Stück. Dann kaufte er an der Londoner Börse dieselben Aktien in kleinen Mengen, aber mit viel Getöse. War vereinbart, daß die Finanzgesellschaft in der Zwischenzeit keine neue Ware auf den Markt brachte und dadurch sein Treiben nicht störte, manipulierte er den Kurs in die Höhe. Waren die Aktien bis zu etwa 50 Shilling gestiegen, erfolgte ihre Einführung an der Pariser Börse. La Pieuvre konnte sein ganzes Quantum, auch mit Hilfe der Banken, unterstützt von Flüsterpropaganda und von der Presse, in französische Depots hineinpumpen.

Es ist überflüssig zu sagen, daß die Kurse nach getaner Arbeit vertikal in die Tiefe stürzten, manchmal bis auf Null. Das Publikum erlitt die schwersten Verluste. La Pieuvre aber hinterließ, als er vor einigen Jahren – als Ritter der Ehrenlegion ausgezeichnet – starb, bei Schweizer Banken gut versteckt, nicht weniger als 500 Millionen Schweizer Franken!

Erst vor einigen Jahren habe ich eine kleine pikante Geschichte über »La Pieuvre« gehört. Monsieur *Pelletier*, ehemaliger Innenminister General de Gaulles, erzählte mir, daß in der Zeit, als er Präfekt von Paris und Umgebung war, »La Pieuvre« ihn aufsuchte und ihm einen Vorschlag machte. Er wolle seine wunderbare Bildersammlung der Stadt Paris vermachen unter der Bedingung, daß noch zu seinen Lebzeiten eine Straße von Paris nach ihm benannt würde. (Natürlich wäre es nicht die »Blutsauger«-Straße gewesen, sie hätte seinen bürgerlichen Namen getragen.) Natürlich hat Monsieur Pelletier den Vorschlag höflich, aber bestimmt abgelehnt, aus dem einfachen Grunde, weil in Paris noch nie eine Straße nach irgend jemandem (nicht einmal nach General de Gaulle) zu dessen Lebzeiten benannt wurde. Financiers haben, wenn sie erfolgreich sind, nicht die mindesten Komplexe. Selbst wenn sie Blutsauger oder Halsabschneider genannt werden.

## Die Hedgetransaktionen

Es gibt viele andere Methoden, das Publikum irre zu führen. »Sie können die Dummheit der Menschen nicht genügend überschätzen«, wie mein väterlicher Freund, *Professor Hahn*, zu sagen pflegte. So konnte man es in den 50er Jahren mit den exotischen Fonds irreführen und bis heute noch mit sicheren Gewinnversprechungen in Options- oder Hedgegeschäften. Hedgetransaktionen sagt man, wenn ein Spekulant zur gleichen Zeit ein Wertpapier kauft und eine andere Ware leerverkauft, das heißt eine Ware erwirbt und in eine andere in Baisse spekuliert.

Es gibt Hedgeoperationen aus der Ansicht, daß gewisse Kursdifferenzen zwischen zwei verschiedenen Artikeln gleichen Charakters zu groß oder zu klein sind. Es gibt Tausende von Spielern, von den Brokern angeheizt, die solche »sicheren« Transaktionen tätigen, denn für die Makler sind dies besonders profitable Geschäfte. Sie können Doppeltransaktionen durchführen und dadurch zweimal Provisionen einstreichen. Natürlich gibt es für Vollblutprofis solche Hedgegeschäfte in der Form, daß sie die Risiken der einen mit einer anderen Transaktion decken wollen. Aber auch diese können fehlschlagen. Die Broker jedenfalls sehen in den Hedgegeschäften lediglich ihre doppelten Provisionen.

### »Und wenn die Börse fällt, dann kann man *auch* verdienen!«

Im Anschluß an die Hedgespekulationen kommt mir ein Gespräch in den Sinn, das ich mit einer charmanten Dame geführt habe, einer klassischen Tänzerin. Sie beklagte sich darüber, daß sie mit ihrem Mann, einem international bekannten Choreographen, schon seit einiger Zeit in die Debatte über ein Börsenthema verstrickt sei. Es ging dabei um Anlagefonds. Er war ein Anhänger der konventionellen Fonds, sie aber schwärmte von Hedgefonds. Auf meine Frage, woher ihr Enthusiasmus stamme, gab sie mir die kurze, aber um so lehrreichere und überzeugendere Antwort: »Wissen Sie, die Börse steigt nicht immer, sie kann auch fallen, wie in letzter Zeit zu beobachten war. Und wenn die Börse fällt«, fuhr sie fort, »dann kann man auch verdienen.« (Endlich konnte ich diese beiden wichtigen Börsenaxiome von einer Ballerina lernen!) »Die Hedgefonds spekulieren auch auf Baisse, machen Leerverkäufe in Aktien, die sie gar nicht haben, die sie sich dann in der Baisse billiger beschaffen können. Wenn die Börse steigt, dann machen sie Gewinne mit ihren Wertpapieren, und wenn die Börse fällt, verdienen sie an den Leerverkäufen. Gleichgültig, ob hinauf oder hinunter, ein Börsengewinn ist auf jeden Fall gesichert. Und wie man es am besten macht, das wissen die Fondsmanager ganz genau. Deshalb habe ich mich den Hedgefonds verschrieben«.

Das alles leuchtete mir um so mehr ein, als ich diese fundamentalen Wahrheiten nicht zum erstenmal von meiner Ballerina erfahren hatte, sie wurden damals monatelang auf ganzen Zeitungsseiten annonciert, in jener ominösen Zeit der Fondshysterie.

Natürlich kann man an Hedgetransaktionen verdienen. Ich könnte über meine Hedgetransaktionen an vielen Börsen der Welt ein ganzes Buch schreiben. Oft waren sie dringend notwendig, um mich gegen die Risiken einer anderen Spekulation abzusichern. An Hedgegeschäften habe ich machmal verdient und oft verloren. Bestimmt aber bin ich durch sie an Erfahrung reicher geworden.

Ich habe von meinem Hedgegeschäft Schweinefett kontra Mais berichtet. Nun will ich von einer ähnlichen Transaktion in Wertpapieren berichten, die sich an der Pariser Börse vor dem Krieg abgespielt hat und an der viele meiner Kollegen beteiligt waren. Es gab in den dreißiger Jahren eine umfangreiche Spekulation mit französischen Staatsanleihen. Große und kleine Börsianer spielten intensiv in Staatspapieren. Die Kurse stiegen und fielen wie bei Aktien. Es gab verschiedene Serien von Anleihen: dreiprozentige, vierprozentige, viereinhalbprozentige usw. Die Börsenspieler sprangen von einer Serie auf die andere, um kleine Gewinne einzustreichen. Die Kalkulation war einfach: Da es sich um die gleiche Anleihe handelte (derselbe Schuldner, die gleiche Währung, dieselben Garantien), mußte man nur ausrechnen, welche Serie im Vergleich zu der anderen zu tief oder zu hoch stand. Es war das Paradies der Hedgegeschäfte: die billigen Serien mußte man kaufen und die zu hoch notierten leer verkaufen, das heißt »hedgen«.

Gegen Ende der dreißiger Jahre ergab sich eine besonders auffallende Konstellation. Die viereinhalbprozentige Anleihe stand auf 80, die dreiprozentige auf 70. Letztere notierte natürlich viel zu hoch im Verhältnis zur ersteren. Jeder Handelsschüler konnte sich ausrechnen, daß dies mathematischer Unsinn war. Eines war jedenfalls klar: entweder stand die eine Serie zu hoch oder die andere zu tief.

Alles stürzte sich folglich auf die einmalige Gelegenheit. Man mußte die viereinhalbprozentige Anleihe kaufen und die dreiprozentige hedgen, das heißt leer verkaufen. Wie immer es auch kommen mochte, entweder würde die eine Serie steigen oder die andere fallen. Das war klar wie der lichte Tag. Und wie hat diese »sichere« Spekulation geendet? Mit der größten Katastrophe. Die viereinhalbprozentige fiel noch tiefer, auf 70, und die dreiprozentige stieg – es war kaum zu glauben – auf 80.

Diese Entwicklung war genauso logisch wie die Grundidee der mißlungenen Spekulation. Die viereinhalbprozentige Anleihe hatte eine besonders große Emissionszahl, und deshalb kamen noch immer Angebote auf den Markt. Die dreiprozentige war die älteste französiche Staatsanleihe aus dem Jahre 1825, die sogenannte »ewige Rente«. Ihre Besitzer waren darauf fast eingeschlafen. Es kam keine Ware auf den Markt, und die Leerverkäufer konnten nur bei steigenden Preisen zurückkaufen. Die Verluste waren ungeheuer, denn dieses Hedgegeschäft schien so gefahrlos, daß die Profis mit großen Posten eingestiegen waren. Das ist ein geradezu klassisches Beispiel dafür, wie das »sicherste« Hedgegeschäft enden kann.

Auch die vollkommen aufgebaute Spekulation an der Börse kann mißlingen, nicht weil sie einen logischen Fehler enthält, sondern weil die Logik der Börse auf der technischen Seite die Fundamentalien zuweilen überspielt. Auch der beste Computer könnte eine solche Situation nicht vorausberechnen. Im Gegenteil!

# Abschreibungsgesellschaften – made in Germany

Ich bin ein leidenschaftlicher Verfechter der Börse und ihres Umfeldes. Die »böse« Börse ist, worauf ich schon hingewiesen habe, trotz aller Kursmanipulationen, falscher Tips und irreführender Berichte der wichtigste Motor unseres freien Wirtschaftssystems. Die tägliche Publizität, die Presse und die offizielle Überwachung sorgen dafür, daß sie funktioniert.

Mit Entsetzen sehe ich deshalb, daß sich gerade in der Bundesrepublik parallel zur Börse ein zweiter, nahezu unkontrollierbarer Kapitalmarkt entwickel hat: das Geschäft der Abschreibungsfirmen. Nun kann man natürlich nicht alle Projekte, für die auf diesem Markt aggressiv geworben wird, global verurteilen; es wird jedoch immer schwieriger, die Spreu vom Weizen zu trennen.

## Wer überlistet wen?

Die Bundesregierung hat zwar den richtigen Weg eingeschlagen, als sie gewisse Investitionen durch Steuerbegünstigungen förderte. Aber ob es sich nun um Investmentfonds, USA-Mischgesellschaften Warenbörsen oder anderes handelt, ich kenne das immer gleiche Ziel. Die besten Ideen und die klügsten Maßnahmen entarten, wenn geldgierige Abenteurer sie gewissenlos ausnützen. Diesmal heißt das Zauberwort Steuerabschreibungen oder besser Steuertricks, um das Finanzamt zu überlisten. Damit ist der Bürger leicht zu angeln, obwohl inzwischen bewiesen ist, daß oft nicht der Staat, sondern der Steuerzahler von seinem Anlageberater überlistet wird, ist doch die Steuerabschreibung häufig nur eine Steuerstundung, dann nämlich, wenn die Abschreibungsfirma pleite geht. Die ehemaligen Staubsauger- und IOS-Verkäufer hausieren heute mit den verschiedensten Industrie-, Film-, Bau- und Energieforschungsprojekten, in die naive Bundesbürger aus steuerlichen Gründen blind einsteigen. Wenn der Sparer allerdings selber etwas fachmännisch gebildet ist und das angebotene Projekt auch unabhängig von den steuerlichen Vergünstigungen für lukrativ hält, soll er ruhig anbeißen. Warum denn nicht? Das private Investieren ist ja die Essenz der freien Marktwirtschaft. Wenn er bestimmte Immobilienwerte auf deutschem Boden oder in den Nachbarländern nach sorgfältiger Prüfung für eine gute Anlage hält, soll er sie kaufen. Und wenn zu dem Angebot dann noch steuerliche Vergünstigungen dazukommen, um so besser. Aber er soll nicht auf komplizierte Projekte hereinfallen, die nur wegen der Steuerabschreibungen von schlauen Promotern erfunden worden sind.

## Warum schweigt der Bundeskanzler?

Opfer solch undurchsichtiger Abenteurer zu werden, ist nicht nur leichtsinnig, sondern einfältig. Doch leider wollen viele Ärzte, Zahnärzte, Anwälte und andere Freiberufler auch tüchtige Betriebswirte sein und glauben zum Beispiel, von Ölbohrungen etwas zu verstehen.

Ich bewundere die Finanzpolitik von Bundeskanzler Helmut Schmidt; seine Erfolge sind ja auch relativ gut im Vergleich zu anderen Industriestaaten. Aber es ist mir unverständlich, warum er die Machenschaften vieler Abschreiber duldet. Den Bundesbürgern geht es zwar gut, aber doch wohl nicht so gut, daß sie sich den Luxus erlauben können, Milliarden von Mark unwirtschaftlich zu verpulvern.

## Quousque tandem, Catilina ...

»Quousque tandem, Catilina, abutere patientia nostra?« (»Wie lange noch, Catilina, willst Du unsere Geduld mißbrauchen?«) Diese ersten Worte der flammenden Anklagerede Ciceros gegen den Finanzschwindler *Catilina* haben nichts von ihrer Aktualität verloren. Wie lange noch, rufe ich *den Spitzbuben des Warenterminhandels* zu, wollt ihr es weitertreiben? Und wie lange noch werden die verantwortlichen Behörden zuschauen, wie das Publikum um Millionen geprellt wird?

Das Warentermingeschäft ist in mancher Hinsicht dem Glücksspiel vergleichbar, und im Innern nahezu jeden kleinen Sparers schlummert ein Mensch, der gern spielt. Der Eintritt in Spielkasinos steht jedem mündigen Bürger offen. Doch wer sie besucht, weiß, daß sie alle unter strenger Kontrolle der Behörden stehen, damit nicht falsch gespielt wird; das Rouletterad ist einwandfrei, und die Karten sind nicht gezinkt. Dennoch können auch in den kontrollierten Kasinos Spieler raffinierten Verführern zum Opfer fallen.

### Ganz »seriös«: Warenterminspelunken

Aber im Vergleich zum Handel mit Kontrakten gibt es da einen wesentlichen Unterschied: Niemand darf für Spielkasinos persönlich werben, während in die Warenterminspelunken die unwissenden Bürger durch aggressive Zutreiber hereingeschleppt werden; und hier wird falsch gespielt. Es ist oft nicht zu glauben, mit welch plumpen Methoden diese Werbung operiert. Verführerische Telefonangebote und luxuriöse Prospekte sollen Anleger locken. Man jongliert mit den Namen renommierter Firmen (die unschuldig hineingezogen werden) und mit ihren angeblichen Garantien. Ich warne auch vor einer neuen Art von Werbung, die vorgibt, die amerikanische Börsenaufsichtsbehörde SEC kontrolliere diesen Handel. Die SEC ist für Warentermingeschäfte überhaupt nicht zuständig und hat deshalb damit nichts zu tun.

Freilich kann man die Institution der Warenterminbörsen ebensowenig in Bausch und Bogen verurteilen wie die Spielkasinos. Aber die Falschspieler, die unehrlichen Croupiers des Kontrakthandels und das Heer ihrer gewissenlosen Werbeagenten müssen unschädlich gemacht werden.

Ich verdächtige a priori keinen Warenterminmakler, -händler oder -werber, ein Betrüger zu sein. Aber ich behaupte in voller Kenntnis der Sachlage, daß bei diesen Geschäften häufig das einzige Interesse der Beteiligten darin besteht, das Geld der Kunden in die eigene Tasche zu stecken. Die Warentermingeschäfte, wie sie in vielen Fällen *in der Bundesrepublik* abgewickelt werden, sind entweder

– totaler Betrug,
– halber Betrug,
– oder zwar kein »de jure«-, aber ein »de facto«-Betrug.

Totaler Betrug: Die Warenterminfirma verkauft zum Beispiel »Kaufoptionen« für Waren, die sie nicht besitzt. Wenn nun der Kunde dank einer Preissteigerung großen Profit zu machen glaubt, kann die Firma ihren Verpflichtungen nicht nachkommen und meldet Zahlungsunfähigkeit an. Das ist genauso ein Betrug, als würde ein Spielkasino die Gewinne nicht auszahlen.

Halber Betrug: Die Firma kauft zwar die Optionen in London, verkauft sie aber ihren Kunden zu einem 100 bis 200 Prozent höheren Preis. Der Kunde wird übervorteilt, weil er die tatsächlichen Preise nicht kennt.

»De-facto-Betrug«: Die Firma bietet Beteiligungen an Sammelkonten oder Anteile von Warenterminfonds an. Der Manager des Sammelkontos oder des Warenfonds kauft zum Beispiel gleich bei der Eröffnung eines Börsentages zehn Soja-, zehn Gold- und zehn Platinkontrakte. Bei jedem dieser Artikel können bis Börsenschluß etwa 30 000 Mark Gewinn oder Verlust entstehen. Die Kontrakte mit Verlust werden auf dem Sammelkonto verrechnet; Gewinn behält der Manager für eigene Rechnung. Kein Börsenvorstand, kein Paragraph (nicht einmal das Gewissen des Managers) können ihn daran hindern.

Im Börsenjargon heißt das, »auf dem Samt spielen«. Die Gewinne für den Spieler, die Verluste für die Kunden. Es ist deshalb nicht verwunderlich, daß täglich neue Warenterminfirmen wie Pilze aus dem Boden schießen, denn schon *Alexandre Dumas der Jüngere* schrieb: »Das große Geschäft ist das Geld der anderen.« Wer dennoch von der unwiderstehlichen Lust ergriffen wird, in Waren zu spekulieren, sollte sich zwar an einen der großen amerikanischen Broker wenden, seine Aufträge jedoch nach eigenen Ideen und Entscheidungen selber erteilen. Schließlich muß auch der Roulettespieler selber am Tisch sitzen und darf das Geld nicht anderen zum Spiel anvertrauen.

Der Warenterminspekulant soll sich auch nicht vom Broker oder von dessen Angestellten beraten lassen, denn keiner der selbsternannten Fachleute weiß mehr als er selber. Computersysteme, Experten und »Weltmeister« sind pure Legenden. Zudem können die Broker ja gar nicht wirklich objektiv beraten, weil sie an den Provisionen verdienen und den Umsatz fördern wollen. Der Spieler wird erst am Schluß entdecken, daß sein ganzes Kapital von Provisionen aufgezehrt worden ist. Deshalb mein Rat für Außenseiter: *Hände weg von der Warenterminspielerei,* denn wie für das Roulette in den Kasinos behaupte ich nach 50jähriger Erfahrung auch für den Kontrakthandel: »Gewinnen kann man, verlieren muß man.«

## Komplizenschaft aus Ahnungslosigkeit

Es ist ein Unglück, daß Staatsmänner, Politiker und all jene, die für die wichtigsten Entscheidungen in Wirtschaft und Staatsfinanzen verantwortlich sind, die Machenschaften der internationalen Spekulanten nicht erfassen. Sie kennen weder ihre Mentalität noch ihre Wirkungskraft und können doch mit unüberlegten Erklärungen und semantisch falschen Definitionen Spekulationen extrem anheizen.

### Worte von Helmut Schmidt und Otto Graf Lambsdorff

Es braucht nur von irgendeiner verantwortlichen Stelle ein leichtsinniges Wort zu fallen, und schon laufen Tausende von großen und kleinen Spielern, um zu »kaufen« oder zu »verkaufen«. Und dies ohne jede Überlegung. Oft gegen jede Logik. Diese spekulativen Transaktionen nahmen in den letzten Jahren immer größere Dimensionen und immer aggressivere Formen an und haben daher in der Wirtschaft sehr viel Schaden angerichtet. Sie üben eine außerordentliche Wirkung auf die Massenmedien aus, die ihrerseits den Schaden noch vergrößern, weil sie auf die Preisentwicklungen und Handelsmärkte fast immer einen ungünstigen Einfluß haben. Ein klassisches Beispiel: Im Sommer 1977 erklärten US-Finanzminister *Michael Blumenthal* und Bundeskanzler *Helmut Schmidt* zu gleicher Zeit spontan – obwohl niemand eine diesbezügliche Frage stellte –, daß sie gegen eine wirtschaftlich begründete weitere Abwertung des Dollars nicht einschreiten würden. Damit hatten sie aber schon eingegriffen, und zwar zugunsten des Kurssturzes des Dollars, obwohl dieser wirtschaftlich vollkommen unbegründet war. Die Erklärung war richtig gedacht, denn das Nichteingreifen ist ja das Prinzip des »sauberen Floatens«. Aber es war überflüssig, dies noch zu betonen.

Ein solcher Wink von oben ist für die Spekulanten eine Aufforderung zum Tanz, und die Kettenreaktion erledigt das übrige. Der Schaden war angerichtet. Auch Wirtschaftsminister Otto Graf Lambsdorff hat damals eine forciert geistreiche, aber überflüssige Bemerkung gemacht: Er fürchte, daß zwei Artikel bald den gleichen Preis von 1,50 Mark haben werden, nämlich Benzin und der Dollar.

Wozu war das gut? Die Druckerschwärze einer solchen Meinung ist noch nicht trocken, und schon laufen alle Spieler und jonglieren mit dem Dollar oder spielen den Dollar hinunter. Die Herren Politiker müßten den Mechanismus der Spekulation und die psychologische Einstellung der Spekulanten kennen. Sie begnügen sich aber lieber damit, Kurs- und Preisverschiebungen mit Klischees zu erklären, ohne nach den wahren Gründen zu forschen. In dieser Weise kann man einen ordentlichen Markt – sei es für Rohstoffe, sei es für Währungen – vor Unfug nicht schützen.

Im Gegenteil sollten Politiker den Spekulanten zuvorkommen, zumindest aber ihre Zunge im Zaum halten. Es ist doch eine Binsenwahrheit auf allen Börsen und Märkten: Wenn die Spekulanten für eine Ware, Währung oder ein Wertpapier einen hohen oder tiefen Kurs erwarten oder sich dies durch die Massenmedien einreden ließen, dann kaufen oder verkaufen sie dieses Spekulationsobjekt so lange und in einem so hohen Maße, bis der von ihnen erhoffte Preis eingetroffen ist. In der Hysterie denkt doch niemand mehr nach, denn keiner kann sich der Massenpsychose entziehen. Jedoch: der erfolgreiche Spekulant muß voraussehen, was zum Beispiel sein zukünftiger Käufer für die Zukunft plant.

Nach *Keynes* ist das eine Kumulation der Antizipationen, das heißt die Vorwegnahme im Quadrat. Und das Ende der Kursbewegungen gegen Logik und wirtschaftliche Tatsachen ist der Zusammenbruch.

Die Spieler, die auf Nummer »todsicher« gespielt haben, werden fast immer enttäuscht und bestraft. Denn natürlich kauften die meisten zum höchsten Kurs. Anderenfalls wäre dieser ja nicht zustande gekommen.

Dazu fällt mir wieder einmal ein alter Witz ein: Grün kommt zum Rabbiner und fragt ihn, ob seine Tochter in der Hochzeitsnacht Pyjama oder Nachthemd tragen soll. »Ganz egal«, sagt der Rabbi, »vernascht wird sie so oder so.« Die Spieler, ob sie nun kaufen oder verkaufen, zum Schluß werden sie so oder so ihr Geld verlieren. Das wäre ja noch gerecht. Aber inzwischen haben sie viel Unheil angerichtet.

Was sollten also die verantwortlichen Stellen gegen diese dummen oder bösen Spekulanten unternehmen, um ihre Machenschaften unschädlich zu machen? Es gibt zahlreiche Methoden und Möglichkeiten. Im alten Ungarn sagte man einmal, daß aus Ganoven die besten Polizisten werden.

Die Politiker, Finanzminister oder Notenbankdirektoren sollten daher an ihrer Seite auch immer einen Ex-Spekulanten als Berater haben. Der könnte ihnen oft Hilfe leisten.

Ich habe schon immer – und natürlich auch im Rahmen dieses Buches mehrfach darauf hingewiesen, daß die Spekulation durchaus ein legitimer Motor der freien Marktwirtschaft ist. Aber dabei denke ich an die Spekulation auf dem Kapitalmarkt in Wertpapieren. Preistreiberei in Währungen oder Ware, ob nun hinauf oder hinunter, können unser freies Wirtschaftssystem nur schwächen und entwerten. Und dies schreibe ich als ein überzeugter Anhänger der Marktwirtschaft gerade auch im Hinblick auf ihre soziale Verpflichtung.

# Die freie Welt: Spielkasino der Devisenprofis

J'accuse! Ich klage an, sie, die europäischen und amerikanischen Großbanken, daß sie aus Gewinnsucht, Spielwut und Dummheit die freie Welt in ein Spielkasino verwandelt haben, den Dollar weiter in die Tiefe pokern und damit in Europa zu den Totengräbern der freien Marktwirtschaft werden. Ich klage sie an, weil sie Tausenden von Devisenhändlern die Vollmacht geben, mit Milliarden herumzuspielen. Ich nenne dies ausdrücklich »spielen«, denn ich bin der letzte, der gegen Spekulation etwas einzuwenden hätte.

## ». . . aber leider sind sie auch sehr fleißig«

Mein Vater sagte einmal über einen seiner Angestellten: »Es macht mir nichts aus, daß er so dumm ist, aber leider ist er auch sehr fleißig!« Daran muß ich denken, wenn ich die emsige Aktivität dieser Devisenburschen verfolge. Ich möchte einmal in die Devisentransaktionen der Banken blicken. Dann könnte ich am »corpus delicti« beweisen, wovon ich längst überzeugt bin: daß nämlich die großen Banken der freien Welt für das Chaos auf dem Weltmarkt verantwortlich sind.

Fast jede Bank verfügt über eine Anzahl von Devisenhändlern (Durchschnittsalter: 25 Jahre), die freie Hand haben, mit dem Geld des Instituts – auch ohne Kundenaufträge – ausschließlich nach eigenem Ermessen und auf eigene Faust in Millionen von Dollar zu spekulieren, um in einigen Tagen ein paar Punkte zu gewinnen.

Früher, als die Fernverbindungen noch kompliziert waren, bestand die Tätigkeit der Devisenhändler in der Arbitrage: Sie nutzten die Kursdifferenzen zwischen den verschiedenen Finanzmärkten aus. Sie konnten ein halbes bis ein Prozent Gewinn machen. Angesichts der Vollkommenheit der heutigen Telefonverbindungen aber ist die kleinste Diskrepanz sofort ausgeglichen. Anstatt von Kursdifferenzen im Raum will der Devisenhändler heute von Kursdifferenzen in der Zeit profitieren.

Und die jungen Leute jonglieren so unverantwortlich und ohne jede Überlegung herum, daß ein Händler nicht selten zehn bis 20 Millionen Dollar abstößt und ein anderer Händler in derselben Minute den gleichen Betrag eindeckt.

Auf meine Frage, wie das möglich sei, antwortete mir der zuständige Direktor einer Großbank in der Bundesrepublik: »Wir geben halt den Händlern die Chance, die paar Pfennige im Kurs zu verdienen. Es könnte ja auch beiden gelingen, und außerdem blasen wir damit ein wenig unsere Bilanzziffern auf.«

Manchmal gelingt es den Händlern, diese Pfennige zu gewinnen, aber sehr oft bringen sie ihren Instituten schwere Verluste, wie es in letzter Zeit mehrere Beispiele bewiesen haben. Es ist ja auch logisch: Die Devisenkrämer handeln fast immer in derselben Richtung, stürzen den Dollar mit den eigenen Verkäufen und provozieren dann auch die Reaktion mit ihren eigenen Rückkäufen. Da der Dollar aus historischen Gründen und dank einer gut orchestrierten Kampagne empfindlicher gemacht worden ist (mit solch unsinnigen Schlagwörtern wie zum Beispiel »Schallmauer Mark für den Dollar«), trieb das Spiel den Kurs immer tiefer, unabhängig davon, ob dies wirtschaftlich und sachlich begründet war oder nicht.

Jeder Pfennig Rückgang des Dollarkurses machte sofort Schlagzeilen in den Massenmedien, die dann wiederum eine Massenhysterie auslösten. Denn fallende Kurse machen mißtrauisch, und Mißtrauen führt zu weiteren Angstverkäufen, bei Multis wie beim Publikum. Während jedoch die Gesellschaften ihre eigenen Dollar veräußerten, warfen die Devisenhändler gepumpte Dollar auf den Markt. Sie überlegten nicht sehr viel. Sie sahen nur, daß der Nachbar verkaufte, und dieser verkaufte nur, weil der Dritte verkaufte.

## Gefahr für die freie Marktwirtschaft

Ich zweifle daran, daß die meisten überhaupt eine Vorstellung davon hatten, was eine Landeswährung ist. Ihre Prognosen waren auf Minuten begrenzt. Gegen diesen Unfug nützten nicht mehr klassische Maßnahmen wie hohe Zinsen oder Geldverknappung. Zum Schluß war das Publikum schon fast überzeugt, daß der Dollar wirklich zu Toilettenpapier geworden ist.

Daß man für dieses Toilettenpapier noch so manches erwerben kann wie zum Beispiel Flugzeuge, Computer, Technologie, erstklassige, gewinnmachende Unternehmen, Immobilien, Uran, Getreide oder Kohle ist unwichtig, wenn man statt dessen Gold im Tresorschrank haben und jeden Tag bewundern kann. Entwickelt sich die europäische Mentalität so weiter, wird die Wirtschaft Europas eines Tages dafür büßen; mit dem Verlust der freien Marktwirtschaft!

Eine wirksame Medizin gegen diesses Chaos wäre ein Gentlemen's Agreement, das die Vollmacht der Devisenhändler für spekulative Dollartransaktionen endgültig abschafft. Abgesehen davon, daß eine Landeswährung nicht zum Fußball der Devisenspieler werden darf, ist dieses Spiel ja, wie ich schon festgestellt habe, auch äußerst gefährlich. Die Devisenprofis stört das nicht. Sie arbeiten ja auf Rechnung ihrer Institute. Und man muß auch zugeben, daß es für die jungen Männer ein berauschendes Gefühl sein muß, am Roulettetisch zu sitzen und mit dem Geld anderer ohne Haftung Hasard spielen zu können.

Viele Multis und Bankinstitute haben jedoch seit zwei Jahren dafür groß eingebüßt. Ich möchte gerne einen Blick in die Bücher werfen, um zu sehen, wieviele Millionen sie verloren haben. Da dieser Zustand wahrhaftig an einen Saustall erinnert(e) mußte ich wieder einen bösen Witz prägen: Was ist der Unterschied zwischen einem Devisenhändler und einer Kuh? Nichts! Beide machen in de' Wies'n.

# »David« Kostolany gegen »Goliath« Dresdner Bank

Aber nicht nur die Währung, sondern auch das Gold ist ein Fußball auf den Füßen der Börsenspieler. Und um Gold gab es nicht nur einen Kampf in meiner Brust zwischen Dr. Jekill und Mr. Hyde, sondern auch in der Presse zwischen dem »David« Kostolany und dem »Goliath« Dresdner Bank. Und dies geschah so.

Seit Jahren verfolgte ich die Machenschaften des internationalen Goldsyndikats, um den Goldpreis in die Höhe zu treiben. Das Syndikat sorgte dafür:

Erstens, daß die Sowjetunion und die Südafrikaner ihre Goldproduktion dem Publikum zu immer höheren Preisen andrehen können –

Zweitens, daß einige Geldinstitute sich ihre Zwischenprofite sichern können, da sie das bei den Auktionen ersteigerte Gold später zu erhöhten Preisen ihren Kunden am Arabischen Golf verkauften –.

Diese Kunden waren manchmal die Golfstaaten, aber an erster Stelle arabische Spekulanten, die es nicht einmal mit Bargeld, sondern auf Kredit kauften. Auch Millionen von kleinen und großen Privatanlegern konnte man natürlich bei den hohen Preisen mit Gold versorgen.

## Vorneweg bei der Goldmanipulation: die Dresdner Bank

Für einen routinierten Börsenprofi war es ein Kinderspiel, diese Manipulationen zu durchschauen und auch festzustellen, daß die Dresdner Bank mit Hilfe ihrer zahlreichen ausländischen Filialen und Agenten der größte Macher auf diesem Gebiete war. Alle Methoden waren gut für sie, selbstredend auch die größte Publicity: Äußerungen und Prophezeiungen ihrer Direktoren in den Massenmedien über die bevorstehende Preissteigerung des Goldes, über den ewigen Wert des gelben Metalls usw. Sie unternahmen natürlich auch verschiedene Finanzmanipulationen. Solche kann jede Großbank dank ihrer Potenz und internationalen Verbindungen leicht durchführen. Man muß nur in Hongkong – während Europa noch schläft – einige zehn Millionen Dollar aggressiv auf den Markt werfen und damit den Kurs in die Tiefe reißen. Sechs Stunden später öffnet die Züricher Devisenbörse, und von der Stimmung in Hongkong beeinflußt, fällt der Dollar noch einige Rappen tiefer, um so mehr, als die Schweizer

Nationalbank gar keine Absicht hat, den Kurs zu unterstützen. Dann kommt Frankfurt. Erschüttert durch den Züricher Kurs, schmeißen die Devisenfritze noch einige 10 Millionen Dollar weg, vielleicht verkauft sogar die interessierte Bank plötzlich im letzten Moment vor Börsenschluß einige Millionen, um einen recht tiefen amtlichen Kurs zu notieren, der dann in alle Richtungen der Welt gemeldet wird.

So öffnet der Gold-Termin-Handel in den USA aufgrund der alarmierenden Nachrichten aus Europa mit einer stürmischen Hausse. Der Coup ist gelungen, man kann die vorgekauften Goldbestände den arabischen Kunden bei höheren Kursen abrechnen und natürlich auch den deutschen Sparern.

Der steigende Goldpreis beeinflußt dann in den kommenden Stunden den Markt in Hongkong, und der Teufelskreis geht weiter. Fällt der Dollar, steigt das Gold, steigt das Gold, fällt der Dollar. Das wäre nur ein Pokerspiel, wenn es nicht schwerwiegende Folgen für die ganze Wirtschaft und die freie Welt hätte. Steigt der Goldpreis, laufen Millionen große und kleine Spieler, animiert von Tausenden von Maklern und kaufen Kupfer, Orangensaft oder Schweinebäuche auf Kredit, und so wird die Preisinflation angeheizt. All dies wird in den Massenmedien gemeldet, die Panik unter den Sparern ist perfekt, und das Gold erreicht einen Rekordpreis.

## Dr. Friderichs wurde blaß

Da ich die Überzeugung hatte, daß die Dresdner Bank der stärkste Motor dieser Manipulationen war, entlarvte ich in meiner Kolumne diese Machenschaften. *Dr. Friderichs,* Sprecher des Vorstandes der Dresdner Bank, rügte mich bei einem zufälligen Treffen um so mehr, als ich vor einem Publikum von mehreren Hunderten ihm die Frage stellte, ob er es als ehemaliger Bundeswirtschaftsminister für ethisch halte, daß seine, das heißt die zweitgrößte Bank in der Bundesrepublik, sich für solche Manipulationen hergibt und dadurch zwei Kapitalsünden begeht: sie schürt die Inflation und schwächt damit unser kapitalistisches System, und sie stellt mit jedem Dollar höheren Goldpreises der Sowjetunion hunderte Millionen an Dollar für ihre Rüstung zur Verfügung. So werde seine Bank nolens volens automatisch zu einem Agenten der Sowjetunion.

Ich hörte im Publikum ein Raunen; Dr. Friderichs wurde blaß und verlegen und sagte: Er dementiere nie, aber er lade mich zu einer

Diskussion ein, doch nur in Gegenwart des *Golddirektors Schreiber* (den ich als Goldmephisto apostrophierte) und meines damaligen Chefredakteurs.

Die Debatte fand Ende 1979 in der Bank statt. Die Argumente der Herren der Bank gegen meine Kampagne waren: Freiheit im Handel, Freiheit in der Wirtschaft, in den Unternehmen usw. – das alte Lied! Mein Argument war, daß auch die Freiheit Grenzen hat. Wenn zum Beispiel der Serumfabrikant eine Krankheit verbreitet, um so mehr von seinem Produkt zu verkaufen, ist dies *nicht* freie Wirtschaft, sondern Dschungel.

Unter dem Vorwand »Freiheit« ist längst nicht alles erlaubt, besonders wenn es die Interessen der Allgemeinheit schädigt. Diese philosophische Debatte zog sich stundenlang hin, bis ich mich plötzlich bei Herrn Schreiber nach dem Tageskurs von Gold erkundigte. »Am Anfang war er etwas schwächer« war die Antwort »auf schlechte Nachrichten«. »Doch diese wurden dementiert, und dann konnte der Kurs sich wieder fangen!« »Was für schlechte Nachrichten?« war meine erschrockene Frage. »Man sprach von der Freigabe der Geiseln« (in Iran)!

Ich glaube, ich brauche zu diesem Kommentar keine anderen Kommentare anfügen.

### »Schweigen ist Silber, Schreiber ist Gold«

Seit diesem Nachmittag sind zweiundeinhalb Jahre vergangen, und was waren die Folgen der Manipulationen?

Eines Tages kippte der Goldmarkt vollkommen um, der Preis fiel dramatisch in die Tiefe. Die Kunden aus dem arabischen Raum verloren Millionen, wenn nicht Milliarden und Jammer! Sie wollten trotz der aggressiven Werbung der Bank für Gold nicht mehr anbeißen. Die Bank blieb wahrscheinlich auf einem großen Goldlager hängen. Die ganze deutsche Presse berichtete, und »Goldmephisto«, Direktor Schreiber, wurde über Nacht seines Amtes enthoben. Während des Goldrausches protzte Dr. Friderichs mit seinem Kollegen: »Schweigen ist Silber, Schreiber ist Gold!« Auch ich halte ihn für einen besonders sympathischen und hochintelligenten Mann, er hat – wie ich höre – heute eine Position, die ihm besser bekommt: in der unmittelbaren Nähe der Goldminenindustrie in Südafrika.

Den schwersten Schlag aber erhielt die Sowjetunion, die eigentlich der größte Goldspekulant in der Welt war, da sie sich mit Milliarden Dollar zu hohen Zinsen verschuldete, um ihr Gold zurückzuhalten, anstatt ihre Getreideimporte zu bezahlen. Sie handelte genau so wie der kleinste vulgäre Goldspekulant, der mit 5 000 Dollar Einsatz für 100 000 Dollar bei einem Broker Gold auf Kredit kauft. In diesem Kampf war ich sicherlich der David, ob die Dresdner Bank der Goliath war, das können nur die verantwortlichen Herren der Dresdner Bank beurteilen, die Einblick in die Bücher der Bank und aller ihrer Filialen haben. Ich kann nur eines über meine Analyse sagen: »Si non è vero, è ben trovato!«

## »Mama Marx würde die Amerikaner bewundern.«

Es scheint mir, als wäre es gestern gewesen. Ich stand in einem Hollywood-Studio neben *Nikita Chruschtschow*, der folgende Rede hielt: »Mit Bewunderung verbeuge ich mich vor Euch Amerikanen. Ihr seid ein großes, mächtiges Volk. Ihr habt große Dinge verwirklicht. Wir wollen von Euch lernen und schicken unsere Ingenieure und Studenten zum Studium hierher. Aber wir sind so gute Schüler, daß wir Euch in zehn Jahren überholen werden.« Der gute Nikita war zwar ein bißchen beschwipst, aber gerade deswegen – in Wodka veritas – sprach er aufrichtigen Herzens.

Seitdem sind 23 Jahre vergangen, doch die Prophezeiung wurde bisher nicht wahr. Vielleicht haben die Sowjets Amerika bei der Rüstung überholt, aber wenn ja, dann allenfalls quantitativ, nicht qualitativ. Die wissenschaftlichen und technologischen Errungenschaften Amerikas sind noch immer der Wunschtraum der Sowjets, und moderne Rüstung ist Technologie. Deshalb würden sich die Sowjets nie auf ein Abenteuer einlassen, bei dem sie Amerika militärisch konfrontieren müßten.

*Die Reagan-Regierung* wird in den kommenden Jahren alle Kräfte der Nation auf Technologie, Forschung, Energie und Rüstung konzentrieren: Automatisierung, Robotisierung der Industrie (à la Japan) und Nachrüstung, um wieder die stärkste Militärmacht der Welt zu werden. Die Anstrengungen eines so dynamischen Volkes werden in unzähligen Sparten einen Riesenaufschwung zur Folge haben.

### Was ich den Europäern rate

Wie können europäische Anleger, Unternehmer, Sparer und Spekulanten von dem kommenden Aufschwung der amerikanischen Wirtschaft profitieren? Direkte Investitionen sind nur für große Unternehmen geeignet, die ihre Filialen vergrößern oder neue Zweigstellen bauen. Der private Anleger ist in seinen Möglichkeiten auf zwei Sektoren begrenzt: *amerikanische Wertpapiere* und *Immobilien*.

Was die *Immobilien* anbelangt, ist die Wahl sehr delikat, schwierig, gefährlich sogar. Sicherlich gibt es auf diesem Gebiet ganz große Chancen, aber auch ganz große Risiken, denn der Immobilienmarkt ist noch spekulativer und gefährlicher als der Wertpapiermarkt, und damit ist schon viel gesagt.

Der Immobilienmarkt ist für einen Ausländer undurchsichtig und oft in nicht ganz sauberen Händen. Ob ein Objekt gut und chancenreich ist, hängt von so vielen Umständen ab, daß derjenige, der nicht ganz »in«, ist, größtes Mißtrauen entwickeln sollte. Üblicherweise kommen nur solche Objekte in die Bundesrepublik, die man an Einheimische oder an die dort ansässigen, mit allen Salben geschmierten arabischen Kapitalisten nicht loswerden konnte.

Auch von *Ölbohrungs- und Forschungsbeteiligungen* muß ich europäischen Sparern abraten und meinen persönlichen Freunden das sogar verbieten. Die fündigen Quellen behalten die Einheimischen, die leeren bekommen die deutschen Sparer, und kein Mensch kann dies näher kontrollieren. Auch in Wall Street ist nicht alles Honig. Doch der Markt ist durchsichtig. In jenem Moment, in dem der Anleger seine Aktien erwirbt, ist sein Kaufkurs durch Angebot und Nachfrage absolut korrekt ausgehandelt und von dem Makler abgerechnet, während man bei Immobilien schon beim Erwerb übervorteilt werden kann und meistens sogar wird.

Ich würde die Chance der *Wertpapiere* so einordnen: Anleihen; nach einer Aufwertung der Anleihen sollten die Versorgungswerte folgen, dann die zyklischen und Glanzaktien, die auch in letzter Zeit »en vogue« waren. Solange allerdings die Anleihen im Keller liegen, ist auch der Aktienmarkt sehr gebremst.

Die Börsenentwicklung in Wall Street ist stark politisch bestimmt, denn die zukünftige Geld- und Zinspolitik der Regierung hängt in großem Maße von der internationalen Lage ab. Wenn sich auf diesem Gebiet nichts Dramatisches ereignen sollte, könnten wir in den nächsten Jahren eine neue Euphorie erleben.

## »Auf dem Papier scheint alles gut . . .«

Auf dem Papier scheint alles gut, und es könnte auch in der Praxis gelingen, falls der psychologische Faktor positiv bleibt. Amerika kann unter der Führung eines starken, entschlossenen Mannes und seiner erstklassigen Mitarbeiter sein altes Image wieder erobern, wie schon einmal in den dreißiger Jahren. Nach dem größten Wirtschaftszusammenbruch aller Zeiten hat sich, wie ich in dem Kapitel »Der Baissier im Glück«

beschrieben habe, Amerika damals unter *Roosevelt* wieder gefangen, nach einer »zu Tode betrübten« Atmosphäre kam wieder eine »himmelhoch jauchzende«.

Die Voraussetzungen für eine ähnliche Entwicklung sind da. Amerika ist ein Land mit fast unbegrenztem Reichtum an Rohstoffen, Energie und Technologie. Wäre ich 20 Jahre alt, würde ich sicherlich nach Amerika ziehen. (Ich warnte oft Devisenfritze davor, auf seinen Untergang zu setzen.) Es ist das Land, in dem man phantasievoll investieren kann, und die Amerikaner selber investieren kühn, aggressiv, da sie das nötige Kapital dazu haben. Chruschtschow würde es auch bestätigen, doch sein Prophet, *Karl Marx*, war der Erzfeind von allem, was Amerika groß gemacht hat.

Die Mutter von Karl Marx sagte schon: »Wenn der Karell gemacht hätte viel Kapital, statt viel über Kapital zu schreiben, wäre es viel besser.«

Mama Marx wüde die Amerikaner heute besonders bewundern.

Während einer Finanzkrise in Paris:
Goldverkauf vor der Pariser Börse

## »Dies war nur der erste Streich...«

Viele Jahre lang versuchten kurzsichtige Spekulanten und selbsternannte Experten, den Dollar in den Abwärtstrend hineinzureden. Doch für den oberflächlichen Betrachter fast ein Wunder: seit dem Amtsantritt von Präsident *Ronald Reagan*, der in Europa weit unterschätzt wurde, ist die amerikanische Währung wieder erstarkt.

### Wie in Frankreich anno dazumal

»Wie steht der Dollar? Wohin geht er?« Diese Fragen sind heute in aller Munde. Seit über 60 Jahren kenne ich sie schon, denn sie tauchen sporadisch immer wieder auf. Das ist nicht verwunderlich, sind doch die USA die größten Lieferanten und Kunden der Weltwirtschaft. Devisenhändler, Spekulanten, Banken und sogar Experten stehen perplex vor dem Ergebnis, denn so etwas hat man noch nicht erlebt: Eine materiell und psychologisch belastete Währung stieg binnen einiger Wochen um 25 Prozent.

Für mich war es leider (›leider‹ wegen meines Alters) keine Überraschung. Ich habe ja die Marne-Schlacht des französischen Franc in den zwanziger Jahren erlebt und dabei persönliche Erfahrungen auf eigene Rechnung gemacht. Damals stieg der Franc auf die bloße Nachricht hin, daß *Raymond Poincaré* (der große Deutschlandfeind) eine neue Regierung bilden und auch Finanzminister sein werde, innerhalb weniger Wochen um 50 und dann sogar um 100 Prozent. All das, obwohl sich wirtschaftlich nicht das geringste geändert hatte.

Doch der reiche, über gigantische Reserven verfügende Siegerstaat war plötzlich aus der Lethargie erwacht und hatte sein Vertrauen einem Mann geschenkt, der sicher kein Finanzgenie war (im Gegenteil), dafür aber ein integrer und glühender Patriot. Der Pessimismus im In- und Ausland hatte sich im Handumdrehen ins Gegenteil verkehrt, und die Spekulanten in Amsterdam, Zürich, Frankfurt und besonders in Wien, die auf den sicheren Sturz des Franc gesetzt hatten, waren alle pleite.

Ich kann nicht umhin, mich an diese Tage zu erinnern, denn mit dem Dollar geschah genau dasselbe: Ein *neuer* Mann hat in den USA die Führung übernommen, und die internationale Meinung dreht sich über Nacht. Dazu kommt noch ein schlechter Beigeschmack, wenn es um die Deutsche Mark geht. Die Mark liegt sicherlich nicht am Boden und verfügt noch über genügend Stärke, aber auf der anderen Seite ist der Dollar auch kein Fetzen Papier geworden, wie das die Armada der Spekulanten, Politiker und selbsternannten Experten herbeiprophezeien wollte. Jedes Ereignis war diesen Leuten recht, wenn es nur eine Dollarpanik auslöste, obwohl viele solcher Ereignisse eher für die Mark und die anderen europäischen Währungen ungünstig waren (zum Beispiel die Ölpreiserhöhungen).

Kein Spekulant, Politiker oder Devisenhändler dachte daran, die Ereignisse tiefer zu analysieren. Sie sahen nicht weiter als bis zu ihrer Nasenspitze. »Der Dollar fällt und er wird weiter fallen«, wiederholten die Massenmedien Tag für Tag und wurden nicht müde, auch die Argumente der kleinsten Händler anzuführen, die selber nicht wissen, was eigentlich eine Währung ist.

Die Bundesregierung war an einem tiefen Dollarkurs wegen der Ölpreise interessiert und überschätzte dessen Bedeutung, während sie die kommende amerikanische Handelskonkurrenz unterschätzte. Folge dieser Haltung ist heute das Leistungsbilanzdefizit der Bundesrepublik und auch die Arbeitslosigkeit hierzulande. Die Politiker haben vergessen, daß die wirtschaftlichen Folgen eines unrealistisch tiefen Dollarkurses erfahrungsgemäß meist erst zwei- bis drei Jahre später fühlbar werden.

Es ist pure Legende, daß *an allem* nur die hohen Zinsen in den USA schuld seien. Den Zündstoff lieferte zwar teilweise auch der Zinsfuß. Doch in der Bundesrepublik sind in der Zwischenzeit die Zinsen ebenfalls gestiegen, während sie in den USA wieder gefallen sind. Auf den Dollarkurs hat das keinen großen negativen Einfluß gehabt.

Die technischen und fundamentalen Gründe liegen ganz woanders: Der Dollar war überverkauft, denn die ganze Welt hatte sich in Dollar verschuldet. Die höheren Zinsen und die Angst, der Kurs könnte weiter steigen, verursachten plötzlich eine kleine Panik unter den Dollarschuldnern.

## Wie wird es weitergehen?

Automatisch stellt sich nun die Frage, wie es weitergehen wird. Und zur Beantwortung dieser Frage muß ich hier eine Grundregel der Börse wiederholen: Jede Kursentwicklung an den Börsen, egal, ob es sich um Aktien, Rohstoffe oder Devisen handelt, besteht üblicherweise aus drei Phasen. Die erste ist die Korrektur, wenn der Kurs aus psychologischen und technischen Gründen zu tief gefallen war. Irgendein Ereignis zündet, und es kommt zu einer Explosion, also einer Korrektur nach oben. Nach dieser Korrektur kommt die zweite Phase, die ich die Begleitung nennen möchte. Der Kurs entwickelt sich je nach Ablauf der wirtschaftlichen und politischen Ereignisse mitsamt ihren psychologischen Auswirkungen in die eine oder andere Richtung. Ist die Entwicklung positiv, wird der Optimismus den Kurs noch weiter nach oben treiben, als es berechtigt wäre. Denn ein Kurs steht ja nie genau dort, wo er sein sollte; er ist entweder höher oder tiefer. Nur die erste Phase korrigiert jeden falschen Kurs. Wenn die zweite Phase ebenfalls günstig verläuft, bringt der Optimismus die dritte Phase, nämlich die der Übertreibung, in welcher die Kurse noch höher steigen, als es überhaupt gerechtfertigt ist.

Wie sich sein Kurs allerdings weiter entwickelt, das hängt von den außen- und innenpolitischen, wirtschaftlichen und sozialen Ereignissen ab, die auf uns zukommen.

Sollte die zweite Phase günstig verlaufen, dann werden wir zweifellos auch die dritte Phase erreichen. Das allerdings könnte dann für die Spekulanten und Dollarschuldner besonders verheerende Folgen haben.

Wer also heute entscheiden muß, ob er Dollar kaufen oder verkaufen soll, muß alle politischen und wirtschaftlichen Einflußfaktoren unter die Lupe nehmen.

Sie mögen ein Urteil über die Zeitläufte daraus ableiten wollen, ich aber stelle einfach nur fest: Immer häufiger fragen mich Freunde, Bekannte und Unbekannte, welche Garantien es denn gebe, daß man an sein Geld, das man in guten Zeiten nach Amerika schaffe, in weniger guten wirklich kommen könne. Und dann antworte ich: keine. Niemand kann wissen, welche Gesetze und Vorschriften am Tag X für amerikanische Banken gelten.

Aber ich spreche dann auch von meinen Erfahrungen, die ich in ähnlicher Situation in New York machen konnte. Sie lehrten mich, daß in den USA Privateigentum für den Staat heilig ist, gleichgültig, wem es gehört. »Wie der Schelm denkt, so ist er«, lautet eine alte Weisheit. Und ich möchte sie im positiven Sinne auf die Amerikaner anwenden und folgern: Leuten ihr privates Geld zu konfiszieren, paßt nicht zur amerikanischen Mentalität.

### Kein Paradies für Lebenskünstler

Wer aber auch nur einen Cent in die USA überweist, sollte sich auch aus anderen Gründen mit der Mentalität der Neuen Welt vertraut machen. Sie könnte, abseits des Kontos, zu Enttäuschungen führen, wie etwa in jener Geschichte, die ich so oft erzählen muß. An meinen alten Freund Grün, Wiener Flüchtling in New York, von dem in diesem Buch noch an zwei anderen Stellen die Rede ist, stellte sein Kollege die Frage: »Sag, bist du ›happy‹ in Amerika?« – »Happy schon«, war die melancholische Antwort, »aber glücklich bin ich nicht.«

Unter »happy« verstand Grün die persönliche Sicherheit: daß er und sein Eigentum geschützt und respektiert werden. Aber für einen alten, eingefleischten Europäer (Wiener, Franzose oder Ungar) ist das Leben in Amerika nicht dasselbe wie jenes, an das er gewöhnt ist und das er für glücklich gehalten hat. Es fehlt ihm die Atmosphäre, im Kaffeehaus zu sitzen und zu philosophieren, auf den Straßen zu flanieren, das »dolce far niente«. Das Land ist ein Paradies für diejenigen, die arbeiten müssen, und für Millionäre, nicht aber für Lebenskünstler, die auch mit wenig Geld in der Tasche wie Millionäre leben wollen.

## ». . . nur Kommunist darf er nicht sein!«

Wenn Sie das nicht schreckt – zwei Anekdoten aus meinem Leben zur Sache: Während des Zweiten Weltkriegs lebten bekanntlich viele Flüchtlinge ohne legalen Status in den USA. Manche hatten nur ein abgelaufenes Transitvisum für eine Bananenrepublik, wohin sie natürlich nicht ziehen wollten. Man konnte jedoch ein Gesuch für den Status eines permanenten Residenten einreichen und hatte so das Recht auf Einbürgerung.

Eine befreundete Familie, ehemalige Großunternehmer aus Siebenbürgen, mit Frau, Tochter und Sohn, reichte ein solches Gesuch ein. Sie mußten vor einem Gericht in Washington erscheinen und trafen dort pünktlich ein. Die Aufregung war groß, aber der Richter stellte nur Routinefragen: »Was bedeutet für Sie Amerika? Warum wollen Sie hier leben? . . .« Vater Honig erschien als erster, dann die Mutter und die Tochter. Alles ging wie am Schnürl, bis der Junior an die Reihe kam. »Was bedeutet für Sie Amerika? Warum wollen Sie hier leben? . . .« Und da kam die Explosion: »Ich denke über Amerika das Schlechteste. Ich bin nur wegen meines Vaters gekommen. Nie würde ich hier leben wollen. Das ist doch keine Demokratie, hier ist ärgster Faschismus. Weg, weg, so schnell wie möglich. Ich hasse Amerika.« Die Richter hörten perplex zu. Der Gerichtsdiener meldete dem Rest der Familie draußen, was im Gerichtssaal vorging. Die Honigs waren außer sich und sahen ihr Glück zerstört. Dann kam die Urteilsverkündung. Dem Papa wurde der Wunsch genehmigt, Mama Honig ebenfalls, auch der Tochter. Und dann, horribile dictu, auch dem Sohn. Die Begründung: »Amerika zu hassen ist sein gutes Recht. Er darf alles denken und sagen, um Amerikaner zu werden, nur Kommunist darf er nicht sein. Dieser Hitzkopf soll sehen, wie Amerika denkt.«

## Ein Sicherheitsparadies

Eine andere Geschichte betraf mich persönlich. Ein alter Wiener Börsenkollege schrieb mir während des Krieges, er sitze in Lissabon, zitternd, die Nazis könnten die Iberische Halbinsel überrennen. Um aber ein amerikanisches Einreisevisum zu erhalten, müsse er etwas Geld auf einem amerikanischen Konto vorweisen, und dies habe er nicht. Vielleicht könnte ich mit irgendeinem Dokument vortäuschen, daß er in Amerika Geld besitze. Ich konnte tatsächlich bei einer Brokerfirma die erforderliche

Manipulation durchführen. Alles ging gut. Mein Freund bekam das Visum, kam nach New York.

Jahre nach seiner Ankunft in Amerika bekam ich eine Vorladung der äußerst strengen Einwanderungsbehörden. »Mister K.«, herrschte mich mit scharfer Stimme ein riesiger Ire mit stechenden Augen an, »Sie haben 1941 einem gewissen Mister Weiß ein fiktives Konto verschafft.« Dafür gebe es Freiheitsstrafe wegen Irreführung von Regierungsbeamten. Aus welchen Gründen und unter welchen Bedingungen ich das denn getan hätte?

Ich möchte verschweigen, was mir in diesem Moment passiert ist. Ich stotterte: »Es gab gar keine Bedingungen, ich wollte lediglich einem Freund in der Not helfen.« – »Ja, das haben wir schon herausgefunden«, antwortete der Ire, »hier gibt es eine ganze Bande, die solche fiktiven Konten gegen Provision fabriziert.« Und dann lehrte er mich, wie Amerika denkt: »Da Sie aber einem Freund in der Not helfen wollten, schließe ich die Augen und die Akte. Bitte wiederholen Sie das nicht, denn wir arbeiten zwar langsam, aber entdecken alles.«

Das ist Amerika. Es ist keine Steuer-, aber eine Sicherheitsoase, für Arme wie für Millionäre, für Arbeiter wie Unternehmer. Uncle Sam wacht über Freiheit und Eigentum. Ich habe es erlebt.

# Wird das Wunderland überleben?

Die Börse, um die es in diesem Buch in vielerlei Hinsicht ging, und die mein Leben so augenfällig geprägt hat, ist ein Bestandteil der Wirtschaftsordnung der westlichen Welt.

Wird es diese westliche freie Wirtschaftsordnung in einigen Jahren noch in der heutigen Form geben oder ist das alles eine sterbende Welt?

Dazu fällt mir ein Satz des französischen Finanzministers *Baron Louis* ein, den er an seinen König, *Louis Philippe,* richtete: »Machet gute Politik, dann mach ich Euch gute Finanzen.« Die Qualität der Staatsfinanzen entscheidet dann, welche Anlagen für den Sparer günstig oder riskant sind. Sich heute auf eine langfristige Anlagepolitik festzulegen, ohne die weltpolitischen Ereignisse unter die Lupe zu nehmen, ist deshalb purer Unsinn. Jede Analyse der Notenbankpolitik, der lang- und kurzfristigen Zinssätze, der Geldmengentheorien von *Milton Friedman*: All das ist für die Katz, wenn unser freies Wirtschaftssystem einer schmerzhaften Umbildung unterliegt.

»Wird das Wunderland überleben?«, diese Frage heißt in letzter Zuspitzung: »Kann das westliche, und das heißt, kann das kapitalistische System, das ja durchaus auch ein beachtliches soziales System ist, überleben?«

Meine Überzeugung ist: in den USA ja. In Westeuropa: wahrscheinlich, aber sicher bin ich nicht. Wenn das kapitalistische System in ganz Westeuropa unterginge, würden sich die USA in ihre Festung Amerika zurückziehen, wo die Bevölkerung einschließlich der Gewerkschaften an drei Dinge glaubt: Profitsystem, freies Unternehmertum und Konkurrenz.

## Gefahren von draußen und drinnen

Es gibt ein pessimistisches Szenar denkbarer Entwicklung: In Westeuropa sehe ich zwar derzeit keine revolutionären Änderungen voraus. Die Gefahr liegt aber nicht in den freien Entscheidungen demokratischer Wähler, die Gefahr kommt von draußen. Die diplomatische Offensive der Sowjets ist im Gange, wird stets aggressiver und ist scheinbar unaufhaltsam. Sie ist die Konsequenz langjähriger Planung und bewußter Strategie. Deshalb habe ich Angst, daß Europa und insbesondere die Bundesrepublik (und das ist das Entscheidende) auf den russischen Bluff hereinfallen.

Die Sowjets werden mit allen Mitteln arbeiten, mit Lächeln, Versprechungen, großen Industrieaufträgen und auch militärischen Drohungen, um die Bundesrepublik aus dem Bündnis mit den USA loszureißen, das heißt, die NATO zu sprengen. Das große Ziel ist – wie ich seit Monaten schreibe – die Finnlandisierung oder sogar Polandisierung der Bundesrepublik mit allen wirtschaftlichen und politischen Folgen. Westeuropa könnte so wie eine reife Frucht in den Schoß der Sowjetunion fallen, ohne daß ein einziger russischer Soldat mobilisiert wird. Wenn in den kommenden Monaten die Bundesrepublik zur Stationierung moderner Pershing-Raketen keine kategorisch klare Haltung einnimmt, bedeutet dies, daß sie auf die Verteidigung durch die Amerikaner verzichtet.

Die hysterische Angst der Sowjets vor den neuen Pershing-Raketen ist der Beweis dafür, daß eben dieses Waffensystem Westeuropa militärisch garantieren könnte. Auf eine solche Verteidigung zu verzichten und sich mit sowjetischen Versprechungen zu begnügen, bedeutet Finnlandisierung. Ohne NATO, ohne amerikanischen Atomschirm kann die Bundesregierung keinen russischen Wunsch ablehnen, egal, wie kostspielig seine Erfüllung auch ist. Ohne die Raketen wäre Westeuropa Freiwild für Moskau. Ein neutrales Westeuropa (inklusive natürlich der Bundesrepublik) würde durch die aufgezwungenen Handels- und Finanzverträge in den Rubelblock, besser gesagt, in den Rubelimperialismus eingegliedert, das heißt total ausgebeutet werden.

### »In der Politik ist alles möglich – und auch das Gegenteil von allem«

Viele deutsche Mammutunternehmen geben sich der Illusion hin, daß auch ein neutrales Deutschland mit Rußland als einem traditionellen Partner großen Handelsaustausch betreiben kann. Das stimmt, aber ein schöner Handelsaustausch ist das, wenn nur ein Partner eine geladene Pistole in der Hand hat, wie man es oft in den Wildwestfilmen sieht.

Die Preise der importierten Rohstoffe wie auch die Preise der nach Moskau gelieferten Technologie würden von den Sowjets diktiert werden, oder, noch einfacher: Für die Exporte würde man Rubel bekommen, und für das Erdgas müßte man Dollar zahlen. Jedes Kind in der UdSSR weiß heute, daß der Rubel wertlos ist, und sogar die Bürger der Oststaaten, wenn sie aus Rußland heimkehren, können nichts mit ihrem Rubel anfangen.

Abgesehen davon, daß »der rote Handel« lockt, besteht auch die Gefahr, daß es in der Bundesrepublik Männer gibt, die im gegebenen Moment für eine Übergangsperiode die Regierung übernehmen könnten, denn ein Helmut Schmidt wäre für Moskau kein zuverlässiger Partner. Erprobte Parteigänger würden die Schalthebel der Macht übernehmen, um jeden Ukas der Moskowiter buchstabengetreu zu erfüllen. Eine neutrale Bundesrepublik würde dann ja auch allmählich mit der DDR vereinigt werden. Unter welchem System, das kann sich jeder selber ausmalen.

Es fällt mir schwer, solche pessimistischen Bilder an die Wand zu malen, aber bei der langfristigen Anlagenanalyse muß dieses Risiko in Rechnung gezogen werden. Und es ist besser, Angst zu haben, als im letzten Moment zu erschrecken, denn in der Politik ist alles möglich und auch das Gegenteil von allem.

Welche Anlagen in den achtziger Jahren richtig sind, hängt also von der weltpolitischen Entwicklung ab, und ich sehe mit Entsetzen, wie der Boden für die oben geschilderte, von mir – weil ich sie gut kenne – gehaßte Entwicklung vorbereitet wird. Die Sowjetpolitik hat jahrzehntelang ihre Wirtschaft unter Druck gehalten und alles ihrer Aufrüstung geopfert. Nun ist der Moment gekommen, den Lohn für diese Opfer zu kassieren: Westeuropas Technologie und Westeuropas landwirtschaftliche Produkte für wertlose Rubel zu erhalten. Alles zu schnappen, ohne eine Konfrontation mit den USA.

## Warum ich dennoch optimistisch bin

Die andere, die positive Entwicklungschance: Die Leser dieses Buches wissen, daß ich seit Jahrzehnten auf die Deutsche Mark gesetzt hatte. Es war ja auch logisch. Der Dollar war seit dem Zweiten Weltkrieg überbewertet, er wurde in den darauffolgenden Jahren durch Korea, Marshallplan, Vietnam und Entwicklungshilfe oder, besser gesagt, -geschenke noch fragiler. Die brutale Abwertung mußte kommen, aber wie immer beginnt dann eine Kettenreaktion, und der Sturz geht weit unter das Niveau, das berechtigt wäre.

Unter dem Druck politischer Ereignisse, vielleicht sogar nur durch falsche und hysterische Interpretation solcher Vorgänge, kann der Dollar natürlich wieder zurückfallen. Ein spektakulärer Sturz aber wie in den siebziger Jahren ist ganz und gar unwahrscheinlich und wäre nur spekulativ herausgefordert, mit entsprechenden Korrekturen nachher. Den kleinen Sparer braucht das freilich nicht zu interessieren; er muß einer ganz anderen Strategie folgen. Er soll in Mark denken, bilanzieren und anlegen, das heißt in der Währung, mit der er leben muß.

Wenn ich das politische Risiko ausschließe, sehe ich dem Verlauf der achtziger Jahre mit großem Optimismus entgegen. Ich bin überzeugt davon, daß die zwei großen Probleme von heute, *Energie und Inflation* (die gewissermaßen verbunden sind), in absehbarer Zeit gemeistert werden können. Der Westen und insbesondere die USA müssen alle ihre Kräfte auf die Lösung dieser zwei Probleme konzentrieren. Ich wiederhole: Amerika muß sich in der Energiefrage vollkommen *unabhängig* machen. Es kann sich nicht erlauben, daß seine Außenpolitik von kleinen Ländern, nur weil sie Öl liefern, beeinflußt wird. Und wenn Amerika sein Energieproblem lösen kann, dann ist es für die ganze westliche Welt gelöst. Diese Anstrengungen werden sich auf alle Sparten ausdehnen: Atom-, Sonnen- und Meeresenergie, Verflüssigung der Kohle, Neuerschließung von Erdgas- und Ölquellen in der westlichen Hemisphäre und alle vorstellbaren Methoden und Verfahren, wahrscheinlich auch viele, an die wir heute noch gar nicht denken. Es gibt eine ganze Palette von darauf spezialisierten Firmen, deren Aktien an den Börsen notiert sind.

Gegen die Inflation ist *Technologie das Zauberwort.* Nur Automatisierung, Rationalisierung und neue wissenschaftliche Methoden können die Produktivität der Wirtschaft auch in der Landwirtschaft steigern und dank besserer Produktivität die Löhne, aber nicht die Kosten erhöhen. Dem Drang der Arbeitnehmer und ihrer Gewerkschaften sowie den Bedürfnissen von Hunderten Millionen neuer Konsumenten in der Vierten Welt nach einem höheren Lebensstandard ist nicht zu widerstehen. Die große Aufgabe ist daher, die Lohn-Preis-Spirale zu brechen; das ist nur durch höhere Produktivität möglich. Auch die Arbeitslosigkeit läßt sich so vermindern, denn größere Kaufkraft benötigt neue Unternehmen und schafft neue Arbeitsplätze.

Ich bin überzeugt davon, daß schon heute Hunderte von Patenten und technologischen Wundern existieren, die erst in den kommenden Jahren veröffentlicht und kommerzialisiert werden. Denn auch während des Vietnamkriegs und der Watergate-Krise, zu einer Zeit, da Amerika politisch und seelisch paralysiert war (oder paralysiert zu sein schien), arbeiteten Tag und Nacht die Forscher und Wissenschaftler, die Ingenieure und Erfinder in den Laboratorien. Nur kennen wir heute noch nicht alle Ergebnisse. Ich gehöre jener Generation an, die Amerikas Anstrengungen während des Zweiten Weltkriegs an Ort und Stelle verfolgen konnte und noch heute davon beeindruckt ist. Wenn dieser Riese USA sich in Bewegung setzt, werden Dinge verwirklicht, die bis dahin der Welt der Fantasie anzugehören schienen.

Amerika muß aber herausgefordert werden. Die Demütigungen seitens des Iran, die übertriebenen, erpresserischen Ölpreiserhöhungen und Afghanistans Besetzung waren alles Ereignisse, die den schlafenden Riesen allmählich geweckt haben. Er streckt sich nun, reibt sich die Augen, ist am Erwachen. Ich glaube, daß er nun in den achtziger Jahren vollkommen wach sein wird. Deshalb sollten Anleger hierzulande nicht nur europäische Reserven haben und deshalb meine Forderung: »Vergeßt mir Amerika nicht!«

Und wenn die NATO, die Atlantische Allianz, hart bleibt, wenn sie ihre militärische Potenz mit allen vorstellbaren modernen Waffen stabilisiert und ihre Bereitschaft demonstriert, ihre Interessen überall in der Welt auch militärisch zu verteidigen, wenn sie nicht stets über Détente redet und sich von innen heraus erneuert, wenn sie von Freiheit nicht nur spricht, sondern auch sichtbar und glaubwürdig zu ihrer Verteidigung bereit ist: dann, aber auch nur dann ist eine Koexistenz mit der Sowjetunion und ihrer Militärmacht möglich. Denn auch eine »friedliche« Koexistenz fällt nicht einfach vom Himmel, vielmehr muß sie geduldig und hart erkämpft werden.

Der Frieden ist also ein schwieriges Ding.

»Mein« Reich,
in dem – wie ich hoffe –
die Sonne nie untergeht

# Die Börse als Passion

Die Börse hat sich in unserem Kulturkreis entwickelt und in ihrem Wesen bis heute nicht verändert. Ob die Börsen nun riesengroß oder winzig klein sind, sie ähneln sich immer in ihrem Mechanismus, und besonders die Menschen, die sich hier zusammenfinden, sind von unverkennbarem Geblüt.

Wie wird man eigentlich zum Spekulanten? Ungefähr so, wie ein unschuldiges Mädchen zuweilen zum ältesten Beruf der Menschheit gelangt: man fängt aus Neugier an, dann macht man es aus Leidenschaft und zum Schluß fürs Geld. Denn an der Börse herrscht eine ganz besondere Atmosphäre. Die Luft, die man im Innern dieser tumultreichen Kampfstätte atmet, wirkt wie eine Droge.

Oft mußte ein Börsianer in schlechten Zeiten oder unter dem Druck der persönlichen Verhältnisse einen anderen Beruf suchen. Aber sie alle haben eine unstillbare Sehnsucht nach diesem Ort bewahrt und sind bei der ersten Gelegenheit in das »verlorene Paradies« zurückgeeilt.

Nach dem großen Börsenkrach von 1929 den ich in dem Kapitel »Der Baissier im Glück« geschildert habe, war die Börse für längere Zeit eine Wüste, wo man nicht einmal ein Glas Wasser holen konnte. Zwei ehemalige Börsenkollegen trafen sich auf der Straße. »Was machst denn du?" fragte der eine den anderen. »Ich verkaufe Zahnbürsten. Und du?« »Pst«, war die Antwort, »aber bitte nicht weitersagen: ich bin noch immer in der Wall Street, aber meine Frau glaubt, ich sei Klavierspieler in einem Bordell.«

Und dennoch: trotz der unsagbaren Enttäuschung und des persönlichen Leides das so manchen Börsianer zusammen mit seiner Familie damals getroffen hat, die meisten aus meinem Bekanntenkreis sind, sobald es ihnen nur möglich war, später wieder an die Börse zurückgekehrt.

Trotz aller Charakter- und Temperamentsunterschiede hat das Börsenpublikum überall die gleichen Laster und Tugenden. Jeder Börsenlaufbursche weiß, daß ein gegebenes Wort (ein mündlicher Kauf- oder Verkaufsabschluß) heilig ist. Der bescheidenste Börsianer würde nicht zögern, seine Uhr ins Pfandhaus zu tragen, um einen Börsenverlust auszugleichen.

Manche haben auch weniger gute Eigenschaften. Sie protzen oft und gern. »Mit 100 habe ich ein Papier gekauft und mit 110 verkauft. War das schlecht?« hörte ich einmal den Börsendirektor einer großen Bank sagen. »Mit 50 habe ich verkauft und mit 45 zurückgekauft«, rühmte sich einmal der Portefoliomanager einer der größten deutschen Lebensversicherungen der Bundesrepublik.

Aber so sind sie nun einmal, meine lieben Kollegen: Alles haben sie immer vorausgesehen; alles, was gestiegen ist, haben sie ihren Kunden empfohlen. (Aber natürlich nur den anderen und nicht denjenigen, mit denen sie gerade sprechen.) Immer haben sie zum niedrigsten Kurs gekauft und zum höchsten verkauft.

Gibt es überhaupt solche Börsengenies, könnte man sich fragen. Ja, aber nur unter denen, die sich selbst betrügen. Die beste Definition des guten Börsianers aus meiner Sicht ist folgende: Er ist wie ein guter Pokerspieler. Mit *guten* Karten gewinnt er viel, mit *schlechten* verliert er wenig!

# Diese böse Börse . . .

Ob es sich nun um Aktien, Anleihen, Währungsanleihen oder sogar Rohstoffe handelt, sie alle sind Darsteller auf der gleichen Bühne, der Börse. Daher sind sie Material für Spekulationen und Spiel.

Diese böse Börse! Alle Wege führen zu diesem Ort der Verdammnis, und in der Literatur des 19. Jahrhunderts findet man diesen »Tempel der Hölle« in den düstersten Farben beschrieben. »Wer hier eintritt, lasse alle Hoffnungen fahren . . .« Sicherlich kennt der Leser die Verachtung und das Mißtrauen, das gewisse Helden in den Romanen von *Zola, Balzac* und *Dumas* gegenüber der Börse empfunden haben. Man muß nur die verzerrten Silhouetten auf *Daumiers* Zeichnungen anschauen und wird das gleiche Mißtrauen, die gleiche Verachtung ausgedrückt finden. Der von gierigen und räuberischen Geldleuten geprellte Leichtgläubige war eine vertraute Figur im Boulevardtheater des 19. Jahrhunderts. Damals hing der geldgierige Kleinbürger an den Rockschößen der großen Zauberer, die allein das Geheimnis der Götter kannten.

Seither haben sich die Zeiten geändert. Die Welt ist weitergeschritten, und mit ihr die Börse. Leichtgläubige Kleinbürger, auch Hausfrauen, die von der Börse nicht viel verstehen, sind manchmal glückliche Nutznießer der allgemeinen Effekten-Hausse der vergangenen dreißig oder vierzig Jahre geworden. Was Deutschland betrifft, so muß ich jedoch einen Vorbehalt machen. Deutsche Sparer, die vor und während des Nazismus und unmittelbar nach dem Krieg gute, an der Börse notierte Aktien gekauft haben, können zwar heute große Profite verbuchen, aber viele von ihnen sind während der vergangenen Jahre unverantwortlichen und betrügerischen Agenten zum Opfer gefallen. Und die sogenannten Fachleute, die Berufsbörsianer, haben ihre Chance verpaßt. Die Geldbeutel der meisten von ihnen sind leer geblieben.

An der Börse wimmelt es heute von kleinen Spielern, die Jagd auf Tips machen. Die großen Zauberer, die ich noch vor dem Krieg gekannt habe und von denen es Hunderte gab, sind von der Bildfläche verschwunden. Sie sind ausgestorben und haben keine Erben hinterlassen. Sie haben finanziellen Schiffbruch erlitten oder ganz einfach ihren Platz an die Investmentgesellschaften und Conglomerate abgetreten, insbesondere in den Vereinigten Staaten.

Gewiß, die Zeiten haben sich in vielerlei Hinsicht geändert. Und in diesen Zeiten hat sich auch die Börse gewandelt. Die »Helden« von gestern haben die Bühne verlassen. Eine neue Generation hat ihren eigenen Stil gefunden. Und mit diesem Stil hat sie auch der Börse ein neues Erscheinungsbild gegeben.

»Bargeld ist Aladins Wunderlampe«, hat *Lord Byron* einmal gesagt. Und zu dieser Wunderlampe hin streben auch heute noch die Menschen in aller Welt aus vielerlei Motiven heraus. Daß es gute und schlechte sind, dafür mag auch dieses Buch Argumente liefern, ja es soll es sogar.

Die Suche nach Aladins Wunderlampe, die Suche nach Glück durch Wohlstand und Reichtum, das Gelingen und das Scheitern und wiederum der Versuch des Gelingens – das ist die Atmosphäre und der Reiz der Börse, der alle in ihren Bann schlägt, die kleinen Spekulanten und die großen Zauberer des Geldes. Und dieser Reiz wird ewig sein.

## Über Börsenbesucher und Tagesspekulanten

Börsenbesucher und Tagesspekulanten haben auf der ganzen Welt einen gemeinsamen Charakterzug. Sie sehen jedes Ereignis durch die Brille ihrer eigenen Börsenengagements. Dies führt manchmal zu einer eigenartigen Entartung des Denkens: Regierungsverordnungen und offizielle Entscheidungen, Maßnahmen und Gesetze, die für sie ungünstig sind, erklären sie schnell für willkürlich, unmoralisch, dumm oder gegen die nationalen Interessen gerichtet. Wenn ihnen diese Entscheidungen aber gefallen, erklären sie diese für gescheit, moralisch und den nationalen Interessen dienend. Spreche ich mit einem Börsianer über die Weltereignisse, kann ich seinen Kommentaren und Interpretation sofort entnehmen, welche Börsenengagements er eingegangen ist. Die Spekulanten sehen in jedem Börsenkurs nur das Spiegelbild internationaler, politischer oder finanzieller Ereignisse. Sie lassen es sich nicht nehmen, politische und wirtschaftliche Prognosen zu stellen, indem sie sich ausschließlich auf die Börsentendenz stützen. Für sie ist *die Börse* nicht etwa ein Thermometer, wie es viele Volkswirte behaupten, sondern sogar *ein Barometer*, das die zukünftige Wettertendenz in Wirtschaft und Politik voraussagt. Aber ich habe es in diesem Buch an mehreren Stellen bewiesen, wie oft sie sich dabei irren.

### Mein Börsen-Barometer

Auch *ich* habe ein Börsenbarometer, aber von ganz anderer Art. Die anderen betrachten die Börse als Barometer, ich aber besitze ein Barometer *für* die Börse. Und das kam so: Die persönlichen Gebrauchsgegenstände von *John Pierpont Morgan*, dem Letzten der Bankier-Dynastie der Wall Street, wurden nach seinem Tode auf einer Auktion in New York versteigert. Unter den vielen kostbaren Stücken, den Opalen, Büchsen aus ziseliertem Gold, Nippes mit Diamanten besetzt, und auch aus Jade und Kristall, fiel mir ein kleiner Gegenstand aus Stahl auf.

Ich war noch Anfänger in der Wall Street und sehr beeindruckt vom Ruhm der Morgans. Ich brannte darauf, einen kleinen Glücksbringer zu erstehen. Das kleine Stück Stahl war das einzige, was ich mir leisten konnte. Es war das Barometer von J. P. Morgan, das er immer auf seinem Arbeitstisch in dem kleinen Palais in der Wall Street Nr. 23 stehen hatte, dem Palais, das noch die Spuren der Bombe zeigt, die ein rachsüchtiger Spekulant geworfen hat. Für dreißig Dollar wurde ich glücklicher Eigentümer des Barometers. Ich legte es vor mich auf meinen Schreibtisch, wie J. P. Morgan. Nach einigen Tagen mußte ich feststellen, daß es falsch reagierte. Es zeigte auf »schön« – und das Wetter verschlechterte sich. Wenn es in Strömen goß, stand es beharrlich auf »beständig«. Es reagierte wirklich falsch.

Sobald ich diese eigentümlichen Abweichungen bemerkt hatte, versuchte ich, sie zu ergründen. Ich stellte dabei etwas sehr Merkwürdiges und Verwunderliches fest: das Barometer zeigte wohl das Wetter an, aber das Wetter der Wall Street. Es war ein Börsen-Barometer. Wer weiß, vielleicht lag in ihm das Geheimnis des Bankhauses Morgan begründet?

Fasziniert von meiner Entdeckung, erzählte ich die Geschichte eiligst meinen Freunden, die es sich nicht nehmen ließen, das Wunder schnellstens weiter zu kolportieren. Der berühmteste Kommentator der »New York Post« und der ganzen Zeitungselite, berichtete über die Geschichte. Sie erschien in dreihundert amerikanischen Zeitungen. Einige Tage lang – Ruhm ist vergänglich – war ich eine Berühmtheit. Kiloweise trafen Telegramme und Briefe ein, die mich fragten: »Wie steht das Zauberbarometer?«

Seither habe ich es wie einen Schatz in Ehren gehalten. Und es funktioniert noch immer gut . . .

## Zaungäste der Börse

*Der Reiz der Börse* wirkt auch auf Zaungäste, und die haben oft größere Erfolge als die alten Profis – manchmal aus Intuition, manchmal aus Glück, aber oft dank ihrer Geduld.

Einer meiner Freunde war in der Stahl- und Eisenbranche tätig und wickelte während des Korea-Krieges Millionengeschäfte ab. Er tat sich groß damit, sein Geld mit Fleiß und Schweiß zu verdienen. In seinen Augen waren wir Börsianer Nichtstuer, Faulenzer und Parasiten der Wirtschaft. Eigentlich hatte er recht, obwohl ich mich bestimmt nicht schäme, niemals gearbeitet zu haben und trotzdem ein sehr angenehmes und bequemes Leben zu führen. Ich warnte meinen Freund. Auch der Korea-Krieg dauere nicht ewig, und eines Tages werde er glücklich sein, sein »ehrlich verdientes Geld« in Aktien gut anlegen zu können. Und da das bald einzutreffen drohe, solle er sich schon vorher mit der Börse vertraut machen.

Am folgenden Tag kam er zu mir. Er hatte über meine Bemerkung nachgedacht, gab mir Papier und Feder, ich sollte ihm eine Liste von Börsenwerten aufstellen, die er zur Probe einkaufen wolle. Er dachte nicht an Spekulation, wollte nur ein wenig mitmischen. An erster Stelle schrieb ich ihm deutsche Vorkriegs-Anleihen, an zweiter die südafrikanischen De-Beers-Aktien und dann noch einige amerikanische Blue Chips auf. Die Liste erwies sich als wunderbar. Seitdem sind die deutschen Young auf das Hundertfache, die De Beers auf das Zehnfache, alle anderen ebenfalls mächtig gestiegen. Als nun nach den ersten Ankäufen die Kurse sich günstig entwickelten, legte sich mein Freund mehr und mehr Aktien zu, in New York, in Europa und sogar in Australien. Zuerst kaufte er mit seinem Bargeld, dann machte er immer mehr flüssig, zum Schluß kaufte er auf Kredit. Auf dem Höhepunkt seines Engagements fing er an zu rechnen und entdeckte, daß seine Börsendifferenzen von einem Tag auf den anderen das Fünffache seines Familienbudgets ausmachten. Außerdem entdeckte er, daß Kurse auch fallen können. Die Börse wurde immer hektischer, die Differenzen immer größer, so daß die Nerven meines Freundes diese Aufregungen nicht mehr ertrugen. Eines schönen Tages, während der Börsensitzung erlitt er einen Nervenzusammenbruch und wurde in eine Heilanstalt eingeliefert.

Seine Familie hielt aufgeregten Kriegsrat. Man beschloß, das ganze Börsenengagement zu lösen. Alle Papiere wurden verkauft, und das ganze Vermögen lag nun nicht mehr in schwankenden Aktien, sondern in feinem Bargeld auf der Bank. Und was geschah dann? Während der langen Monate, in denen mein Freund sich einer Heilschlafkur unterzog, krachte die Börse zusammen. Es war der größte Kursverfall an allen Weltbörsen im Frühjahr 1962. (Ich spüre ihn noch heute in den Knochen.) Als mein Freund völlig geheilt aus dem Krankenhaus entlassen wurde, waren die Kurse auf dem tiefsten Stand. Er war aber ruhig und lächelte wie neugeboren. Die Schlafkur hatte sein Vermögen gerettet. Mit seinen auf Kredit gekauften Papieren wäre er ohne den Verkauf pleite gegangen. Auch mein Gewissen war rein. Ich hatte ihn zwar zum Börsenspiel verleitet, aber: Ende gut, alles gut... Er war noch nie so vermögend gewesen.

Doch so einfach ist es nicht, wenn einen einmal das Börsenfieber gepackt hat. Hat man Papiere, zittert man, sie könnten fallen –, hat man keine, zittert man, sie könnten steigen. Meinem genesenden Freund erging es ebenso. Als sich die Kurse vom Tiefstand erholten, wurde er nervös. Als die Aktien weiter in die Höhe kletterten, ergriff ihn Panik, er könnte vor Torschluß nicht dabei sein. Vergebens warnte ich ihn, es war schon zu spät. Er war dem Börsenspiel verfallen. Wenn es keine Narren auf der Welt gäbe – was wäre die Welt... und die Börse?

Aus dieser Geschichte kann der Leser nun einen sehr wichtigen Schluß ziehen. Viele amerikanische Börsenanalytiker beobachten, wie hoch an der New Yorker Börse die sogenannte »Short-Position« (Baisse Engagement) ist. Unter Short-Position versteht man, daß soundsoviele Aktien leer verkauft wurden. Wenn diese Position hoch ist, wird dies als bullish (ein günstiges Symptom für die Kursentwicklung) angesehen, weil die Leerverkäufer die Papiere eines Tages zurückkaufen müssen. Sie stellen also eine Schicht künftiger sicherer Käufer dar. Dagegen sind die Analytiker pessimistisch eingestellt, wenn die Short-Position relativ klein ist. All das hat seine Berechtigung. Ebenso berechtigt ist aber die Beobachtung, wie viele Sparer ihr Portefolio ausverkauft haben, obwohl sie gewohnt waren, mit ihren Wertpapieren zu leben. Sie sind nämlich die ersten und gierigsten Käufer, wenn sie glauben, der Markt habe sich gedreht und sei wieder à la hausse orientiert. Zu ihnen gehören auch große Institutionen, wie Pensionskassen, Versicherungen usw., die eigentlich langfristige Anlagen machen müßten, aber vorübergehend nur Bargeld oder ganz kurzfristige Anlagen, Money-Market-Fonds besitzen wollen.

# Juwel meines Herzens: die Börse von Paris

Wenn ich derzeit durch den Frankfurter Börsensaal wandere, immerhin einer der wichtigsten Wertpapierplätze der Welt, erfaßt mich Heimweh, Sehnsucht nach der Börse, an der ich meine Laufbahn begann und die ich heute noch immer besuche, wenn ich mich amüsieren will: nach der Börse von Paris. Denn dort an der Place de la Bourse ist selbst dann noch was los, wenn eigentlich nichts mehr los ist. Komme ich von Frankfurt nach Paris zurück, habe ich den Eindruck, als sei ich von der Trinkhalle eines Kurhauses in das Spielkasino übergewechselt.

Das liegt nicht nur am unterschiedlichen Temperament, sondern auch an der andersartigen Konstruktion der Pariser Börse. Mindestens 2000 Personen drängen sich in Paris an den Geländern vor den Notierungstafeln, wo teilweise immer noch brav mit Kreide und nassem Schwamm gearbeitet wird. An turbulenten Tagen können es auch 5000 Interessenten sein. Und alle müssen ihren Handel innerhalb von zwei Stunden abgeschlossen haben. In Frankfurt können Banken den ganzen Tag über feilschen. Dort erscheinen zum Beispiel 24 Kurs- und 27 freie Makler mit einem Troß von vielleicht etwa 800 Leuten. In Paris besteht die Kundschaft zu einem großen Teil aus Privatspekulanten, die ihre Engagements oft mehrmals täglich drehen. Denn im Vergleich zu deutschen Börsen sind die Spesen hier sehr niedrig.

Und wer keine Geschäfte machen will, hat dennoch seinen Spaß. Selten habe ich mehr Börsenklatsch gehört als gerade hier. Die Leute diskutieren über Politik, erzählen sich Geschichten, von denen meist keine einzige wichtig, die wenigsten überhaupt wahr sind, und ich gehe trotzdem immer gerne hin. Denn nirgends auf der Welt kann ich so viele beschränkte Menschen pro Quadratmeter finden.

Das Ganze findet unter äußerster Lautstärke statt. Denn in Paris liegt das Börsengeschäft nicht in den Händen wohlerzogener Bankiers, sondern bei 45 Agent de Change-Firmen, die durchschnittlich mit je 40 mehr oder weniger hitzköpfigen Angestellten antreten, für die jeweiligen Wertpapiergruppen je ein Mann. Der Lärm, den sie entwickeln, deutet ein totales Chaos an. In Wirklichkeit aber herrscht straffe Organisation.

## Erinnerung an Daumier und Zola

Eigentlich geht es im Palais de la Bourse noch genauso zu, wie es die genialen Zeichnungen von *Honoré Daumier* zeigen und wie *Emile Zola* es in seinem Roman »Das Geld« beschrieb. Der Unterschied zwischen damals und heute ist kleiner als derzeit zwischen den Börsen von Paris und der Bundesrepublik. Das liegt auch am Charakter der französischen und deutschen Sparer.

Das große Spiel der Berufsspekulanten in Paris läuft von Ölwerten bis zu Warenhäusern. Bisweilen sind auch südafrikanische Goldminen Favoriten. Die französischen Sparer und Spekulanten waren immer gegenüber Öl- und Minenabenteuern sehr aufgeschlossen.

Der Terminmarkt mit der großen Palette von Options-, Prämien- und Stellagegeschäften führt zu den waghalsigsten Spekulationen. Diese Geschäfte erinnern an gigantische Pokerpartien, wo zwei Gegner – die Hausse- und die Baisse-Partei – einander zu strangulieren versuchen. Sogenannte Corner-Syndikate (wie neulich das Hunt-Silber-Corner) sind mit Hilfe des Termin- und Optionshandels an der Tagesordnung. Es gibt natürlich Tausende kleiner Mitläufer und darunter auch unzählige Opfer. Dutzende von Syndikaten manipulieren Aktienkurse hoch, um sie dann dem Publikum, mitunter sogar naiven Geldmanagern von Investmentfonds, anzudrehen.

## »Die Gendarmen sind da«

Der Unterschied wird besonders deutlich, wenn die Regierung an die Börse geht. In Deutschland ist die Börse von der Wirtschaft abhängig, in Frankreich gilt das Gegenteil. Ist die Börse in guter Stimmung, können die Unternehmen neue Emissionen unterbringen und frisches Kapital für Investitionen besorgen. Außer durch bestimmte Steuervergünstigungen für Aktienkäufer sorgt die Regierung deshalb auch für eine direkte solide Kursstützung der Aktien. »Die Gendarmen sind da«, sagen die Profis, wenn trotz ungünstiger Nachrichten die Kurse nicht zurückgehen.

Abgesehen von irreführenden Manipulationen gewisser Syndikate, sind die Transaktionen an der Pariser Börse wie in der Bundesrepublik absolut korrekt, mit dem Unterschied, daß der Pariser Markt dank Terminhandel und Tausender von Profispekulanten viel liquider ist. Das große deutsche

Szenenbild aus der Pariser Börse
im 18. Jahrhundert kurz vor Börsenschluß

Publikum konnte man zur Börsenspekulation noch nicht verführen. Es zieht vor, seine Sparpfennige mit Abschreibungs- und anderen zwielichtigen Geschäften zu verpulvern. So gibt es natürlich viele Möglichkeiten, sein Geld zu verlieren. Aber mit der Börse ist es romantischer. Vielleicht fehlt den deutschen Börsen jenes jüdische Element, die große Treibkraft der Finanzspekulation. In Paris dagegen, wie auch in Wall Street, London oder Johannesburg, gibt es noch viele Grüns und Kohns, ohne die eine Börse keine wirkliche Börse ist. Mit einem Wort: Paris nutzt die Börse zum Spiel, der brave Deutsche zum Investieren. Ich muß gelegentlich nach Frankfurt und denke dort: »Vive la différence.«

### . . . und nun Francois Mitterand

Was aber tut nun die neue französische Regierung unter *Francois Mitterand*. Wird sie, wie zuvor unter dem soliden *Raymond Barre*, die Börsenkurse stützen? Es ist kaum zu glauben. Eher umgekehrt. Ganz abgesehen von den zu befürchtenden gefährlichen Entwicklungen in der Wirtschaftspolitik. Hält nämlich die neue französische Regierung ihre Wahlversprechen, dann wird sie über kurz oder lang dem Volk verkünden müssen: »Die Kassen sind leer.« Denn Sozialisten haben bisher in aller Welt für schwierige volkswirtschaftliche Entwicklungen gesorgt.

Ich erinnere mich, als wäre es gestern gewesen: Nach Jahren des politischen und finanziellen Chaos, verursacht von linksradikalen Regierungen, gab es in Frankreich 1926 wieder einen neuen Finanzminister, *Anatole de Monzie*, ein außerordentlich brillanter Mann, den ich später persönlich gut kannte. Er fing seine erste Rede vor dem Parlament mit folgenden Worten an: »Messieurs, les caisses sont vides.« Die Regierung stürzte, der Franc stürzte, und die Panik löste eine so heftige politische Gegenreaktion von rechts aus, daß sie zur vollkommenen Genesung Frankreichs führte und der Franc in einer Wirtschaftseuphorie für Jahre zur härtesten Währung der Welt wurde.

Der Wirtschafts- und Finanzminister *Jacques Delors*, ein gemäßigter und verantwortungsvoller Professor zwar, aber eben ein Sozialist, hätte seinen Posten mit folgenden Worten antreten können: »Genossen, die Kassen sind voll.« Denn die *Regierung Giscard-Barre* hinterließ ihm das Schatzamt mit einem äußerst bequemen Polster und immensen Goldreserven in der Banque de France. Die »Neuen« können nun, wie versprochen, das Geld verteilen. Der gute Raymond Barre, Typ des Antidemagogen, hatte trotz aller Schwierigkeiten diesen Schatz angesammelt. Aber er beging den gleichen Fehler wie viele andere wohlwollende Politiker, Professoren und Träumer, vor ihm: Er rechnete mit der Intelligenz der Wähler und nicht mit ihren Emotionen und ihrer Leichtgläubigkeit. Denn von der Wirtschaftslage und dem relativ hohen Lebensstandard der Bevölkerung her war die Niederlage Giscards nicht berechtigt. Wunder natürlich konnte er keine vollbringen; doch seine Nachfolger können dies auch nicht.

Das Propagandawort »Wechsel« jedoch war äußerst wirksam. Andere negative Faktoren waren der königliche Stil Giscards und die Hochnäsigkeit des französischen Großbürgertums, dessen Vertreter er ist. Es ist gewiß die arroganteste und egoistischste soziale Klasse Europas.

## Volk mit gespaltener Seele

Das Land ist in zwei Lager gespalten, die einander hassen wie die Pest. So ein Haß liegt nahe bei einem Volk, zu dessen nationalen Eigenschaften auch der Neid gehört. Denn bei dem relativ hohen Wohlstand der alten Welt gibt es außer Neid keinen Grund für den Erfolg der Linksparteien und der Linksagitatoren, und zwar nicht nur in Frankreich, sondern in ganz Europa. Ob Sozialismus oder liberale Marktwirtschaft, es läuft immer auf dasselbe hinaus: Ein großer Kuchen, der ungerecht, oder ein kleiner Kuchen, der gerecht geteilt ist, aber in so kleine Stücke, daß sie viel winziger sind als die kleinste Portion des großen Kuchens.

Präsident Mitterand wird natürlich danach trachten, die Wirtschaft anzukurbeln, die Gehälter, Löhne und Sozialausgaben massiv zu erhöhen, um die Kaufkraft zu fördern. Da aber Stabilität das erste Gebot einer jeden Regierung ist, wird der Spielraum für ihn sehr eng bleiben. Die Wähler, die Genossen und besonders die von den Kommunisten beherrschten Gewerkschaften, sind ungeduldig und wollen ihre Forderungen nicht auf Eis legen. Die Folge könnte dramatisch sein: eine fatale Lohn-Preis-Spirale. Die Kapitalflucht der Sparer und das Mißtrauen der Ausländer könnte die Geldentwertung beschleunigen, und dann würden nicht einmal die von Barre geerbten Währungsreserven ausreichen. Hunderten von mittelständischen Unternehmen drohte der Konkurs, um so mehr, als die hochgeschraubten Zinsen und Sozialbelastungen unerträglich sind.

Wo und wie das alles enden könnte, ist leicht vorzustellen. »Wechsel« ist dafür nur ein beschönigendes Wort. Es ist vielmehr ein gefährliches Experiment, das nur auf dem Papier der sozialistischen Theoretiker gelingen kann, aber in der Praxis noch nie vollbracht wurde. Zum Erfolg muß die Bevölkerung eiserne Disziplin und große Opferbereitschaft besitzen, doch welches Volk hat sie? Die Franzosen bestimmt nicht. Und so wird eines Tages der dann betroffene Finanzminister erklären müssen: »Messieurs, die Kassen sind leer.« Die Linksexperimente, wo immer sie versucht wurden, kann ich nur mit einem Satz illustrieren: »Die Linken kommen, machen Pleite, sie gehen oder ›werden gegangen‹, aber die Pleite bleibt.« Der Jubel der ersten Wochen, das Tanzen auf den Straßen sind nicht ausschlaggebend. Nichts ist so wacklig wie die Volksstimmung:

## Vom Prinzip her: Hoffnung

Präsident Mitterand ist gewiß brillant und verantwortungsbewußt, auch ein Idealist. Und wie manche Menschen naiv reden, aber richtig handeln, so gibt es auch solche, besonders Politiker, die sehr klug reden, aber ganz falsch handeln. Hoffen wir, daß Mitterrand sich nicht von Gefühlen und der Ideologie, sondern von seinem scharfen Intellekt und Realismus führen lassen wird. So seh' ich wenigstens das Problem, denn mein Herz liegt ja auch links, mein Kopf jedoch extrem rechts.

Ich betone »mein Kopf« und nicht meine Brieftasche. Denn meine Brieftasche liegt in den Vereingten Staaten von Amerika.

# Außereuropäische Börsen

Wie soll man nun gegenüber Börsen eingestellt sein, mit denen die Europäer wenig Kontakt haben? Die Antwort ist nicht einfach, denn ich kann nur meine persönlichen Eindrücke wiedergeben. Jeder, der die lokalen Verhältnisse dieser Länder und Börsen gründlich kennt, könnte eine bessere Charakteristik geben.

## Die Börse von Tokio

Ich konnte zwar vor dreißig Jahren an der Börse von *Tokio* gute Erfolge erzielen, heute möchte ich dort aber nicht mehr gerne tätig sein. Damals war dort das Spekulieren eine verhältnismäßig leichte Angelegenheit. Das Land stand vor einem Wiederaufbau, und mit größter Wahrscheinlichkeit war eine wirtschaftliche Euphorie zu erwarten. Es war gleichgültig, welche Aktien, welche Gruppen man kaufte, alle waren gut. Heute ist die Situation radikal verändert. Um in Tokio erfolgreich operieren zu können, muß man über die lokalen Verhältnisse ebensogut informiert sein wie über die in Wall Street, London, Paris oder Frankfurt.

Aber nicht nur die geographische Distanz trennt, sondern auch die asiatische Mentalität, die einem Europäer schwer zugänglich ist. Ich kenne die Einstellung der japanischen Regierung zu politischen, wirtschaftlichen und sozialen Problemen nicht. Ich kenne auch nicht die Einstellung der Opposition. Ich weiß nicht, wie das große Publikum auf Ereignisse emotional reagiert, und ich kenne auch nicht die Reaktion der Börsenprofis. Es ist etwa so, wie wenn ich eine Pokerpartie mit vier völlig unbekannten Partnern spielen müßte, von deren Psychologie und Denkweise ich nicht die geringste Ahnung habe. In einer solchen Runde würde ich gewiß nicht mitspielen wollen. Dies ist meine persönliche Meinung, aber ich glaube, daß die meisten meiner europäischen Kollegen vor denselben Rätseln stehen wie ich. Zwar gibt es zahlreiche japanische Broker, die in Europa installiert sind, und die uns über die Verhältnisse in ihrer Heimat informieren könnten, doch gebe ich, wie Sie ja inzwischen wissen, nicht viel auf die Meinung der Broker.

## Die Börse von Sydney

An der Börse von *Sydney* herrschen angelsächsische Traditionen, eine amerikanische Wirtschaftskonzeption, und die Hauptmacher sind Europäer. Hier ist kein Markt für Schulkinder. Die Papiere sind bei sprunghaft steigenden Preisen leicht zu kaufen, wie man sie aber wieder verkauft, ist eine andere Frage. Vor einigen Jahren haben manche Europäer in Sydney Millionen verloren. Sie sehen also, man muß auch hier sein »Handwerk« verstehen.

## Die Börsen in Südamerika

Die südamerikanischen Börsen sind farbige Tupfer im Weltreich der Börsen.

In *Buenos Aires* wird heftig gespielt, mit großem Lärm, aber die ganze Organisation der Börse müßte doch noch perfekter werden – jedenfalls für die Ansprüche eines Europäers oder Amerikaners. Gibt man einen Auftrag, bekommt man die Bestätigung vielleicht einige Wochen später. Börse auf südamerikanisch – man vergißt es nie!

*Rio de Janeiro* ist eine kleine Börse in einem großen Land. Das Publikum interessiert sich hier mehr für Immobilienspekulationen, worin übrigens während der vergangenen Jahre viel verdient aber auch viel verloren wurde. Nichtsdestoweniger gab es Anfang der 70er Jahre für erfahrene Börsianer verschiedene lukrative Möglichkeiten dank der indexierten Anleihen. Man sagt, Brasilien ist ein Land der Zukunft. Und wenn diese Zukunft Gegenwart wird, dann wird Rio de Janeiro auch eine rege Wertpapierbörse sein.

## Die Börse von Tel Aviv

Eine recht unbekannte aber keineswegs uninteressante Börse ist die von *Tel Aviv*. Vor einigen Jahren hatte ich Gelegenheit, ihr einen Besuch abzustatten, und ich war von der Organisation dieser Außenseiter im Reich der Börse recht beeindruckt. Jedes Land hat die Börse, die es verdient, denn sie ist das getreue Spiegelbild einer Nation. Man muß nur einige Tage in Israel verbringen, um feststellen zu können, daß derjenige, der in diesem Land nicht an Wunder glaubt, kein Realist ist. Ein Wunder war es auch, als beim Ausbruch des Sechs-Tage-Krieges die Kurse an der Börse nicht ein Jota fielen – im Gegenteil. Während der Börsenzeit mußten Bankiers und Makler einige Male in den Unterstand laufen. Als sie in den Börsensaal zurück durften, waren die Kurse jedesmal um einige Punkte gestiegen. »Chuzpe« würden manche sagen. Aber nein, es war nur das unerschütterliche Vertrauen eines Volkes in sein Schicksal.

Vor 30 Jahren bestand die Börse von Tel Aviv aus einem kleinen Raum mit einer winzigen Kursliste. Einige Männer saßen um einen Tisch und boten eher das Bild einer Kanastapartie als einer Effektenbörse. Heute zählt sie viele Mitglieder, hauptsächlich Banken und einige angesehene Maklerfirmen – alle deutscher Herkunft.

Der Börsensaal besteht aus zwei Teilen. Der eine für festverzinsliche Werte, der andere für Aktien. Die Kursliste für Obligationen ist besonders reichhaltig.

Da die Juden nach so vielen Prüfungen nur mehr an sichere Sachen glauben – sichere Grenzen, sichere Waffen und sicheres Einkommen –, sind die an den Preisindex gebundenen Schuldscheine hier am beliebtesten.

Auf dem Aktienmarkt werden heute Gesellschaften aus den verschiedensten Branchen notiert, von den Banken über Holz- und Kali- bis zu Baugesellschaften. Die Hauptkunden der Börse sind Versicherungen, Gewerkschaften, Pensionskassen, die Jewish Agency und einige Investmentfonds. Sogar die Kibbuzim legen ihre ersparten Gelder in Wertpapieren an.

Die Börse von Tel Aviv ist zwar nicht mehr die kleinste der Welt, aber bestimmt die tugendhafteste. An allen Börsen, wo Devisenbeschränkungen in Kraft sind, gibt es eine Ecke, wo verbotene Transaktionen getätigt werden. Die Beteiligten finden nichts Verwerfliches dabei. Anders in Tel Aviv. Dort sehen die Börsenmitglieder das als unter ihrer Würde an.

Ich habe auch vergeblich nach Anekdoten oder Witzen gesucht. Dies entspricht überhaupt nicht der puritanischen und respektablen Mentalität des heutigen Israel. Diese Haltung läßt auch keine wilde Spekulation und keine Skandale zu.

Der geistige Urheber Israels, Theodor Herzl aus Budapest, schrieb zwei Monate vor seinem Tode einem seiner Freunde: »Macht keine Dummheiten, während ich tot bin.« Die Börsianer von Tel Aviv haben sich diese Warnung, wie ich beobachten konnte, gewiß zu Herzen genommen.

# Barbara Silbiger: die Pythia von Ungarn

Ich besitze also ein Zauberbarometer. Viele meiner Kollegen aber hatten noch weit »sicherere« Informationsquellen – was ich vor einigen Jahren entdeckte.

Damals verlebte ich einige Ferientage *in meinem geliebten Budapest.* Die Aussicht, einmal nicht über Börsengeschäfte diskutieren zu müssen, machte mich sehr glücklich. Meine Enttäuschung war deshalb groß, als mich kurz nach meiner Ankunft ein guter Freund bat, mit ihm zu einer Bekannten zu gehen, die von mir als einem »Vollblutbörsianer« gehört hatte und mich deshalb unbedingt kennenlernen wollte. Auch ich kannte ihren Namen. Sie hieß *Barbara Silbiger,* eine fromme alte Jüdin. In meiner Jugend war sie eine berühmte Wahrsagerin in Budapest gewesen. Reichsverweser *Admiral Nicolaus Horthy, Ministerpräsident Graf Bethlen* und viele andere der ungarischen Aristokratie gehörten zu ihren treuen Kunden oder Patienten. Zu Neujahr berichtete die Presse spaltenlang von ihren Prophezeiungen für die kommenden zwölf Monate. Sie galt offiziell als *die Pythia von Ungarn.*

Ihre Einladung war mir allerdings nicht besonders angenehm. Auf keinen Fall wollte ich etwas über meine Zukunft wissen, und die Überraschung eines jeden neuen Börsentages ist für mich eine süße Sensation. Aber mein Freund versicherte mir, daß von Wahrsagerei keine Rede sein werde. Im Gegenteil, Barbara wolle von mir ganz andere Dinge erfahren. Also machten wir uns auf den Weg nach dem ungarischen Delphi, das heißt in die Berge hinter Buda, beinahe am Ende der Welt.

In einer Rumpelkammer empfing uns eine fürchterlich aufgemachte alte Frau. Der schäbige Fauteuil stöhnte unter ihren hundert Kilo, in dem ungelüfteten Raum herrschte ein unbeschreibliches Durcheinander. Aber das ganze Bild veränderte sich augenblicklich, als sie zu sprechen begann. Ihre Ausdrucksweise war vornehm, äußerst gebildet, und sie beherrschte eine Menge Sprachen perfekt.

»Sie sind es also, mein liebes Kind, der aus Börsenspekulationen eine Tugend gemacht hat. Sie kennen anscheinend alle Techtelmechtel des Börsenspiels. Ich wäre glücklich, von Ihnen manches zu hören und zu lernen.«

Ich wollte meinen Ohren nicht trauen. Was konnte diese alte, allem Anschein nach vollkommen mittellose Frau – und dazu in einem kommunistischen Land – schon von Dow-Jones-Index, Kurs-Gewinn-Verhältnis, Investment Trusts oder Wandelanleihen wissen? Aber so komisch es auch klingen mag, es war für mich ein Vergnügen, ihr Börsenwahrheiten einzuimpfen. Ich blieb fast zwei Stunden bei ihr, und es war angenehm, in ihr eine so intelligente und interessierte Schülerin zu finden. Beim Abschied nahm sie mir das Versprechen ab, mit ihr in Kontakt zu bleiben und ihr von Zeit zu Zeit meine Meinung über die verschiedenen Börsenmärkte der Welt brieflich anzuvertrauen.

### Mystische Signale aus Budapest

Als ich einige Wochen später wieder im Westen war, erzählte ich meinen Bekannten von dieser Begegnung. Wie groß war mein Erstaunen, als ich erfuhr, daß vier Auslandsungarn, einer in Zürich, einer in London, ein weiterer in Genf und der andere in New York – alles ausgekochte, internationale Börsenspieler –, mit meiner neuen Freundin seit Jahren in Verbindung standen! Sie schickten ihr regelmäßig Geschenke und Pakete, und dafür bekamen sie von Barbara Voraussagen über alle Börsen der Welt. Manchmal kategorisch wie »in Wall Street im Herbst alles verkaufen«; ein anderes Mal mystisch wie »in Paris sämtliche Aktien, die mit P anfangen, aufkaufen«, oder sogar malerisch, »in Zürich in Aktien von gelber Farbe einsteigen«.

Warum auch nicht, sagte ich mir. Sie folgt ihren Intuitionen, die bestimmt auf irgend etwas gründen. Vielleicht zieht sie ihre Schlüsse aus Ereignissen, die einem zu nüchternen Menschen, einem Makler oder Bankier, nicht auffallen. Tatsächlich aber nahm sie von ihrer Rumpelkammer auf kommunistischem Boden aus auf die Börsenoperationen von vier internationalen Berufsspekulanten Einfluß.

Seit meinem Besuch verfügte sie über ein neues Arbeitssystem, einen direkten Draht. Und zwar sandte ich ihr von Paris aus meine »Weisheiten« in die fernen Budapester Berge, und von dort wurden sie umgehend unter der Etikette ihrer Prophezeiungen, in die genannten vier Ecken der Welt weitergeleitet. Mit Hilfe dieser neuen Einrichtung waren Barbaras Ratschläge sicherlich fachgerechter geworden. Ob sich aber ihre Prophezeiungen bewahrheitet haben, das vermag ich heute nicht mehr zu sagen.

## Mein kleiner Kreis der letzten Mohikaner

Meine verehrte Freundin Barbara ist inzwischen gestorben. Aber jenseits der esoterischen Teilnahme von Barbara am Börsengeschehen gibt es auch heute noch in Ungarn professionelle Börsianer – jedoch außer Dienst!

In Amerika war der in diesem Buch bereits erwähnte Börsenprofi Bernard Baruch oder B. B. (er hieß schon 50 Jahre vor Brigitte Bardot so) zu seiner Zeit Objekt einer unbegrenzten Bewunderung der amerikanischen Öffentlichkeit.

Meine Bewunderung für ihn ist trotzdem nicht so pathetisch. Kluge, alte Börsianer seiner Art saßen einst zu Dutzenden in den Kaffeehäusern in Budapest. Nur hatten sie nicht das Glück, in den Vereinigten Staaten geboren zu sein. Sie blieben Börsianer, solange es in ihrem kleinen Land noch eine Börse gab. Und seitdem es sie nicht mehr gibt, sind sie es nur in der Theorie, in Gedanken und im Herzen. Sie sind optimistisch oder pessimistisch für Wall Street, sie sehen eventuell eine starke Erholung in Amsterdam oder einen Rückschlag in London und haben ihre Meinung über das Schicksal des Dollars.

So habe ich sie erlebt während eines Besuches in Budapest. Ich erfuhr, daß die zwanzig alten Profis der seligen Budapester Börse noch regelmäßig zusammenkommen. Mein heißer Wunsch war, sie einmal zu treffen. Ich kannte sie persönlich nicht, aber alle Börsianer der Welt sind Wahlverwandte. Auf dem Wege zu ihrem Stammkaffee hatte ich doch ein wenig Angst: Mein Gott, dachte ich, was werde ich jetzt treffen, eine Versammlung von Greisen, zwischen 80 und 92, vielleicht senil sogar, die nur jammern und von den guten alten Zeiten träumen und schwatzen? Doch wie groß war meine Überraschung! Sie sahen alle jugendlich, nett und elegant aus. Sie schienen sorgenlos zu sein, obwohl der sozialistische Staat das ganze Hab und Gut ihres Pensionsinstitutes enteignet hatte. Aber verblüffend war außer ihrer Erscheinung ihre geistige Frische, scharfe Intelligenz und Gutinformiertheit über alle Dinge der Welt.

### Tempi passati interessieren nicht

Der Stammtisch wird mit eiserner Hand von dem 84jährigen Géza Kelemen, einst angesehener Börsenrat (Mitglied des Börsenvorstands), zusammengehalten. Wie ein Hirte wacht er über seine Herde. Streng rügte er einen 85jährigen Kollegen, der nach der Eröffnung der Sitzung erschien: »Du bist zehn Minuten zu spät«, als hätte er die Eröffnungskurse an der Börse versäumt. Mit großer Leidenschaft erzählt Börsenrat Kelemen vom Glanz der ehemaligen »Budapester Waren- und Effektenbörse«, von ihrer Bedeutung und ihrer Rolle, die sie einmal gespielt hatte. Er hat ja auch recht, denn die Budapester Getreidebörse war ja in der Zeit der k. u. k. Monarchie vielleicht der größte Waren-Terminmarkt Europas. Telegramme blitzten von und nach Chicago. Jeder Ungar war höchst interessiert daran, wie der Weizen oder der Hafer notiert wurde. Aber auch auf dem Effektenmarkt handelten die Börsenprofis bis in die Nacht, um aufgrund der Frankfurter Abendbörse offene Engagements glattzustellen oder neue einzugehen.

Börsenrat Kelemen ist eine lebendige Enzyklopädie für alles, was an der Budapester Börse seit ihrer Gründung 1860 vorgegangen war. 1906 zog die Börse in ihr neues Palais ein, mit dem größten Börsensaal der Welt (2640 Quadratmeter), wo sie bis 1949 mal glückliche, mal dramatische Tage erlebte. Dann wurde sie von der kommunistischen Regierung hinweggefegt, und in dem Palais wurde das ungarische Fernsehen und Radio einquartiert.

Auf dem Höhepunkt des Wertpapiergeschäftes in der großen Inflationszeit von 1921 bis 1926 hatte die Budapester Börse 6000 Mitglieder, und weitere 3000 Interessenten, Nichtmitglieder, harrten täglich im Vorraum, um die Geschehnisse zu verfolgen. In der folgenden Deflationsperiode schrumpfte die Zahl der Mitglieder auf 1400.

Und nun befand ich mich in dem kleinen Kreis der »letzten Mohikaner« dieser einst so malerischen Welt. Nur mit Ach und Krach konnte ich irgendeine kleine Anekdote aus ihnen herauslocken. Tempi passati interessierten sie nicht. Sie wollten eher von mir etwas Neues oder Sensationelles erfahren. Ihr Kaffeehaus befindet sich zwar in Budapest, aber ihre Welt ist in Wall Street, London oder Zürich. Sie analysieren die Notenbankbilanzen, den internationalen Goldmarkt, das neueste Finanzprogramm des Präsidenten Mitterand oder den Einfluß der russischen Ernte auf Chicago.

Ich bin stolz, daß ich dieser Zunft angehöre und noch solche Genossen habe. Jeder einzelne war ein B. B. in der Westentasche. Ein Gerontologe würde sicher bestätigen, daß all dies die Folge ihrer permanenten geistigen Gymnastik ist.

# Die Börse: ein Reich, in dem – wie ich hoffe – die Sonne nie untergehen wird

Alle Börsen funktionieren inzwischen mehr und mehr nach dem Gesetz kommunizierender Röhren. Irgend jemand drückt irgendwo auf einen Knopf – und fünftausend Kilometer entfernt kann man die Wirkung spüren.

Der Emir von Kuweit trifft irgendeine Entscheidung, und die Goldminenaktien in Toronto steigen. Ein Finanzkrach mit Revolverschuß in Paris – und das Pfund Sterling fällt in New York. Die Ereignisse umspannen die Effekten- und Währungsmärkte, Warenbörsen, ja, die ganze Finanzwelt.

Immer aber steht dahinter das Streben nach Geld. Dies vollzieht sich mit Intelligenz, aber auch einfach mit Tricks, Ideen, Erfindungen, Geheiminformationen, auch mit der Ausnützung der Unwissenheit oder der Bequemlichkeit der anderen. Manchmal geht es um *ein* Wort, um *einen* Gesetzesparagraphen. Diese bunte Welt – meine Welt – steht niemals still, sie dreht sich Tag und Nacht ohne Unterlaß. Nach Schluß der New Yorker Börse fängt das Spiel in San Francisco an und dann bereits in Honolulu. Wenn in Wall Street die Lichter gelöscht sind, drängen sich schon die Menschenmengen in den Börsen von Tokio und Hongkong, vor der Pforte des verschlossenen China. Es folgen die Börsen von Bombay, Tel Aviv, zwei Stunden später von Athen, eine Stunde darauf von Mailand, dann die Börsen von Frankfurt und London. Und wenn in Paris die Schlußglocke ertönt, sitzen die hunderttausend amerikanischen Broker bereits wieder vor dem Ticker und animieren ihre Kunden.

Die Vierundzwanzigstundenschicht der Börse ist abgelaufen, in einem Reich, wo sich das ganze menschliche Leben mit seinem Streben nach Wohlstand und Erfolg, aber auch mit seinen Niederlagen in einer für mich faszinierenden Weite widerspiegelt: *ein Reich – wie ich hoffe – in dem die Sonne nie untergehen wird.*

# Anhang

# Immer Angst haben, nie erschrecken: André Kostolanys kleiner Börsenkatechismus

Kunde glaub' dem Makler nicht, ganz egal, was er verspricht

Man muß die Börse heiß lieben und kalt behandeln

Die Börse ist für viele ein Monte Carlo mit Musik, man muß aber die Antenne haben, um die Melodie zu empfangen

Der Analytiker denkt, und die Börse lenkt

Timing ist Money

Kein ›Bumm‹ ohne nachfolgenden Krach und kein Krach ohne vorherigen ›Bumm‹

Wer viel Geld hat kann spekulieren
Wer wenig Geld hat darf nicht spekulieren
Wer kein Geld hat muß spekulieren

Falsche Nachrichten sind gefährlich, aber falsche Auslegung richtiger Nachrichten ist noch gefährlicher

Die Kurse sind weniger heiß, wenn man das WARUM auch weiß

Jede Nachricht legen die Börsianer so aus, wie es ihnen am besten paßt

An der Börse ist eine halbe Wahrheit eine ganze Lüge

Der Börsenspieler ist der Taktiker, der Börsenspekulant ein Stratege. Wenn einer sich auf das Gebiet des anderen begibt, wird er auf beiden erfolglos bleiben

Chartlesen ist eine Wissenschaft, die vergebens sucht, was Wissen schafft

Man soll nicht alles wissen (Bilanzen, Dividenden usw.), man muß alles verstehen

Ich weiß nicht, was morgen sein wird, aber ich weiß, was gestern war und heute ist, und das ist schon sehr viel

Wer an der Börse das Kleine sehr ehrt, ist das Große nicht wert

Wie es Moltke für den Krieg sagte, so braucht man für die Börse die vier G's: Geld, Gedanken, Geduld und Glück

Nur der kann Börsenprobleme verstehen, der sie schon selber in eigener Erfahrung erlebt hat

Ohne Erfahrung an der Börse ist es schwer, gute Nerven zu haben

Spekulieren ist kein Spiel mehr, es ist eine Maßnahme zum Schutz des Vermögens

Wie wird man zum Spekulanten? Wie ein unschuldiges Mädchen zu dem ältesten Beruf der Menschheit kommt. Man fängt an aus Neugierde, dann macht man es aus Spaß und zum Schluß für das Geld

In der Politik ist alles möglich und auch das Gegenteil von allem

Nichts ist leichter als Wertpapiere dem Publikum zu verkaufen, wenn man den Leuten zeigen kann, wie hoch sie schon geklettert sind

Die Spekulation beginnt mit der instinktiven Absicht, das eigene Hab und Gut auf die Dauer zu bewahren

Der Broker liebt den Spieler, aber seine Tochter möchte er ihm nicht zur Frau geben

Man sagte einmal: Der Mensch verliert mit seinen letzten 10000 DM seinen Verstand. Heute verliert ihn der Sparer mit seinen ersten 10000 DM

Eine Hausse kann der Rothschild machen, aber einen Krach nie verhindern

Das in der Spekulation gemachte Geld ist Schmerzensgeld: Zuerst kommt der Schmerz, dann das Geld

Man muß der Tendenz entgegengehen, nicht nachlaufen

Die Börsenlogik ist mit der Alltagslogik nicht identisch

Wer die Papiere nicht hat, wenn sie zurückgehen, hat sie auch nicht, wenn sie steigen

Es gibt keinen guten Finanzminister, nur einen schlechten oder einen noch schlechteren

Wenn zwei Börsianer sich treffen, fragen sie nicht, wie geht es Ihnen: sondern: Wie sehen Sie den Markt?

An der Börse ist nur der Verlust positiv, der Gewinn eine Illusion

Immer Angst haben, nie erschrecken

Börsenwissen ist das, was übrig bleibt, wenn man schon alle Details vergessen hat

Die Börsenspekulation ist eine permanente Improvisation

Die Börsenspekulation ist wie eine Skatpartie: Man muß mit guten Karten mehr gewinnen als man mit schlechten Karten verliert

Der Baissier wird von Gott verachtet, weil er nach fremdem Gelde trachtet

Nach einer erfolgreichen Transaktion ist der eingestrichene Profit oft nur geliehenes Geld

Der Börsenoptimismus kann innerhalb von 24 Stunden in den schwersten Pessimismus umschlagen

Was an der Börse jeder weiß, macht mich gewiß nicht mehr heiß

Warum geht es dem erfahrenen, verantwortungsbewußten Anlageexperten gut? Weil er keine Konkurrenz hat

Nirgends in der Welt findet man pro Quadratmeter soviele Leute wie auf der Börse, die stark über ihre geistigen Verhältnisse leben

Zuerst kommt meist alles anders und nachher als man's erwartet: Zweimal zwei sind fünf minus eins

Ideen zu haben ist nicht genug, sie auszuführen ist noch wichtiger; dazu gehört Mut

Es ist unsinnig, ja geradezu schädlich, die Kurse ununterbrochen zu verfolgen, auszurechnen, in welchem Gewinn oder Verlust man ist. Wenn man von der Richtigkeit einer Anlage überzeugt ist, muß man hartnäckig, zäh und geduldig sein

Die einzigen Zeugen für die Erfolge des Börsenspekulanten sind seine Erben

Ein seriöser Börsianer darf seine Erben enttäuschen, seinen Bankier nie

Jedes Land hat die Börsianer, die es verdient

In vielen Fällen ist dem Börsianer das Zurückschauen (auf alte Kurse) verboten wie Frau Lot in der Bibel

Der Unterschied zwischen Spekulation und Anlage liegt nicht in der Qualität der Werte sondern in der Quantität

Die Anlagefonds in den Steuer-Oasen hatten alle dasselbe ›Label‹: Made for Germany

Gewinnen kann man, verlieren kann man, aber zurückgewinnen: unmöglich

Nur derjenige kann die Börsenprobleme verstehen, der sie schon selber in eigener Erfahrung erlebt hat

Alles ist an der Börse möglich, sogar das, was logisch ist

Ein Spekulant muß wie ein Krokodil mit offenen Augen schlafen

An der Börse kann man die Ereignisse nie voraussehen, nur erraten

Wenn schon Schweinefleisch, dann muß es triefen; wenn schon Börse, dann muß es sich lohnen

Bevor man die Börse wirklich begreift und vielleicht ein wenig meistern kann, muß man sehr viel Lehrgeld bezahlt haben

In ihren Reaktionen benimmt sich die Börse oft wie ein Betrunkener, sie weint bei guten Nachrichten und lacht bei den schlechten

## ZEHN GEBOTE

1. Ideen haben, mit Überlegung handeln: ob man überhaupt kaufen soll und wenn ja, wo, welche Branchen, welches Land?

2. Genügend Geld haben, um nicht unter Druck zu kommen

3. Geduld haben, denn erstens kommt alles immer anders und zweitens anders wie man denkt

4. Hart und zäh sein, wenn man überzeugt ist

5. Elastisch sein und immer damit rechnen, daß in der Vorstellung ein Irrtum war

6. Verkaufen, wenn man sich dessen bewußt wird, daß eine neue Konstellation vorhanden ist

7. Die Liste der Werte von Zeit zu Zeit durchschauen und prüfen, welche man auch jetzt kaufen würde

8. Nur dann kaufen, wenn man eine große Phantasie darin sieht

9. Alle Risiken, sogar die unwahrscheinlichsten ins Kalkül ziehen, d. h. ständig mit Imponderabilien rechnen

10. Demütig bleiben, auch wenn man recht bekommen hat

## ZEHN VERBOTE

1. Tips nachzulaufen, Geheiminformationen ablauschen zu wollen

2. Es zu glauben, daß die Verkäufer wissen, warum sie verkaufen oder die Käufer warum sie kaufen, d. h. daß sie mehr wissen als man selbst

3. Verluste zurückgewinnen zu wollen

4. Rücksicht auf alte Kurse zu nehmen

5. Auf Wertpapieren einzuschlafen und sie zu vergessen in der Hoffnung, einen besseren Kurs zu erreichen, d. h. keine Entscheidungen zu treffen

6. Die Kurse ununterbrochen in den kleinsten Variationen zu verfolgen und auf jeden Singsang zu reagieren

7. Permanent Bilanz zu machen, in welchem Gewinn oder Verlust man ist

8. Verkaufen, nur weil man einen Nutzen nehmen will

9. Emotionell sich von politischen Sympathien oder Antipathien beeinflussen zu lassen

10. Übermütig zu werden, wenn man einen Profit erwischt hat

Bitte beachten Sie
die folgenden Seiten:

Hermann Schreiber

# Lebensläufe

Mit zahlreichen Fotos

Ullstein Buch 27512

Ullstein Lebensbilder

Für den Südwestfunk hat der Publizist Hermann Schreiber (»Midlife Crisis«, »Singels«, SPIEGEL-Redakteur, jetzt Chefredakteur von »Geo«) eine vielbeachtete Fernsehserie produziert, in der er in Interviewform die Lebensläufe von Persönlichkeiten des öffentlichen Lebens aus Politik, Wirtschaft und Kunst skizzierte. Ein Teil dieser Interviews – aus dem Kunstbereich im weitesten Sinne – liegt mit diesem Taschenbuch vor.

»Jede Biographie, man muß sie nur ihrer funktionalen Verkleidungen berauben, ist ein Drama. Diese acht ›Lebensläufe‹ wollen in diesem Sinn als exemplarisch verstanden werden: als dramatische Beispiele dafür, ›wie das Leben so spielt‹.«

Hermann Schreiber

# Arthur Koestler

# Sonnenfinsternis

Roman

Ullstein Buch 20029

ein Ullstein Buch

Arthur Koestlers in mehr als dreißig Sprachen übersetztes Hauptwerk gehört zu den bedeutendsten politischen Romanen des zwanzigsten Jahrhunderts. Während der ersten Säuberungswelle, die Stalin inszenierte (1936 bis 1938), wird der alte Revolutionär und ehemalige Volkskommissar Rubaschow der konterrevolutionären Umtriebe beschuldigt. Die hier beschriebenen Verhörmethoden des sowjetischen Staatssicherheitsdienstes, die beklemmende Atmosphäre des ungeheuren psychischen Drucks, die physische Folter – all dies wurde seither durch eine Fülle dokumentarischer Literatur bestätigt. Vorbild für die Figur des Rubaschow waren Karl Radek, Nikolai Bucharin und – Leo Trotzki. Nach des Autors eigenen Worten ist *Sonnenfinsternis* der Erinnerung an jene Männer gewidmet, die Opfer der Moskauer Prozesse wurden. Ihnen hat Koestler mit diesem Jahrhundertbuch ein literarisches Denkmal gesetzt.

Claudia &
Reinold
Fischer

# Wir wollen was tun

Heute arbeiten für eine lebenswerte Zukunft

Ullstein Buch 34172

Ullstein Sachbuch

Die Autoren stellen Organisationen, Vereine und Initiativen vor, deren Arbeit modellhaft Ansätze erkennen läßt, mit deren Hilfe das Leben innerhalb einer Industriegesellschaft unter ökologischen Gesichtspunkten bewältigt werden kann. Das Buch nennt Zahlen und Fakten wie Adressen, Mitgliederzahlen usw. Es informiert darüber, wie und wo jedermann mitarbeiten kann.

Axel Buchholz/
Martin Geiling
(Hrsg.)

# Wohlstand für keinen

Perspektiven für die Bundesrepublik

Ullstein Buch 34127

Ullstein Sachbuch

Mit Beiträgen von Franz Alt, Hans-Christoph Binswanger, Gerd Bucerius, Wolfram Engels, Erhard Eppler, Martin Greiffenhagen, Georg Leber, Alfred Mechtersheimer, Hans A. Pestalozzi, Olaf Sievert, Kurt Sontheimer, Karl Steinbuch und Josef Stingl

# Ortwin Renn

# Verheißung und Illusion

Chancen und Grenzen einer alternativen Gesellschaft

Ullstein Buch 34174

Ullstein Sachbuch

Ist die Kritik der alternativen Bewegung an unserer heutigen Industriegesellschaft zutreffend, und können die Vorschläge zu einer Neugestaltung der Gesellschaft die bestehenden Mängel beheben?
Es werden komplexe Problembereiche berührt, die zu verschiedenen Wissenschaftsdisziplinen gehören.